W0369784

Ein englisches Pub ist alles andere als eine beliebige Kneipe. Das Public House ist eine kulturhistorisch geprägte, hochgeschätzte nationale Institution mit Eigentümlichkeiten, wie sie sich nur auf einer Insel entfalten können. Ganz zu schweigen vom englischen Bier. *Bitter*, *ale* oder *stout*, selbst das helle englische *lager* schmecken zweifellos anders als die Biere kontinentaler Herkunft.

Dieser Pub-Führer vermittelt einen ungewöhnlichen Zugang zur Metropole London und zu den Grafschaften im Südosten Englands. Literarisch interessierte Leser begegnen bei ihren Pub-Besuchen und den angeschlossenen *walks* vielen Autoren; Garten- und Naturliebhaber werden zu den schönsten Gärten und Landschaften Südenglands geführt; Antiquitätensammler kommen an vielen interessanten Läden vorbei; Wanderlustigen bieten die zahlreichen *pubwalks* eine gute Einstimmung auf den anschließenden Kneipenbesuch.

Ein richtiges, das heißt ein einladendes, gemütliches und natürlich *real ale* ausschenkendes Pub mit gastfreundlichem Wirt ist keine Selbstverständlichkeit. Dieses Buch unterstützt Englandreisende bei der Suche nach altehrwürdigen oder auch ungewöhnlichen Gasthäusern – nebenbei nach solchen, die auch *bed & breakfast* anbieten.

Das Public House ist nach britischem Verständnis eine öffentliche Angelegenheit und geschätzter Bewahrer der nationalen Identität – ein Besuch lohnt immer.

insel taschenbuch 2888
Johann-Günther König
Von Pub zu Pub

LAMB
TAVERN
EST. 1780

Johann-Günther König

Von Pub zu Pub

Eine literarische Kneipen-Tour in London und Südengland

Insel Verlag

insel taschenbuch 2888
Erste Auflage 2003
Originalausgabe
© Insel Verlag Frankfurt am Main und Leipzig 2003
Alle Rechte vorbehalten, insbesondere das der Übersetzung, des öffentlichen Vortrags sowie der Übertragung durch Rundfunk und Fernsehen, auch einzelner Teile. Kein Teil des Werkes darf in irgendeiner Form (durch Fotografie, Mikrofilm oder andere Verfahren) ohne schriftliche Genehmigung des Verlages reproduziert oder unter Verwendung elektronischer Systeme verarbeitet, vervielfältigt oder verbreitet werden.
Vertrieb durch den Suhrkamp Taschenbuch Verlag
Umschlag: Elke Dörr
Satz: Hümmer GmbH, Waldbüttelbrunn
Druck: Memminger MedienCentrum AG
Printed in Germany
ISBN 3-458-34588-4

1 2 3 4 5 6 – 08 07 06 05 04 03

Inhalt

Für Doris

Fancy a really good drink?*

In deutschsprachigen Landen mangelt es nicht an Bezeichnungen für jenen Ort, der eine Lizenz zum Ausschank von alkoholischen Getränken hat: Gasthaus, Gaststätte, Lokal, Bar, Stehbierhalle, Stammkneipe, Schenke, Schwemme, Pinte und andere mehr. Die Briten kommen dagegen, wenn es sie an einen Tresen zieht, mit zwei Wörtern aus: *pub*, das für *public house* steht, und *local*, das die geschätzte Stammkneipe bezeichnet. Zwar nennen sich viele traditionelle Gasthäuser nach wie vor *inn* oder *tavern*. Aber auch für diese gilt: *Let's go to the pub.* Bei einem Kneipenbummel ist die (nicht ganz feine) englische Rede von einem *pub crawl.*

Ein gutes englisches Pub ist alles andere als eine beliebige Kneipe. Es ist eine kulturhistorisch geprägte, hochgeschätzte nationale Institution mit Eigentümlichkeiten, die sich nur auf einer Insel entfalten können. Pub-Philosophie und britische Trinkkultur unterscheiden sich deutlich von einschlägigen Gepflogenheiten auf dem europäischen Kontinent. Ganz zu schweigen vom englischen Bier. *Bitter, pale ale* oder *stout* sind für gestandene Pilstrinker meiner Erfahrung nach gewöhnungsbedürftig, und selbst das *lager* – wie das in Großbritannien gebraute oder aus anderen Ländern importierte Pilsener genannt wird – schmeckt keinesfalls so wie in München, Dortmund oder Bremen.

Anders als in Deutschland gibt es im Vereinigten Königreich wohl kaum einen Erwachsenen – ganz gleich, wel-

* Attention, please! Leserinnen und Leser, die gerade eine Reise nach Südengland und/oder London planen und auf einen Blick feststellen möchten, welche Pubs auf ihrer geplanten Route einen Besuch lohnen könnten, finden im Anhang ein erweitertes Verzeichnis.

cher Schicht oder Klasse er angehört (mit Ausnahme der Königin) – der nicht mindestens einmal in der Woche ein Pub aufsucht. Noch der nadelstreifen-steifste Banker in der City of London wird sich einem *pint London Pride* zur traditionellen Lunchtime nicht verschließen, und daß selbst kaum mehr rüstig zu nennende Rentnerinnen sich in ihrem *local* gern ein Gläschen gönnen und dabei ein Schwätzchen mit jung gebliebenen Vertretern des anderen Geschlechts pflegen, kann ich unter Eid bezeugen. Wer sich von seiner Stammkneipe selbst nach dem Tod nicht lösen möchte, trifft in Großbritannien auf keine großen Probleme: Wenn der Wirt nichts dagegen hat, kann die Urnen-Beisetzung im Pub erfolgen! Ein nettes Plätzchen für die sterblichen Überreste bieten etwa Kaminsims oder Fensterbank.

Ein gutes, das heißt ein einladendes, gemütliches und *real ale* ausschenkendes Pub mit einem umsichtigen und gastfreundlichen *publican* ist leider keine Selbstverständlichkeit. Zwar ist das Public House nach britischem Verständnis eine öffentliche Angelegenheit und geschätzter Bewahrer der nationalen Identität. Ob sich ein Pub nach dem Übertreten der Türschwelle aber auch als Hort der Tradition, als Kommunikationszentrum, als Garant leiblicher Genüsse und – last not least – als eine Art verlängertes Wohnzimmer erweist, ist heutzutage alles andere als ausgemacht. Blinkende und lärmende Spielautomaten und eine jedes Gespräch übertönende Musikbeschallung aus der Konserve (*piped music*) sind in den letzten Jahren immer mehr in Mode gekommen und haben zuweilen nervtötendes Potential. Die Qualität eines Pubs hängt im wesentlichen von der Geschäftspolitik der Wirtsleute ab; mögen die Architektur und sein Interieur auch noch so prächtig sein – wenn die Betreiber nur auf schnellen Umsatz aus sind, dürften Enttäuschungen nicht ausbleiben. Aber gemach. An architektonisch reizvollen, eigentümlich atmosphärischen und vor allem gastfreundlichen Kneipen herrscht im Südosten Englands und der Metropole London alles andere als Mangel. Zudem sorgen diverse Bier- und Pubführer für eine gewisse öffentliche Aufsicht, indem sie über entscheidende Details mehr oder minder ausführlich Bericht erstatten. In englischen Buchhandlungen sind die dicken, jährlich aktualisierten Paperbacks nicht zu übersehen.

Die in diesem Buch vorgestellten Pubs sind so unterschiedlich wie die menschlichen Geschmäcker, haben dabei aber eines gemeinsam: Sie sind auf ihre spezifische Art unverwechselbar – sei es aufgrund ihrer Geschichte, der Art ihrer Einrichtung, des in ihnen gepflegten Umgangstons, der ausgeschenkten Biersorten und Qualität der Speisen oder auch ihrer Lage. Im übrigen gilt: Auch Pubs können von einem Tag auf den anderen geschlossen sein, in die Hände unfähiger Wirtsleute geraten oder eine unvorteilhafte Modernisierung erfahren. In Großbritannien wächst seit Jahren die Zahl seelenloser »Themenkneipen«, lassen Investmentgesellschaften und international tätige Brauereikonzerne immer mehr Pubs zu Massenabfertigungsbetrieben oder Schnellrestaurants umbauen. Eine Garantie für so etwas wie eine gleichbleibende Qualität der von mir vorgestellten Kneipen kann es folglich nicht geben.
Was sich im Laufe der vergangenen zwanzig Jahre entschieden geändert hat, ist die Qualität des einstmals eher spöttisch *pub food* genannten Speisenangebotes. Schon weil die Wirte vom Bierausschank allein nicht mehr leben können (es sei denn, sie betreiben die Kneipe als Nebenerwerb, was hin und wieder auf dem Land noch der Fall ist), haben sie in ihren Gasträumen gesonderte Speiseräume eingerichtet und die Küche erweitert. Deftiges englisches Essen, zunehmend

auch schmackhafte französische oder italienische Gerichte – einschließlich diverser Vor- und Nachspeisen – bietet heutzutage fast jedes bessere Pub. Die Zahl der Gasthäuser, die über eine gute Küche verfügen, steigt kontinuierlich. Zudem ist *pub food* in der Regel relativ preiswert.
Ein Gasthaus wird wesentlich von seiner näheren Umgebung und seinem gesellschaftlichen Umfeld mitgeprägt; die mir lieb gewordenen Pubs liegen überwiegend in landschaftlich oder städtisch reizvollen Gegenden, das heißt, sie eignen sich auch als Ausgangs- oder Zielpunkt für Wanderungen, für *pub walks* bzw. *pub crawls* oder haben einen Bezug zu kulturellen – vor allem literarischen – Zusammenhängen. Auch schenken sie sämtlich gut gepflegte englische *ales* aus. Sie nicht zu probieren hieße, das Bier aller Biere sträflich zu vernachlässigen. Das mit warmer Gärung, traditionellerweise mit obergäriger Hefe gebraute englische *ale* ist für Kontinentaleuropäer zwar gewöhnungsbedürftig, aber eben auch etwas Besonderes. Es weist unterschiedliche Geschmacksrichtungen von *mild* bis *bitter* auf und hat zahlreiche Färbungen von hell über karminrot bis braun. An die dreihundert Gasthausbrauereien und regionale Brauereien produzieren inzwischen immer neue Varianten.
Das britische *ale* ist ein obergäriges Bier, das Pils bzw. *lager* dagegen ist bekanntlich untergärig. Besonders empfehlenswert ist das *ale* aus dem Faß. Das unpasteurisierte, ungefilterte, natürliche und handgezapfte Bier wird von Herstellern und Verbrauchern mit der gleichen Sorgfalt behandelt wie auf dem Gut abgefüllte Weine in Frankreich. Das *ale* bekommt seine Reife erst in den Lagerräumen der Pubs; es wird von den Brauereien im Gärzustand ausgeliefert und entfaltet dann nach und nach seinen Geschmack abhängig von Faßart, Kellertemperatur und Lagerdauer. Weil gasbetriebene Steigleitungen die Qualität des *ale* mindern, be-

fördern es die *publicans* mit einer Handpumpe (*handpump*) ins Glas – die großen Hebel auf den Schanktischen sind folglich immer auch ein Hinweis auf das Vorhandensein traditionell gepflegter Biere. Die 1971 gegründete *Campaign for Real Ale* (CAMRA) wacht darüber, daß das traditionsreiche englische Bier von den Brauereien variationsreich gepflegt wird und nichts von seiner Qualität verliert. Sie protestierte auch erfolgreich gegen den Plan der Brauereikonzerne, das Bier nur mehr in mit Kohlensäure versehenen Behältern *(kegs)* zu verkaufen, um seine Haltbarkeit zu verlängern. Seit ihrer Gründung bekämpft die Kampagne alles, was dem traditionellen britischen *pint ale* schaden könnte. Dank ihrer Anstrengungen schenken die meisten gut geführten Pubs mindestens zwei herkömmlich gebraute Faßbiersorten und zusätzlich sogenannte *guest beers* aus. Und wenn nicht, dann haben sie wenigstens noch ein Faß *ale* im Anstich. Diese Erfahrung macht jedenfalls der Held in Magnus Mills' lakonisch-grotesken Roman *Indien kann warten*, als er an einem Spätsommertag das Packhorse aufsucht, den Barmann beim Dartspielen überrascht und schließlich nach seinem Wunsch gefragt wird:

»›Ein Ex?‹
Inzwischen war er hinter den Tresen gegangen und hatte im Grunde schon mit dem Zapfen begonnen, noch bevor er gefragt hatte, was ich wollte.
›Ja, danke‹, sagte ich.
›Das mußt du genießen‹, verkündete er. ›Es ist das letzte Faß. In ein paar Tagen gibt's nichts mehr.‹
›Das macht mir nichts‹, bemerkte ich. ›Ich bleibe nur noch bis Ende der Woche.‹
›Ach so‹, sagte er. ›Aber du kannst doch noch helfen, es leer zu trinken, oder?‹

Er stellte ein perfekt gezapftes Pint Topham's Excelsior Bitter auf die Theke. Ich bezahlte.
›Kriegt ihr denn danach keines mehr geliefert?‹ fragte ich.
›Wir verkaufen davon nicht genug, daß es sich lohnen würde‹, antwortete er.
›Aber was ist mit den Leuten von hier? Mögen die es nicht?‹
›Natürlich nicht‹, sagte er und verzog das Gesicht. ›Sie interessieren sich nicht für echtes Ale.‹
›Nein?‹
›Nein‹ die mögen lieber Helles. Lager und so. Industriezeugs, du weißt schon.‹«

Auch »geistige« Getränke sind in den Pubs erhältlich. Wobei viele der in englischen Kneipen angebotenen »harten« Alkoholika ursprünglich fremdländischer Herkunft sind: Der Rum kommt aus Westindien, der Gin ist holländischen Ursprungs und der Whisky eigentlich schottisch. Doch haben diese *spirits* bekanntlich problematische Folgen: Sie machen allesamt zu schnell trunken. Deshalb fungieren sie in vielen englischen Pubs mehr als Dekoration denn als Umsatzbringer. Nicht so das »lange Getränk« Bier. Schon der berühmte Gelehrte Dr. Johnson wies nachdrücklich auf die Vorteile hin: »Bier arbeitet langsamer. Ein *pint* braucht Zeit, um geschluckt zu werden. Nicht das erste, aber die folgenden.«
Das *pint* (0,57 Liter) war ursprünglich ein Maß für Korn; Kenner meinen, es sei die exakt richtige Menge für diesen Trunk. Sie sind ohnehin davon überzeugt, daß es in der Welt nur zwei Sorten Bier gibt: das englische und dasjenige, das alle anderen trinken. Bier schmeckt am besten, wenn es mit der Temperatur getrunken wird, mit der es hergestellt wurde. Deshalb trinkt der Rest der Welt sein Bier kalt; der Engländer seines lauwarm. Und wundere sich niemand über

fehlenden Schaum. Beim Ausschenken des *ale* muß zuviel davon vermieden werden, da er dem Bier die Hopfenöle und damit den anregend bitteren Charakter nimmt. Die zulässige dünne Schicht entsteht durch langsames Einschenken in ein geneigtes Glas. Beim *stout* gilt es dagegen, einen festen, sahnigen Schaum zu erzeugen. Das gelingt am besten, wenn in das schräg gehaltene Glas langsam und in zwei Phasen eingeschenkt wird.
Großbritannien zählt zu den größten Bierproduzenten Europas. Ebenso wie in Deutschland geht aber die Zahl der Brauereien seit Jahren zurück – um die Jahrtausendwende arbeiteten auf der Insel rund 85 größere Braustätten sowie knapp 300 Klein- und Kleinstbrauereien. Letztere produzieren die schmackhaften Faßbiere, und da diese nicht pasteurisierten *real ales* nicht exportiert bzw. über Tausende von Kilometern transportiert werden können, muß der Kenner sie vor Ort genießen. In Großbritannien sind mehr als zweitausend verschiedene Sorten im Ausschank.

Wer nur einen Besuch Londons plant, wird die in diesem Buch verzeichneten Pubs auch in alkoholischer Hinsicht ausgiebig testen können – sie sind mit Bus, U-Bahn und Taxi problemlos zu erreichen. Eine Einkehr in die Gasthöfe der *countryside* erfordert dagegen überwiegend die Nutzung eines Miet- oder eigenen Wagens – es sei denn, man ist wahrlich gut zu Fuß oder Rad und einigermaßen erfahren im Umgang mit dem alles andere als optimalen bzw. verläßlichen öffentlichen Verkehrssystem auf dem südostenglischen Land. Um nicht gegen die englische *don't drink & drive* Regel zu verstoßen, empfiehlt sich für »Steuerleute« strenge Zurückhaltung – mehr als der Genuß von einem *pint* Bier ist nicht drin.

Der alte Dorfladen in Firle (bei Lewes) eignet sich vorzüglich zum Proviantfassen auf dem Weg zum South Downs Way.

Für Wanderlustige ist England mit seinen unglaublich vielen *public footpaths*, *public bridleways* und Fernwanderwegen immer eine Reise wert; Radfahrer werden dagegen von der Infrastruktur eher stiefmütterlich behandelt: Zum einen fehlen entlang der meisten – engen und kurvenreichen, vielbefahrenen – Landstraßen ausgebaute Radwege, zum anderen wird das Fahren am Straßenrand leicht zur Tortur, weil die Gullys zumeist tiefer als die Fahrbahndecke liegen. Wer sich ohnehin vorgenommen hat, eine Wanderung oder Mountainbike-Tour entlang der klassischen südenglischen Langstreckenwege *North Downs Way* (ca. 245 km) und/oder *South Downs Way* (ca. 170 km) zu unternehmen, wird in diesem Buch einige Pubs finden, die einen Abstecher lohnen. Der *North Downs Way* erschließt den »Garten Englands« und führt von Farnham (Surrey) nach Dover (Kent), der *South Downs Way* beginnt bei Eastbourne und endet in Winchester (Hampshire). Die beiden –

ohne große Schwierigkeiten zu bewandernden – Fernwege bilden zudem den Rahmen für die durch Hügelketten und weite Ebenen geprägten Grafschaften, durch die mein *pub-crawl* führt: Kent, Ost- und West-Sussex, Surrey und Hampshire.

Eine englische Spezialität sind die *pub walks*, ausgetüftelte Rundwege, die meistens in ein bis drei Stunden zu bewältigen sind. (Einschlägige Führer hält der Buchhandel bereit.) Sie verdanken ihre Popularität der Massenmotorisierung, wären ohne ein Auto die meisten Städter doch gar nicht in der Lage, Ausflüge in die idyllischen Dörfer und zu den landschaftlichen *beauty spots* zu unternehmen. Ein vorrangiges Ziel sind bei solchen Ausfahrten die *country pubs*. Autoclubs und andere Institutionen unterstützen die Briten bei der Auswahl der *best pubs for eating and drinking* und sorgen ganz nebenbei für gehobene Qualitätsstandards dieser *national treasures*.

Es gibt wohl kein Pub auf dem Lande, das nicht von einigen *footpaths* oder *bridleways* berührt würde. *Footpaths* sind durch Hinweisschilder mit gelben Markierungen ausgewiesen und dürfen nur von Fußgängern benutzt; die blau markierten *bridleways* können auch zu Pferd oder Rad passiert werden. Wer gern auf eigene Faust loszieht, sollte die vorzüglichen *Ordnance Survey Landranger Maps* konsultieren. Im Prinzip kann man an jedem einschlägigen Schild einfach drauflosmarschieren. Irgendwohin führen einen die Wege immer – wenn nicht zu einem Pub, dann zu einem Hof oder Weiler; und wenn man sich verläuft, was durchaus passieren kann, weil sich so mancher Pfad hin und wieder in Luft aufzulösen scheint, dann hilft in der Regel reine Intuition. *Footpaths*, das sei am Rande erwähnt, führen auch über Weiden, die von Kühen, Bullen oder Schafen okkupiert sein können. Schafe rennen weg, wenn man sich ihnen nähert, Kühe tun einem nichts und Bullen – mir ist bis heute noch keiner zu nahe gekommen, was aber nicht heißt, daß englische Bullen ungefährlich wären …

1. Von der Tavern zum Pub

Schon vor Tausenden von Jahren wurde in aller Welt Bier gebraut und genossen – als Gersten-, Hirse-, Reis- oder Maisbier. Die Babylonier schenkten es in Bierhallen aus, die Ägypter machten es zum Bestandteil der Zwangsverpflegung pyramidenbauender Sklaven, in Griechenland war Bier das Getränk der armen Leute. Genaue Beobachter wie Aristoteles hielten für die Nachwelt fest, daß der Genuß von zuviel Bier den Trinker nach hinten kippen läßt.

Die Kunst des Brauens verbreitete sich vom Osten des Mittelmeers nach Spanien und Gallien; eines historischen Tages gelangte sie auch nach England. Zunächst einmal machte das zu Beginn unserer Zeitrechnung auf der Insel lebende keltisch-germanische Volk jedoch Bekanntschaft mit dem Wein und seinen weit weniger lieblichen Nebenerscheinungen – den römischen Legionen. Die Truppen, die Kaiser Claudius im Jahr 41 zur Invasion Englands entsandte, zogen Wein dem Bier schon deshalb vor, weil es das Getränk der verhaßten Germanen war. Nachdem Südbritannien eine römische Provinz geworden war, entstanden prompt die ersten, *taberna* genannten Weinstuben (engl. *tavern*, dt. Taverne). Insbesondere entlang der strategisch wichtigen Straßen, wie etwa der Watling Street, die von Kent über London nach Chester führte, waren sie in regelmäßigen Abständen zu finden.

Im Jahre 410 gab Rom freiwillig (also der zu hohen Kosten wegen) die Britischen Inseln auf. Den Römern folgten als Besetzer die Angeln, Sachsen und Dänen. Sie verbreiteten Angst und Schrecken, unterwarfen die Einheimischen und ließen sich schließlich in England nieder. Im Unterschied zu ihren mediterranen Vorgängern waren die Angelsachsen und Dänen keine Wein-, sondern Biertrinker; die sächsischen Frauen erlernten das Brauen geradeso wie das Bakken. Das Wort *ale* stammt denn auch vom sächsischen *ealu* und vom dänischen *ol* ab. Nun waren einige Brauerinnen besser als andere, und so kamen vor allem in ihren Brauhäusern Leute zusammen, um Nachrichten auszutauschen, Geschichten zu erzählen und Bier zu trinken. Aus dieser Gepflogenheit entwickelte sich im Laufe der Jahrhunderte das einzigartige Konzept des *public house* – eines geschützten Raums, der Gästen offensteht und in dem für deren leibliches Wohl gesorgt wird.

Noch heute zieren kunstvoll geschnitzte Mönche so manche Pub-Tür.

Als gegen Ende des 7. Jahrhunderts die Christianisierung in England weitgehend durchgesetzt worden war, wurde Canterbury oberster Kirchensitz. Zugleich entstanden immer mehr Kirchen und Klöster, die Pilger, Händler und andere Leute anlockten. Diese Besucher hatten neben ihren eigentlichen Anliegen aber auch Hunger und Durst und benötigten Schlafplätze. Die von der Kirche beschäftigten Steinmetze und Zimmerleute konnten auch nicht mit leerem Magen arbeiten. Die Abteien und Kathedralen richteten deshalb eigene Gasthäuser ein und stellten sie unter die Obhut geistlicher Wirte. Zur Entwicklung der *public houses* trug wesentlich die Zunahme riesiger Besitzungen des Landadels bei. Die auf den Gütern beschäftigten Landarbeiter erhielten einen Teil ihrer Löhne und Verpflegungssätze in der flüssigen Form des Biers. Das *ale* wurde auf dem Hof oder in nächster Umgebung gebraut und in einer Kneipe ausgeschenkt, die

nicht nur dem Gutsherrn gehörte, sondern auch nach ihm benannt war.
Erste Konzessionierungsgesetze blieben nicht aus. Bereits im 10. Jahrhundert erließ der sächsische König Edgar ein Dekret, wonach die Zahl der Bierhäuser auf eines pro Dorf oder Kleinstadt beschränkt sein mußte. Die Magna Charta von 1215 führte genormte Maße für Bier und Wein ein. Heinrich VIII. erklärte, daß Bier »schon immer eine Angelegenheit des Staates« gewesen sei und ließ rigoros Qualität und Preisgestaltung kontrollieren. Seine Tochter – »Bloody« Mary I. – versuchte zwar, die Zahl der Gaststätten wieder einzuschränken, blieb jedoch erfolglos. Im Mittelalter reisten die Menschen von Geschäfts wegen, nicht zum Vergnügen. Die Gasthöfe jener Zeit waren zumeist von spartanischer Einfachheit. Einzelzimmer waren unbekannt; Männer und Frauen schliefen im selben Großraum. Die Gäste brachten entweder ihre eigenen Speisen mit oder erwarben sie im Gasthof. Im Laufe des 16. Jahrhunderts stieg die Reiselust in England deutlich an, entsprechend auch die Zahl der *roadside inns* an den Fernverkehrsstraßen. Sie waren gastfreundlicher hergerichtet und warben auf Stelltafeln mit dem Hinweis: GOOD BEDS.
Auch dem Essen wurde nun mehr Beachtung gezollt; so manche Herbergstafel war überladen mit den Produkten der Gegend – Gans, Schwan, Lerche, Neunauge, Stör, Olivenpastete, Nektarinen, Safrankuchen und anderen Leckereien mehr. Ein Menü mit acht Gängen galt bald als durchaus normal, bot es doch Gelegenheit, sich die Zeit zu vertreiben, die sonst schwer gelastet hätte. Wandernde Schauspieler und Musikanten unterhielten die Speisenden während des Essens. Wohl nicht zufällig gelangte zu Beginn des 17. Jahrhunderts der elisabethanische Abenteurer und Reiseschriftsteller Fynes Morrison zu der Auffassung: »Nirgends sonst auf

der Welt findet man Gasthöfe, wie England sie hat.« Besonders gefiel ihm während seiner Tour durch England der Service:

»Sobald ein Reisender ein Inn erreicht, laufen die Bediensteten auf ihn zu; einer nimmt sein Pferd und geht mit dem Tier solange auf und ab, bis es sich abgekühlt hat, um es dann abzureiben und mit Futter zu versorgen. [...] Ein anderer Bediensteter bringt den Gast zu einer privaten Kammer und zündet ein Feuer an, ein weiterer zieht ihm derweil die Stiefel aus und putzt sie sogleich. Daraufhin besuchen ihn der Wirt oder die Gastgeberin; speist er dann mit dem Wirt oder an einem Tisch mit anderen Gästen, kostet ihn das Mahl sechs Pence – an manchen Orten sogar nur vier [...]. Wenn der Gast in seinem Zimmer speist, kann er soviel Fleisch bestellen, wie sein Appetit und der seiner etwaigen Begleitung verlangt. Wenn er in Begleitung ist, wird ihm Musikantenspiel angeboten, das er akzeptieren oder ablehnen kann; wenn er allein gekommen ist, werden ihm die Musikanten eine gute Zeit bereiten – bis in den frühen Morgen.«

Der Turnpike Act von 1663 führte zu einer Verbesserung der Straßen und machte das Reisen per Kutsche schneller und ruhiger. Im Laufe des 18. Jahrhunderts wurden die ersten festen Postkutschen-Linien eingeführt. Eine Reise von London nach Bristol dauerte damals fast 24 Stunden. Schon, weil ungefähr alle 15 Meilen (24 km) die Pferde gewechselt werden mußten, entstanden viele neue »Ausspann«-Gasthöfe, erlebte das *coaching inn* sowie die übliche individuelle Bewirtung der Gäste eine Hohezeit. Diese herrlichen Zeiten verklangen freilich schneller, als so manchem Herbergsvater lieb sein konnte. In den zwanziger Jahren des 19. Jahrhunderts schreckten erstmals die fremdartigen Geräusche der dampfgetriebenen Eisenbahn die ländliche Gegend auf. Es dauerte keine dreißig Jahre, da verdrängte der schnellere und bequemere Schienenverkehr die Postkutschen-Linien – und mit ihnen die schönen Gasthöfe. Sie wurden einer nach dem anderen geschlossen, und einem viktorianischen Beobachter blieb nur die Schlußfolgerung: »Der alte Gedanke des Inns wurde dem Geist der Fortbewegung geopfert.«

In der Vergangenheit verwiesen die Bezeichnungen *inn, hotel* und *tavern* auf Wirtshäuser mit unterschiedlichen Konzessionen. So waren der Inn wie das Hotel gesetzlich verpflichtet, bei Tag und Nacht Reisende zu empfangen und zu verpflegen. Die Taverne dagegen fungierte als Stätte gelegentlicher Erfrischung, wo die Kundschaft zu festgesetzten Zeiten essen und trinken konnte. Inzwischen halten die überlieferten Bezeichnungen *inn* und *tavern* schon längst nicht mehr, was sie einst versprachen. Wer früher eine Unterkunft für die Nacht suchte, konnte beruhigt ein Inn ansteuern, denn das hatte eine Hotelkonzession. Heute sind die meisten Inns nur mehr Gaststätten; lediglich einige wenige bieten auch *bed & breakfast* an. Beliebt sind die traditionsreichen Inns aber nach wie vor. Sie werden gehegt und gepflegt, in großformatigen Bildbänden gepriesen und sind am Wochenende das Ziel der Ausflügler.

Im Prinzip ist es in England seit dem 18. Jahrhundert üblich, alle Alkohol ausschenkenden gastlichen Stätten puritanisch nüchtern als *public houses* zu bezeichnen. Diese doch sehr amtlich klingende Bezeichnung wurde vom Volksmund in die liebevoller klingende Kurzform *pub* verwandelt. Auch wenn sich heute noch einige Pubs als *tavern* bezeichnen, so haben sie doch mit der Taverne der »guten alten Zeit« nicht mehr viel gemein – insbesondere in den Städten. Die in London auch *alehouse* genannten Tavernen waren dereinst ein beliebter Versammlungsort auch einflußreicher und kreativer Zeitgenossen wie Shakespeare und Sheridan, Raleigh und Reyndas, Garrick und Goldsmith. Bei einem Krug *ale*, Glühwein oder Eiergrog wurde über die Streitfragen des Tages debattiert, entstanden zahlreiche Theaterstücke und Zeitschriftenartikel und wurde nicht zuletzt Regierungspolitik gemacht.

Im späten 17. Jahrhundert war es mit der *tavern*-Herrlichkeit vorbei. In London öffneten immer mehr Teehäuser und Cafés (das berühmte *Lloyd's* zum Beispiel), und die Kaufleute, Börsianer, Künstler und Politiker wurden fortan nur noch selten in den Tavernen gesehen – zumal sie zunehmend Gefallen an den gediegen ausgestatteten *gentleman's clubs* fanden. Diese Clubs, etwa der 1693 gegründete grandiose *White's*, aber auch *Brook's, Garricks's* und *Athenaeum*, sorgten für einen weiteren Bedeutungsverlust der Tavernen. Sie konnten mit der in den Clubs gebotenen besänftigenden neuen Welt aus Teppichen, Leder und serviler Diskretion nicht konkurrieren. »Männer von Wohlstand und schöpferischer Kraft« waren fortan stolz darauf, Mitglied eines Clubs zu sein – den Tavernenbesuch überließen sie den unteren Ständen. In der viktorianischen Zeit waren die einst so beliebten *alehouses* nur mehr anspruchslose Pubs.

Der Regierungsantritt von William und Mary im Jahr 1689 war für englische Biertrinker mit zwei schweren Schlägen verbunden. So wurde zum einen zur Finanzierung der irischen Feldzüge des Königs *ale* mit hohen Abgaben belegt, und zum anderen machte dieses königliche Paar den in Holland beliebten Genever in England hof- und gesellschaftsfähig. Als 1690 das Parlament allen Bürgern das Recht gab, alkoholische Getränke zu destillieren (sie mußten dazu lediglich englisches Getreide verwenden), gab es kein Halten mehr. Allein in London wurden binnen weniger Monate an die zehntausend Schnapsläden gegründet, die die Metropole fortan mit unbesteuertem Gin wahrlich überfluteten. Wohin das führte, illustrierte 1751 William Hogarth in seiner berühmten Zeichnung *Gin Lane*: zu einem dramatischen sozialen Verfall durch Alkoholismus. Es dauerte fast ein Jahrhundert, bis sich die Lage merklich gebessert hatte. 1830 sorgte der neugewählte Premierminister, der Herzog von Wellington, für das, was er als endgültigen Sieg über den Gin betrachtete: Er befreite das Bier von Abgaben und erleichterte die Genehmigungsvorschriften für den Verkauf. Der gutgemeinte Steuerungsversuch des landesweit verbreiteten Alkoholproblems schlug jedoch fehl. Es dauerte kein Jahr, da waren in ganz England mehr als dreißigtausend neue Bierläden eröffnet worden. Die Schnapsbuden reagierten auf diese Entwicklung mit der Strategie der »gediegenen Ausstattung« und werteten ihre Räumlichkeiten durch Teppiche, Spiegel, graviertes Glas und Messingbeschläge auf. Der Volksmund verpaßte ihnen den Spitznamen *gin palace.*

Im Laufe des 18. Jahrhunderts kam es zu einem weiteren einschneidenden Wandel. Das bis dahin überwiegend auf dem Gelände der Gaststätten bzw. in deren Nähe in kleinen Mengen gebraute Bier reichte für die gestiegene Nachfrage nicht länger aus. Findige Brauer erkannten ihre Chance und machten das Brauen zu einem Großgeschäft. Die Namen bedeutender Gründerfamilien sind noch heute ein Begriff: *Adnams, Bass, Tetley, Whitbread, Young* – um nur einige zu nennen. Die im Londoner Stadtteil Wandsworth ansässige Brauerei *Young's* gilt als traditionsreichste in Großbritannien. Sie existiert seit 1581. Im Südosten Englands entstanden 1698 die Brauerei *Shepherd Neame* in Faversham (Kent), auf deren Gelände bereits seit dem 12. Jahrhundert Bier hergestellt wird, und 1790 die Brauerei *Harveys* in Lewes (Sussex). Beide sind heute noch selbständig.

Da sich im 18. Jahrhundert nicht zuletzt durch die schnelle Verbreitung des Gins die Trinkgewohnheiten veränderten, versuchten die neuen Großbrauereien ihre Marktposition durch die Übernahme von Bierschänken zu festigen und auszuweiten. Sie führten auch sogenannte Knebelverträge ein, mit denen sie die Inhaber der Pubs zwangen, nur ihre *ales* zu verkaufen. Die harsche Konkurrenz durch die Gin-Paläste beschleunigte diese Entwicklung. Die hohen Investitionen der Großbrauereien förderten die Ausbreitung neuer oder anspruchsvoll umdekorierter Pubs. Sie entstanden nicht nur in den bevölkerungsreichen Städten, sondern auch in der Provinz – besonders im Umfeld von Marktplätzen, Kasernen und an den Hauptverkehrsstraßen. Die industrielle Revolution sorgte für zusätzlichen Schub. Tausende von Arbeitern zogen vom Land in die Städte und brauchten Wohnungen. Die Bauunternehmer rieben sich die Hände, planierten in kurzer Zeit zahllose Straßen und errichteten eine Reihenhauszeile nach der anderen. Vor allem aber installierten sie an fast jeder neuentstandenen Straßenecke ein Pub. Diese *locals* waren auf der Stelle erfolgreich und wurden rasch zum sozialen Mittelpunkt einer jeden neugeschaffenen Nachbarschaft.

Im letzten Drittel des 19. Jahrhunderts verbesserte sich allmählich der Lebensstandard in den Industriestädten, wuchs in der noch überwiegend mittellosen *working class* die Gruppe der Facharbeiter. Sie suchten nach der langen und anstrengenden Arbeit in den Fabriken gern die neuen Kneipen

auf, in denen schönes Mahagoniholz glänzte, Messinggerätschaften blitzten, gravierte Spiegel und Fenster blinkten und hübsche Kacheln und Wandgemälde das Auge versöhnten – vom prächtig leuchtenden Gaslicht ganz zu schweigen. Die Politik vergaßen sie darüber aber keinesfalls. Das wichtigste Ereignis der englischen Innenpolitik im von großen Hafenarbeiterstreiks geprägten letzten Jahrzehnt des 19. Jahrhunderts war das Entstehen der Arbeiterparteien – der Independent Labour Party 1893 und der Labour Party 1900. Vor allem die mit den Gewerkschaften verbündete Labour Party veranlaßte die alten bürgerlichen Parteien zu sozialen Reformen: Es entstanden staatlich geförderte Bäder, Wäschereien, Bibliotheken und Arbeiterwohnungen; 1908 führte die Regierung Alterspensionen für jeden Engländer sowie den Achtstundentag für Fabrikarbeiter ein.
In den größeren – viktorianischen – Pubs wurden den klassenbewußten Gästen viele kleine Abteile geboten, die sämtlich von einer zentralen Bedienungs-»Insel« aus versorgt wurden. Manche Gaststätten hatten nicht weniger als fünfzehn »Boxen«, die größeren boten zudem Rauchsalons, Clubzimmer, Schankstuben, Sitznischen und sogar Zeitschriftenleseräume. Ende des 19. Jahrhunderts waren größere Pubs Orte für alle möglichen Veranstaltungen und Gesellschaften; Wahlversammlungen und gerichtliche Untersuchungen, ja sogar der Einzug von Steuern fanden in ihnen statt. Daß das Pub sich zu einem Mittelpunkt diverser amtlicher, kommerzieller und sozialer Aktivitäten – zuweilen auch krimineller Aktivitäten – mauserte, stieß jedoch in Parlamentskreisen und unter den prüden Viktorianern zunehmend auf Kritik. Letztere sahen in den Pubs nichts als Brutstätten für sexuelle Ausschweifungen, auch bemängelten sie die langen Öffnungszeiten.
Trunkenheit war in Großbritannien zu Beginn des Ersten

The Celebrated
OLD KING'S HEAD
Traditional Hand Pumped
BEERS
FUNCTION ROOM
BIG SCREEN T.V.
Est.1881
1881

Weltkriegs immer noch weit verbreitet. Premierminister David Lloyd George betrachtete den hohen Alkoholgenuß seiner Landsleute mit großer Sorge, fürchtete um die Moral der englischen Truppen und der Arbeiter und Arbeiterinnen in der kriegswichtigen Industrie. »Wir bekriegen Deutschland, Österreich und den Alkohol, und der größte dieser Feinde ist der Alkohol«, konstatierte er 1915 und schränkte daraufhin die Öffnungszeiten der Pubs strikt ein. Der Krieg und die verkürzten Öffnungszeiten waren für die Pubs eher förderlich. Um ihrer Sorgen wenigstens für einige Stunden ledig zu sein, frequentierten selbst gutbürgerliche Leute, für die ein Kneipenbesuch bis dahin unter ihrer Würde gelegen hätte, die Gaststätten. Auch das weibliche Geschlecht zeigte sich nun öfter in den Bars. Als nach dem Krieg Tausende von Neubauwohnungen gebaut wurden – *Homes Fit For Heroes* – entstanden eine Vielzahl neuer Pubs. Sie waren in der Regel groß und hell, verfügten über eine moderne Einrichtung und erfreuten sich lebhaften Zuspruchs.

Vor allem auf dem Land wandelten sich die Verhältnisse nachhaltig. Bessere Bus- und Bahnverbindungen sorgten in den 1920er Jahren gewissermaßen für ein vertauschtes Publikum in den Pubs. Die Leute aus der Provinz zog es am Wochenende in die nahen Klein- und Großstädte, die Städter wiederum begeisterten sich für Ausflüge in die *countryside* und belebten den Umsatz der Dorfkneipen und alten Landgasthöfe. Die in den 1930er Jahren einsetzende Massenmotorisierung bescherte den idyllisch gelegenen englischen Weilern und Dörfern eine steigende Anzahl von Autos und immer mehr vier- bis sechsköpfige Familien, die hungrig und durstig aus den Fords und Morris' stiegen. Die Hochzeit der *country pubs* konnte beginnen – und hält bis heute an.

Die höheren gesellschaftlichen Kreise freilich blieben den

Pubs nach wie vor zumeist fern. Im Laufe des Zweiten Weltkriegs gaben aber auch sie ihre Reserviertheit auf, brach – in den Pubs – die letzte Klassenbarriere. Männliche wie weibliche Militärangehörige aller Ränge lachten, weinten und tranken miteinander. Für die Zivilbevölkerung brachte *the Blitz* – die deutschen Fliegerangriffe auf London und andere englische Städte – nicht nur Angst vor Bomben, Tod und Zerstörung mit sich, sondern auch schreckliche Langeweile. Erduldet werden mußten lange dunkle Abende zu Hause, auf Wache oder im Luftschutzraum; nicht kriegswichtiger Reiseverkehr war verboten. Im Anschluß an den Dienst an der »Heimatfront« entspannten sich Leute aller Gesellschaftsschichten gemeinsam in der Kneipe. War das Pub von der englischen Ober- und Mittelschicht bis in die 1930er Jahre hinein als eher unziemlicher Ort betrachtet worden, so wurde es nun als *a block house on the home front* (Blockhaus an der Heimatfront) gepriesen.

Der Zweite Weltkrieg kostete vielen Briten das Leben und zerstörte das Glück vieler Familien, Wohnraum und Fabriken fielen in Schutt und Asche und die allgemeine Versorgungslage war bis in die ersten Nachkriegsjahre hinein mehr schlecht als recht. Er bewirkte aber auch eine neue – klassenübergreifende – Einstellung gegenüber den *public houses:* Ihnen wuchs eine allgemeine Wertschätzung zu, die sie bis heute nicht eingebüßt haben.

In dem Essay *England, dein England* machte 1941 der u.a. durch seinen Roman *1984* weltweit bekannt gewordene George Orwell auf einige entscheidende gesellschaftliche Wandlungen seit Beginn des 20. Jahrhunderts aufmerksam. Da heißt es u.a.:

»Eine der wichtigsten Entwicklungen in England während der letzten zwanzig Jahre ist die Ausweitung der Mittelschicht nach oben und nach unten gewesen. Das ist in einem solchen Ausmaß geschehen, daß es die alte Einteilung der Gesellschaft in Kapitalisten, Proletarier und Kleinbürger fast überholt erscheinen läßt. [...] Der britischen Arbeiterklasse geht es jetzt in fast jeder Hinsicht besser, als es ihr noch vor dreißig Jahren ging. Das liegt zum Teil an den Bemühungen der Gewerkschaften, aber zum Teil auch am bloßen Fortschritt der Naturwissenschaften. [...] In England sind dem öffentlichen Erziehungswesen die finanziellen Mittel auf knauserige Art und Weise vorenthalten worden, aber es hat sich verbessert, nicht zuletzt dank der aufopferungsvollen Bemühungen der Lehrer, und man liest sehr viel mehr als früher. Immer häufiger lesen Reiche und Arme dieselben Bücher, und sie sehen auch dieselben Filme und hören dieselben Radiosendungen. Und die Unterschiede in ihrer Lebensweise sind durch die Massenproduktion billiger Kleidung und Verbesserungen im Wohnungsbau abgebaut worden. [...] Die Folge von alledem sind verfeinerte Umgangsformen. Das wird noch verstärkt durch den Umstand, daß die moderne Technik durchweg weniger körperliche Anstrengung erfordert und deshalb den Leuten auch mehr Tatkraft beläßt, wenn sie die Arbeit des Tages hinter sich haben.«

Ein Teil der gewonnen Tatkraft wurde – besonders freitags und sonnabends – zweifellos dem zwanglosen Treffen mit Freunden und Bekannten im Pub reserviert. Die von Orwell erwähnte Ausbreitung der Mittelschichten hatte Mitte des 20. Jahrhunderts auch Folgen für die bis dahin noch in verschiedene »Kundenbereiche« aufgeteilten Pubs. Die gegebenen Klassenunterschiede spiegelten sich in den Wirtshäusern durch die Einrichtung verschiedener Bars. Hinweisschilder an den verschiedenen Eingängen der Pubs und Inns ließen die Besucher immer wissen, welche Bar für ihre Klasse bestimmt war: Die *Public Bar* gehörte den untersten Schichten und zeichnete sich entsprechend durch harte Bestuhlung und mit Sägespänen bestreute Fußböden aus. Die *Saloon Bar* war dem Bürgertum vorbehalten und nicht nur gemütlicher ausgestattet, sondern auch etwas teurer. Ein fast schon elegantes Interieur bot den hochstehenden Persönlichkeiten die *Lounge Bar*. Die *Private Bar* stand vor allem der Aristokratie oder alleinreisenden Damen offen. Aber das ist schon lange her; heute gibt es zwar noch die blankpolierten Schilder, und die schlichte *Public Bar* ist nach wie vor der Treffpunkt der Jugend und zumeist etwas schmuddeliger und lärmiger als andere Bereiche; gleichsam standesbewußt verbarrikadiert sind die gepflegteren Bars aber längst nicht mehr.

Seit der Mitte des 20. Jahrhunderts haben sich generell eine Reihe von Veränderungen ergeben, die für die Pubs nicht folgenlos geblieben sind. Der drastische Wandel der Lebensgewohnheiten – Massenmotorisierung, ein verändertes Gesundheitsbewußtsein, höhere Qualitätsansprüche, der Wunsch nach mehr Abwechslung usw. – zwingen Wirte und Betreibergesellschaften zu Veränderungsmaßnahmen. Insbesonders abgelegenere oder infrastrukturell benachteiligte Flecken und Orte beklagen das Dahinschwinden ihrer zumeist schlichten Bierhäuser. Eine größere Zahl von Pubs, in denen keine Vornehmtuerei, kein Speisenangebot, aber gute *ales* und angenehme Geselligkeit geboten wurden, mußten mangels ausreichendem Ertrag geschlossen werden. Die wenigen, die überlebt haben, sind im Zweifelsfall dazu bestimmt, mit ihren Besitzern zu sterben oder eines Tages bis zur Unkenntlichkeit umgestaltet zu werden.
Weitere Veränderungen zogen auch die neuen Bierverordnungen von 1990 nach sich. Sie waren eine Reaktion auf die zunehmende Konzentration der dominanten Brauereikonzerne, die zugleich die meisten Pubs an sich gebunden hat-

ten. Die Großbrauer wurden durch das neue Gesetz gezwungen, viele ihrer Gaststätten zu verkaufen. In der Theorie entstanden durch diese Maßnahme zwar deutlich mehr ungebundene Pubs bzw. *free houses,* doch sind diese inzwischen längst wieder gebunden – an nicht weniger mächtige Betreiber von Gaststättenketten, die ebenso massiv auf Umsatz- und Renditewachstum aus sind und den *publicans* eher weniger denn mehr Gestaltungsfreiheiten als die Brauereien lassen.
Gleichsam eine Zäsur stellt die von der Regierung für den Sommer 2004 geplante Lockerung der Pub-Öffnungszeiten dar. Die seit dem Ersten Weltkrieg bestehenden Restriktionen, zuförderst die gesetzlich vorgeschriebene Schließungszeit um 23 Uhr (das Verbot, nachmittags Bier auszuschenken, wurde bereits 1988 aufgehoben), haben nun nach fast hundert Jahren eisernen Bestands ausgedient. Da aber auch zukünftig die Kommunen ein Mitsprachrecht in Lizensierungsfragen haben werden, wird die Liberalisierung der Öffnungszeiten keine gravierenden Veränderungen mit sich bringen. Während die vielfrequentierten Pubs in London und anderen Großstädten ihre Ausschankzeit sicherlich bis nach Mitternacht ausdehnen werden, sind bei den Pubs in der *countryside* keine großen Änderungen zu erwarten. Sie dürften auch künftig unter der Woche kaum länger als bis 23 Uhr geöffnet haben und am Wochenende die legendäre Ermahnung: *last orders please!* bestenfalls ein oder zwei Stunden später folgen lassen. Immerhin, die britischen *pub goers* können demnächst spätabends in der Kneipe wohl viel entspannter den Wirt bitten: *One for the road.*

Noch ein Hinweis für Pub-Liebhaber, die in Begleitung von Kindern sind. Laut Gesetz dürfen Kinder unter 14 Jahren nicht in Pubs. Als Ausflugsziele dienende Wirtschaften verfügen deshalb über separate Familienräume und Spielgeräte in den Gärten, wo sich die Kleinen aufhalten können. Generell sollten in *country pubs* die folgenden Regeln beherzigt werden, die Brian P. Martin überliefert hat und die hier – gleichsam zur Einstimmung – ohne deutsche Übersetzung auskommen sollen:

The staff at your local will try to ensure that your visit is pleasant and enjoyable. However, if you wish to be greeted with a warm welcome on your second visit, the following advice may be of use:

1) When the front door is locked and the sign hanging from it says closed, please do not ring the door bell to ask if we are open.
2) Questions like:
»Is the garden outside?«
»Do you have a toilet?«
»What's that in the ham sandwich?« may
cause annoyance.
3) Female customers whose first language is English are allowed to talk to the bar staff direct, the use of a male interpreter being totally unnecessary.
4) If your first question is »Can I be difficult!« the answer will be no.
4) When using the toilet, please do not pick your nose and then wipe your finger on the wall.
6) If you are clutching a large piece of laminated card which lists a variety of meals with prices alongside them, the question »Is this the menu?« will probably elicit a sarcastic response such as »No, it's a Rochdale telephone directory«.
7) When you have just walked through the front door,

please do not enquire what the weather is like in the garden.

8) You may think your children are cherubs, but we think they belong to the junior Baader Meinhof and are using our premises as an assault course in preparation for an attempt at global domination. Please keep them under control.
9) Husbands and wives do not hold hands or grope each other in public. People having a bit on the side do. It is obvious, embarrassing and silly. Please control your hormones.
10) This may come as a surprise to some people, but your fellow diners do not wish to hear about your colostomy.
11) The waitress will incur less serious burns to her hands if you can remember what you ordered.
12) When your meal is delivered to you, the waitress would be extremely grateful if you removed from your placemat your hands, drink, keys, road map, guide book, cigarettes, mobile phone, Filofax, handbag and the drip mat which you have been studiously mutilating for the last five minutes.
13) When asked how you would like your steak cooked, to reply »In a frying pan« is no longer regarded as either novel or funny.
14) The same applies to those people who wave empty glasses around and enquire »Can you get a half in there?«
15) Our catering department have devised a new concept called »The Menu«. Everything they do is on »The Menu« and everything they don't do is left off »The Menu«. You may find it useful to consult »The Menu« before ordering.

2. Nach Canterbury hin

Wenn milder Regen, den April uns schenkt,
Des Märzes Dürre bis zur Wurzel tränkt
Und badet jede Ader in dem Saft,
So daß die Blume sprießt durch solche Kraft,
Wenn Zephyr wohl mit seinem milden Hauch
In Wald und Feld die zarten Triebe auch
Erweckt hat und die Sonne jung durchrann
Des Widders zweite Sternbildhälfte dann,
Wenn Melodien kleine Vögel singen,
Die offnen Augs die ganze Nacht verbringen,
So stachelt die Natur sie in der Brust,
Dann treibt die Menschen stark die Wallfahrtslust,
Und Pilger ziehn nach manchem fremden Strande
Zu fernen Heilgen, die berühmt im Lande;
Besonders sieht aus Englands Teilen allen
Man freudig sie nach Canterbury wallen,
Dem heilgen, selgen Märtyrer zum Dank,
Der Ihnen half, als sie einst waren krank.

Zu dieser Zeit geschah's an einem Tag,
Als ich im ›Heroldsrock‹ zu Southwark lag,
Bereit, zu gehen mit andachtsvollem Sinn
Auf Pilgerfahrt nach Canterbury hin,
Daß abends langte dort im Gasthof an
Wohl eine Schar von neunundzwanzig Mann
Verschiednen Volks, durch Zufall nur gesellt;
Auf Pilgerfahrt war aller Sinn gestellt,
Nach Canterbury reiten wollten alle.

(Geoffrey Chaucer)

Die *Canterbury Tales* von Geoffrey Chaucer (um 1343-1400) sind ein unvollendeter Zyklus von Vers- und Prosaerzählungen; geschildert wird eine Pilgerfahrt von dreißig Leuten nach Canterbury zum Grab des heiligen Thomas à Becket. Das erwähnte Gasthaus Heroldsrock zu Southwark gab es tatsächlich zu Chaucers Zeit; heute sucht man es vergebens. Beim George Inn in Southwark erinnert noch der Talbot Yard daran, daß sich hier – im einstigen Gasthof Tabard (dt. Heroldsrock) – die Pilgerreisenden versammelten.

Canterbury ist von jeher das geistliche Zentrum Englands. Die normannische Kathedrale, mit deren Bau im 11. Jahrhundert begonnen wurde, dient dem Primas der anglikanischen Kirche als Sitz. Ein entscheidendes Ereignis in der Kirchengeschichte war 1170 die Ermordung des Erzbischofs Thomas à Becket (1118-1170). Nach seiner Heiligsprechung wurde Canterbury die wichtigste Pilgerstätte im ganzen Land. Den Bürgern der Stadt konnte es recht sein, sie kamen in der Folgezeit zu beträchtlichem Wohlstand – viele gut erhaltene Fachwerkbauten künden noch heute davon. Ein berühmter Sohn der Stadt ist der in der George Street geborene Dramatiker Christopher Marlowe (1564-1593). Der als begabtester Vorläufer und Mitdramatiker von William Shakespeare geschätzte englische Dichter schrieb u.a. die Tragödie *Doctor Faustus*, die zu einem der erfolgreichsten Dramen des 16. Jahrhunderts avancierte. Marlowes Leben verlief unstet und endete tragisch: Im Alter von 29 Jahren wurde er bei einem Wirtshausstreit in Deptford erstochen.
In Canterbury gibt es viele Sehenswürdigkeiten und interessante Museen. Im Canterbury Heritage Museum wird die Geschichte der Stadt nachvollziehbar und stehen auch Arbeitstisch und -stuhl des in Polen aufgewachsenen Autors Joseph Conrad (1857-1924), der viele Jahre in Bishops-

bourne/Kent lebte und auf dem Friedhof von Canterbury begraben liegt. Als sein wichtigster Roman gilt *Lord Jim*.
Pubs muß man in der Stadt nicht lange suchen. Das **Jolly Sailor** (North Gate/Ecke Broad Street) hat einen Biergarten und eine gute Küche; die seit 1888 bestehende Kneipe **Black Griffin** (St. Peter's Street) ist ebenso gemütlich wie die noch ältere **Bell and Crown** (Palace Street). Eine hervorragende Auswahl süffiger *ales* (*on handpump*) bieten die Pubs **Thomas Ingoldsby** (5-9 Burgate) und **Westgate Inn** (1-3 North Lane). Sie führen Courage Directors, Shepherd Neame Spitfire, Theakston Best Bitter, Boddingtons Bitter sowie wechselnde Gastbiere. Die Kneipen in Canterbury sind unter der Woche in der Regel von 11 bis 23 Uhr geöffnet.

Unsere Pub-»Pilgerreise« nach Canterbury hin beginnt in Dover. Die von einer großen mittelalterlichen Burg bewachte Stadt ist schon immer ein wichtiger Anlaufpunkt gewesen: Caesar ging hier ebenso an Land wie Augustinus; Friedrich Engels, Karl Marx, Heinrich Heine und Theodor Fontane freuten sich über den Anblick der *White Cliffs of Dover* genauso wie Mathew Webb, der 1875 als erster schwimmend den Ärmelkanal überquerte. Der westliche Kreidefelsen – Shakespeare's Cliff – trägt seinen Namen nach einer Szene im *King Lear*, wo es heißt: »Vom furchtbar'n Gipfel dieser kreid'gen Klippe. Sieh nur hinauf, man kann die schrill'nde Lerche so hoch nicht sehn noch hören: sieh hinauf!«
Dorothea Fürstin Lieven machte bei ihrer Ankunft in Dover 1823 ganz besondere Erfahrungen. So berichtet sie in einem ihrer Briefe an Fürst Metternich:
»Als wir uns der englischen Küste näherten, war es bereits stockdunkel. Das Postschiff konnte deshalb nicht in den Hafen von Dover einfahren und bei dem Seegang war es durch-

aus kein Vergnügen, in das Beiboot überzusteigen. Es gab kein Fallreep und keine Strickleiter. Man mußte abwarten, bis die Nußschale von einer Welle so hoch gehoben wurde, daß man sich in die Arme des darin wartenden Matrosen werfen konnte.«
Vom Hafen führt die A2 in den östlichen Teil der Grafschaft Kent. Das erste Zwischenziel liegt nur eine knappe Viertelstunde entfernt:

The Clyffe Inn, St. Margaret's at Cliffe, High Street
(Ca. 1,5 Meilen abseits der A258 an der Küste zwischen Dover und Deal; Übernachtungsmöglichkeit.)
Die Herberge ist leicht zu finden. Das breite, mit weißen Holzschindeln verkleidete dreistöckige Gebäude steht gleich gegenüber der normannischen Kirche in der Dorfmitte von St. Margaret's. Die Geschichte des Hauses reicht bis zum Jahr 1584 zurück. In der zweiten Hälfte des 18. Jahrhunderts war in ihm eine Schule untergebracht: Doctor Temple's Academy for Young Gentlemen. Zu Beginn des 19. Jahrhunderts wurde das Gebäude zum Inn ausgebaut; seitdem steht im Clyffe Inn nur mehr das Studium der Speisekarte bzw. der geistigen Getränke an. Die behutsam modernisierte, schlicht möblierte Herberge hat eine größere – *pubby* – Bar sowie ein Restaurant mit gängigen englischen Speisen (*home-cooked food*). Von den angebotenen *real ales on handpump* ist das Shepherd Neame Master Brew eine Sünde wert. Bei gutem Wetter lockt der ummauerte Rosengarten. Das Clyffe Inn ist ein gepflegter, funktional ausgerichteter Gasthof, der sich besonders als Ausgangspunkt für einen belebenden längeren Rundgang im White Cliffs Country eignet – nicht zuletzt wegen der komfortablen Gästezimmer.
Öffnungszeiten: Mo.-Sa.: 11-23 Uhr; So.: 12-22.30 Uhr

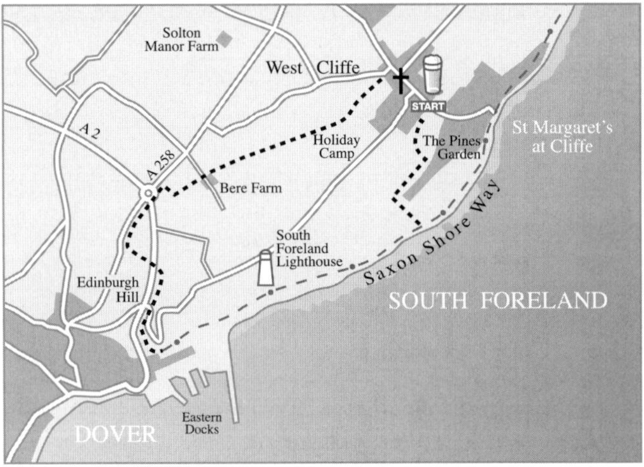

Wer sich in dem eleganten Ort St. Margaret's at Cliffe noch ein Weilchen umtun möchte, sollte dem *South Sands House* an der Beach Road einen Besuch abstatten. Das schmucke gelb-weiß gestrichene Haus liegt an genau der Stelle Englands, die dem Kontinent am nächsten ist, und hat wohl deshalb eine Kanone vor der Tür. Hier wohnte von 1951 bis 1964 Ian Fleming (1908-1964), der weltberühmte Verfasser der *James Bond*-Romane.

White Cliffs Country Trail (10 Kilometer)

Wanderkarte: OS Landranger 179

Die Wanderung verbindet den durch einen gelben gehörnten Helm symbolisierten *Saxon Shore Way* mit landeinwärts verlaufenden Pfaden durch bewirtschaftetes Bauernland. Der zunächst grasüberwachsene Weg entlang der Kreidefelsenklippen gewährt einen Panoramablick über den Ärmelkanal, an klaren Tagen bis nach Frankreich. Wer möchte, kann unterwegs den *Pines Garden* bei St. Margaret's – einschließlich einem Denkmal für Sir Winston Churchill – und das *South Foreland Lighthouse* besichtigen.

The King's Head, Deal, 9 Beach Street
(Deal liegt an der A258 zwischen Dover und Margate.)
Das Badeörtchen Deal (seit 1930 mit dem Nachbarort Walmer verschmolzen) hat einen breiten Kieselstrand, auf dem die Fischer vor teerschwarz gedeckten weißen Netzhütten ihre Boote liegen haben, eine weniger schöne Landungsbrücke aus Beton, zwei Artilleriefestungen aus der Zeit Heinrichs VIII.: Deal Castle und Walmer Castle, deren Grundrisse auf der Tudor-Rose basieren, sowie einige gute Kneipen. Zwei von ihnen sind allemal einen kleinen *pub crawl* wert. Übrigens: Wer sich in einer englischen Kneipe erwartungsfroh an einen Tisch setzt und auf die Bedienung wartet, kann das bis in die Puppen tun. Tischbedienung ist einem englischen Gastwirt fremd – es sei denn, es wurde *pub food* bestellt. Das Bier holt man sich an der Theke und zahlt in der Regel auch sofort dafür. Als einmal einer meiner deutschen Begleiter ungläubig den Kopf schüttelte, weil er trotz seiner großzügig gemeinten Geste: »Keep the change!« sein Wechselgeld vom Barmann kommentarlos wieder in die Hand gedrückt bekommen hatte, konnte ich ihm die frohe Kunde überbringen, daß Trinkgelder in Pubs verpönt sind. Das herausgegebene Kleingeld muß trotzdem nicht wieder im Portemonnaie verschwinden – ich kenne keinen englischen Tresen, auf dem nicht auffällig bunte Sammelbüchsen diverser Hilfsorganisationen um Pennies konkurrieren.
The King's Head ist ein Free House und seit dem 18. Jahrhundert in Familienbesitz (das Gebäude stammt aus dem Jahre 1564). Es liegt an einem kleinem Platz an der Strandpromenade und ist maritim-gemütlich eingerichtet. Für hungrige Besucher wird gesorgt; empfehlenswert sind vor allem

die »Seafood platters« – der Fisch ist garantiert frisch angelandet. Ausgeschenkt werden vor allem die Biere Bass, Shephard Neame Master Brew und Courage Best. Zum Pub gehört auch ein reich mit Blumen geschmücktes Gästehaus mit Einzel- und Doppelzimmern.

Öffnungszeiten: Mo.-Sa.: 11-15 Uhr, 18-23 Uhr; So.: 12-15 Uhr, 18-22.30 Uhr

Bei gutem Wetter kann man draußen sitzen und auf den Strand, den Pier und das Meer schauen. Sechs Kilometer vor der Küste von Deal erstrecken sich die berühmt-berüchtigten *Goodwin Sands*, großflächige und ständig in Veränderung begriffene Treibsandbänke, auf denen in den vergangenen Jahrhunderten unzählige Schiffe strandeten und anschließend vom Mahlstrom in die Tiefe gezogen wurden. Theodor Fontane, der Mitte des 19. Jahrhunderts längere Zeit als Korrespondent in England lebte, kam mit den tückischen Sandbänken indirekt in Berührung. 1857 wohnte er in London, und am Montag, den 12. Januar, vermerkte er in seinem Tagebuch: »Endlich Briefe, darunter einer [...] der in der Nacht vom 5ten zum 6ten auf den Untiefen von Goodwin-Sand gelegen hat.« Am 5./6. Januar 1857 war vor Deal ein Postschiff mit Mann und Maus untergegangen. Nur ein Briefsack überstand die Katastrophe – und mit ihm das erwähnte Schreiben an Fontane. Der gut verschnürte Sack trieb einen Tag später an den Strand. Theodor Fontane quittierte den Empfang seiner Post mit dem Gedicht *Goodwin Sands*:

Die See ist still, die Ebb ist nah,
Mastspitzen ragen hier und da,
Und wo sie ragen in die Luft,
Da sind es Kreuze über der Gruft;

Ein Kirchhof ist's, halb Meer, halb Land,
Das sind die Bänke von Goodwin Sands.

Knapp zwei Jahrhunderte zuvor hatte ein Segelschiff der englischen Admiralität vor den Sandbänken geankert, auf dem sich der durch seine *Geheimen Tagebücher* berühmt gewordene Beamte Samuel Pepys aufhielt (auf den ich im 5. Kapitel noch ausführlich zurückkomme). Er notierte am 30. April 1660:

»Nach dem Abendessen ein bißchen Musik. Dann Mr. Shepley, W. Howe und ich hinauf in die Kabine des Kapitänleutnants, wo wir tranken, und ich und W. Howe waren sehr lustig, und unter anderen Späßen zieht er den Zapfhahn aus dem kleinen Bierfaß heraus, das in der Kabine war, und ließ etwas in seine Mütze laufen, und nachdem er getrunken hatte, versuchte ich es ihm ins Gesicht zu spritzen, und er nahm meine Samtkappe und ließ auch etwas dahinein laufen, daß wir eine Menge Spaß hatten, aber meine Kleidung mit dem Bier verdorben, das wir herumspritzten. Danach sehr spät zu Bett, den Kopf voll Alkohol.«

Wer lieber in einiger Entfernung von zu Späßen neigenden Marinern und der See einige *pints* trinkt, sollte die West Street in Deal aufsuchen. Dort befindet sich im Haus Nummer 126 das Free House **Alma**, das bei eingeschworenen Darts- und Billardspielern sowie bei Bierkennern einen guten Ruf hat. Wohl nicht zufällig kürte die Campain For Real Ale die Kneipe 1999 zum »local CAMRA Pub of the Year«. Shepherd Neame Master Brew sowie mehrere wechselnde Gastbiere sorgen zweifellos für ungetrübten englischen Biergenuß.

Öffnungszeiten: Mo.-Sa.: 10-15 Uhr, 18-23 Uhr; So.: 12-15 Uhr, 19-22.30 Uhr

A propos Biergenuß. Das klassische und am meisten verbreitete *ale* ist das *bitter.* Es ist gut gehopft und weist einen geringen Alkohol- und Stammwürzegehalt auf. Es kommt meistens aus dem Faß und wird am besten aus dem Pint-Glas getrunken. Das *mild* ist weicher gehopft und zumeist hell; es hat zudem wenig Alkohol (3 bis 3,7 Prozent). Das *pale ale* erweist sich dagegen als zwar auch helles, aber mit höherem Stammwürzegehalt versehenes Bier, das zudem weniger gehopft ist. Es wird überwiegend als Flaschenbier angeboten. Als *brown ale* werden malzige, tiefbraune Biere mit höherem Alkoholgehalt bezeichnet, als *old ale* dunkle, meist süßlich-mittelstarke Produkte. Nicht zu vergessen den *Barley Wine* (Gerstenwein), der sich durch seine starke rotbraune Farbe hervorhebt. *Stout* ist ein dunkelbraunes oder schwarzes, obergäriges Bier aus stark gedarrtem Malz. Der Alkohol variiert von 5 bis 7,5 Prozent. Hingegen zeichnet sich das *porter* durch einen niedrigeren Alkoholgehalt von 4,3 Prozent aus – man bezeichnet es als »kleinen Bruder« des *stout.* Es kommt dunkelbraun bis schwarz daher und wird mit stark geröstetem Getreide und obergäriger Hefe hergestellt. Früher vor allem in London gebraut, war es lange Zeit in Vergessenheit geraten; in den letzten Jahren wurde es von den englischen Biertraditionalisten wiederentdeckt.

War Lady Lucy, eine Hofdame Heinrichs VIII., noch berühmt dafür, daß sie achtzehn Liter Bier am Tag trank – viereinhalb zu jeder Mahlzeit – so ist heutzutage der Umsatz pro Person doch deutlich geringer. Allerdings fehlen dem *ale* inzwischen auch Zutaten, die früher in den kleinen Brauereien der Klöster und Gutshöfe noch als selbstverständlich galten: etwa Rettich, Ingwer, Wermut, Pfefferschoten, Enzian, Lakritze und gemahlene Austernschalen.

Neptune's Hall, Broadstairs, Harbour Street
(Broadstairs ist über die A256 zu erreichen.)
Ende des 18. Jahrhunderts setzte sich auf Betreiben des Arztes Richard Russell in England zunehmend die Erkenntnis durch, daß Nordseekuren besonders heilsam sein können. Seine Kollegen Lettsom und Latham gründeten daraufhin 1796 in Margate das erste Seehospital der Welt. In der Folgezeit kamen Badekuren immer mehr in Mode, wovon nicht zuletzt der Ort Broadstairs in der direkten Nachbarschaft von Margate profitieren sollte.
Zu den berühmten Kurgästen von Broadstairs zählt Charles Dickens (1812-1870), der es als »Our English Watering Place« lobte. 1837 kam er zum ersten Mal zur Kur, wohnte in einer Pension in der High Street und schrieb die letzten Kapitel seines Romans *Die Pickwickier.* Bis 1859 zog es ihn häufig nach Broadstairs, nicht zuletzt um in Ruhe an seinen Manuskripten arbeiten zu können (u. a. an *Leben und Abenteuer Nikolas Nicklebys* und *Leben und Abenteuer Martin Chuzzlewits*). Hin und wieder bat er gute Freunde, ihn hier zu besuchen: »You cannot think how delightful and fresh the place is and how good the walks.« Im August 1850 mietete Dickens das auf den Klippen gelegene *Fort House* an (heute ein Museum und *Bleak House* genannt, weil Dickens dort die Idee für den gleichnamigen Roman hatte) und blieb dort, bis er den Jugendroman *David Copperfield* beendet hatte. Unterhalb des hoch gelegenen Feriendomizils, von wo aus der Schriftsteller einen weiten Blick über das Meer genoß, liegt an der Seepromenade das in *David Copperfield* beschriebene »neat little cottage« von »Miss Betsey Trotwood«. Heute dient es als Dickens House Museum (2 Victoria Parade).
Charles Dickens faszinierten in Broadstairs nicht zuletzt die »first-rate bathing machines«, die Badekarren. Da das

Seebad vor allem aufgrund seiner häufigen Besuche zunehmend populär wurde, beschloß er 1859 kurzerhand, in Zukunft seine (Arbeits-) Urlaube anderswo zu verbringen. In Broadstairs ist man dennoch stolz auf den einstigen Gast – alljährlich im Juni findet ein Dickens-Festival mit Theateraufführungen und kostümierten Umzügen statt.
Wer Lust auf einen längeren Marsch hat, kann auf dem Klippenweg von Broadstairs zum acht Kilometer entfernten Ort Cliftonville (kurz vor Margate) gelangen und die riesigen Kalksteinhöhlen der *Margate Caves* besichtigen, die früher als Schmugglerversteck und Gefängnis dienten. Zurück nach Broadstairs nimmt man entweder den Bus von Margate, ein Taxi – oder wandert wieder zurück. Nach der Rückkehr wird es Zeit für einen *pint* …
Das Pub **Neptune's Hall** in der Harbour Street wurde um 1815 gebaut. Gut möglich, daß Charles Dickens hier den einen oder anderen *pint* getrunken hat, denn Durst hatte er immer. Die von großen Fenstern und Granit-Pilastern geprägte Fassade der traditionellen Fischerkneipe ist um 1822 gestaltet worden und steht heute unter Denkmalsschutz. Die *public bar* ist mit Holz vertäfelt, hat altes, am Boden befestigtes Mobiliar und einen liebevoll gestalteten Tresen (mit Handpumpen, versteht sich), hinter dem gravierte Spiegel blitzen. Das Pub schenkt u. a. Shepherd Neame Master Brew, Spitfire und saisonal wechselnde *ales* aus.
Öffnungszeiten: Mo.-Sa.: 11-23 Uhr; So.: 12-22.30 Uhr

The Old Neptune Inn, Marine Terrace, Whitstable
(Whitstable liegt an der A299.)
Whitstable ist ein von städtebaulichen Modernisierungen größtenteils verschont gebliebener Küstenort an der Nordsee, wo z. B. der Romancier Somerset Maugham (1874-1965) seine Ferien zu verbringen pflegte. Urlauber finden einen

breiten Kieselstrand, einen kleinen Fischereihafen und diverse Restaurants vor, deren Spezialität Austern sind. Was Wunder, Whitstable ist eine weltbekannte Hochburg der Austernzucht – seit immerhin gut zweitausend Jahren. In Pearson's Crab & Oyster House (Sea Wall) kann man eine Probe aufs Exempel machen; im Whistable Museum & Art Gallery gibt es Anschauungsunterricht über Leben und Arbeit der Schiffbauer und Austernfischer.
Im Schutz der am Strand verlaufenden Betonschutzmauer trotzen zu Ferienwohnungen umgebaute alte Fischerhäuser den Nordseewinden; an einer Stelle macht die Mauer einen Bogen um ein weiß beplanktes Haus mit Doppelfirst, das schon von weitem unschwer als Kneipe zu erkennen ist: **Old Neptune** leuchten goldfarbene Buchstaben auf schwarzem Grund. Das Pub ist schlicht eingerichtet, gewährt einen freien Blick über die See, und ein Billardtisch hilft die Langeweile zu vertreiben. In den Sommermonaten sind die Picknickbänke am Strand heiß umkämpft; Bands geben Gastspiele und sorgen für gute Stimmung.
Öffnungszeiten: Mo.-Sa.: 11-23 Uhr; So.: 11-22.30 Uhr

In der High Street von Whitstable lohnt ein Besuch des **Ship Centurion.** Zu trinken gibt es neben Adnams Bitter und Caines Mild wechselnde *guest beers* – vor allem von den kleineren, unabhängigen Brauereien Kents. Die Küche verarbeitet bevorzugt ökologisch angebautes Gemüse. Ein Höhepunkt der Speisekarte sind *authentic German sausages.*
Öffnungszeiten: Mo.-Sa.: 11-23 Uhr; So.: 12-22.30 Uhr

The Dove, Dargate
(Dargate liegt vier Meilen westlich von Whitstable – über eine Nebenstraße zu erreichen von der A299.)
Der Weiler Dargate liegt verträumt unterhalb des Waldes

Blean Wood. Mitten drin – an der Plum Pudding Lane – steht ein von Geißblatt und Rosen bewachsenes rotes Ziegelsteingebäude mit einer unter dem Giebel eingemauerten hellen Steinplatte:

The Dove. Shepherd Neame. Fine Ales. Das Gebäude datiert zurück auf das Jahr 1570 und wurde zu Beginn des 19. Jahrhunderts zu einem »home-brew house« umgebaut – zu einer kleinen Brauerei. Heute gehört die idyllisch gelegene Wirtschaft zu Shepherd Neame, dessen Spitzenbier *Master Brew* viele Liebhaber hat (im Winter wird zusätzlich Spitfire Bitter und Porter ausgeschenkt). Das Dove ist besonders in der wärmeren Jahreszeit einen Besuch wert. Dann kann man im Garten sitzen und die kunstvoll gestaltete Natur – einschließlich eines kleinen Teichs – bewundern. Die Farbenvielfalt der Pflanzen allein kann schon trunken machen. »My idea of a country pub«, loben englische Pub-Kenner das Dove, und da ist was dran. Das Interieur der miteinander verbundenen Bars ist rustikal: Holzfußboden, geschrubbte Holztische mit schlichten Stühlen. Kerzenlicht sorgt für eine heimelige Stimmung, an den Wänden künden Fotos von vergangenen Tagen, und im offenen Kamin prasselt an kälteren Tagen ein wärmendes Feuer. Die Küche des Hauses erfreut sich eines sehr guten Rufs, die täglich wechselnden Gerichte sind auf einer großen Schiefertafel verzeichnet. Ob Fasan, Rebhuhn, Lamm oder Seezunge – die Zubereitung folgt dem Stil der französischen Küche.

Öffnungszeiten: Mo.-Sa.: 11.30-15 Uhr, 18-23 Uhr; So.: 12-15 Uhr, 19-22.30 Uhr

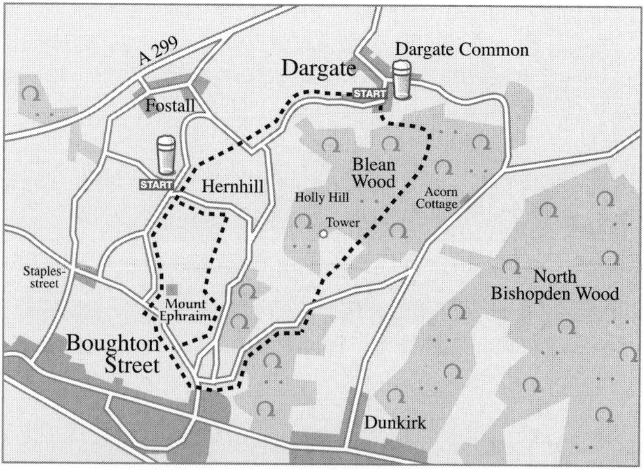

Blean Wood Walk (4,5 Kilometer)

Wanderkarte: OS Landranger Nr. 179

Der Spaziergang führt durch einen Forst hinauf zum *Holly Hill.* Von hier aus schweift der Blick bei gutem Wetter über die weite Marsch bis zur *Isle of Sheppey.* Nach Regenfällen kann der Weg matschig und glitschig sein. Von einer Anhöhe erkennt man in der Ferne das Städtchen Whitstable und die Isle of Sheppey. In Sheerness, dem größten Ort auf der Insel, lebte der deutsche Schriftsteller Uwe Johnson von 1974 bis zu seinem Tod im Februar 1984. Sein bedeutendes und umfangreiches Werk *Jahrestage*, an dem er seit 1968 gearbeitet hatte, trägt den Abschlußvermerk: 17. April 1983, Sheerness/ Kent. Günter Kunert, der Johnson in den 1970er Jahren in seinem Haus an der Marine Parade besuchte, vermerkt: »Die Endlosigkeit nennt sich ›Marine Parade‹, besteht aus den stets einstöckigen aneinandergeklebten Häusern, durch nichts sonst ausgezeichnet als durch die junge Mitbürgerschaft eines deutschen Schriftstellers in Nummer 26. Hinter dem Parterrefenster steht er wartend, was wir beim Näherkommen erkennen, um noch vor unserem Klingeln schattenhaft und hastig zu verschwinden. Doch kaum hat man den Knopf gedrückt, öffnet er sofort die Tür, deren Rahmen er, körperlich unübersehbar, zur Gänze ausfüllt. Karg möblierte Räume, alles renoviert; vom ersten Stock bietet sich einem ein sinistres Panorama: eine eintönige Wasserfläche.«

The Red Lion, Hernhill, The Green
(Ca. 2,5 Meilen von der A2 in Höhe Boughton entfernt; auch erreichbar von der A299 via Dargate.)
Das gepflegte Dorf Hernhill liegt am Fuß der North Downs und ist von Obstplantagen umgeben. Der Dorfanger ist umsäumt von der im 15. Jahrhundert erbauten Kirche St. Michael nebst verträumtem Friedhof, von einer malerischen Cottage-Zeile aus dem 19. Jahrhundert, von einigen Trokkenschuppen sowie von einem Hallenhaus aus dem 14. Jahrhundert. Letzteres erweist sich bei näherer Inaugenscheinnahme als weiß verputztes Fachwerkhaus mit rotem Ziegeldach sowie als beliebtes Pub.
Das historische Gebäude hält drinnen, was es draußen verspricht: Schwere Deckenbalken durchziehen die niedrige und enge Bar, der mit Steinplatten belegte Fußboden ist ebenso uralt wie die Ziegel- und Waschputzwände. Rustikales Mobiliar, eine dekorative Fülle alter landwirtschaftlicher Gerätschaften, ein brennender Kamin ... Über den beiden urgemütlichen Schankräumen liegt im ersten Stock ein Restaurant, und draußen lockt ein Garten mit Picknick-Bänken und einem Kinderspielplatz. Hunde werden von den Wirtsleuten nur angeleint gern gesehen.
Real Ales gibt es ausreichend: Fullers, London Pride, Shepherd Neame Master Brew und andere mehr. Köstlich

schmeckt Theobald's scrumpy cider. Die Speisekarte ist auf alle Geschmäcker ausgerichtet, auch Vegetarier finden eine reichhaltige Auswahl vor. Englische Pub-Spezialitäten wie Ploughman's Lunch oder Steak and Kidney Pudding sind immer im Angebot.

Öffnungszeiten: Mo.-Sa.: 11.30-15 Uhr, 18-23 Uhr; So.: 12-15 Uhr, 19-22.30 Uhr

Mount Ephraim Gardens Walk (3,5 Kilometer)
Wanderkarte: OS Landranger 179
Dieser beschauliche Spaziergang führt über gut ausgeschilderte Wege und vorbei an ausgedehnten Äpfel- und Birnenplantagen. Unterwegs lädt eine Gartenanlage aus der Zeit Eduards VII. zum Verweilen ein. Die *Mount Ephraim Gardens* bieten terrassenartig angelegte, herrlich duftende Rosenbeete; Rhododendren und andere Sträucher wechseln einander ab; tropische Pflanzen und Kräuter sind ebenso zu bewundern wie ein großzügig gestalteter japanischer Steingarten. Ein Weinberg vervollständigt diesen Gärtners Traum. Den kleinen Hunger und Durst stillt das Angebot eines Teehauses auf dem Gelände. Ein Besuch ist besonders empfehlenswert im Zeitraum Mai bis September.

Öffnungszeiten: Mo., Mi., Do., Sa., So.: 13-18 Uhr
Wegführung siehe Blean Wood Walk S. 49

The Shipwright's Arms, Hollowshore, Faversham, Oare
(Ca. 2 Meilen nördlich von Faversham; Abfahrt 6 der M2)
Faversham ist eine im Zentrum weitgehend verkehrsberuhigte Kleinstadt. Insbesondere die Abbey Street mit den restaurierten Häusern aus dem 16. und 17. Jahrhundert ist sehr reizvoll. Auch ein Blick auf die 1587 erbaute Queen Elisabeth's Grammar School sowie die Guildhall auf Säulen am Markt lohnt sich für Liebhaber alter englischer Architek-

tur- und Baukunst. Über die Stadtgeschichte informiert das Fleur de Lys Heritage Centre. Faversham ist für englische Bierkenner schon deshalb von Interesse, weil hier in der **Brauerei Shepherd's Neame** eines der ältesten und geschätztesten Bitter hergestellt wird. Die Brauerei kann montags bis freitags zwischen 14.30 und 17.30 Uhr besichtigt werden.
Ein ganz besonderes Olde English Pub erwartet denjenigen am Ufer des Faversham Creek in Oare, der ein gutes Orientierungs- und Suchvermögen hat. Die schlaglochreiche Ham Road durch das Marschenland zum Gasthaus ist zwar von der von Faversham nach Oare führenden Straße ausgeschildert, aber genau hinschauen muß man schon, um die Zufahrt – gleich nach der Davington School rechts – nicht zu verpassen. Einige Stammgäste sparen sich die holprige Anfahrt: Sie kommen mit ihren Segel- und Motorbooten auf dem Wasserweg. Das Shipwright's Arms ist ein einsam gelegenes *Free House* mit eigener Wasserquelle und Mini-Elektrizitätswerk. Das mit weißen Schindeln gegen stürmisches Wetter geschützte, über dreihundert Jahre alte Gasthaus ist sehr wohnlich eingerichtet (groß gewachsene Besucher müssen freilich an einigen Stellen ihren Kopf einziehen, um unsanfte Begegnungen mit Deckenbalken zu vermeiden). Die drei kleinen Bars sind – wie früher üblich – durch hölzerne Zwischenwände getrennt; Nischen mit Truhenbänken, plüschige Sitzmöbel und offene Kamine sorgen für angenehme Pubstunden. Ausgesuchten Trödel (*bric-à-brac*, sagen die Briten) gibt es im Shipwright's Arms in Hülle und Fülle: Schiffslampen und -wimpel, bunte antike Dosen und Schilder, alte Stiche mit maritimen Motiven, Kupferkessel und Zinnkannen lassen Sammlerherzen höher schlagen. Ausgehungerte Leseratten finden in dem teilweise offen gelegten Fachwerk eine kleine Bibliothek vor.
Hinter der Theke liegen die mit schwarzen und weißen Kühl-

überzügen bedeckten Ale-Fässer. Sie bergen zum Beispiel Hop Daemon I.P. A oder Goacher's Gold Star. Probieren sollte man das von Goacher's speziell für die Kneipe gebraute *ale* Shipwrecked. Auch der *cider* von der Pawley-Farm ist eine Versuchung wert. Neben weiteren Bieren wie etwa dem Kent Garden Corn Rose wird auch das Shepherd Neame Master Brew ausgeschenkt. Hausgemachte Suppen, Sandwiches und andere *pub grubs* wie Steak Pudding sind von dienstags bis sonntags im Angebot. Der hinter dem Pub fließende Faversham Creek ist gezeitenabhängig. Bei Niedrigwasser liegen die Boote malerisch verloren auf dem Watt. Auf dem Deich entlang des Flusses verläuft ein Footpath, der nicht mehr fahrtüchtige Zecher zu Fuß zurück nach Faversham führt.

Öffnungszeiten: Mo.-Sa.: 11.30-15 Uhr, 18-23 Uhr; So.: 12-15 Uhr, 19-22.30 Uhr

The George Inn, The Street, Newnham
(5 Meilen südwestlich von Faversham; erreichbar von der A2 bei Ospringe.)
Der Name Newnham bedeutet eigentlich »Neue Siedlung«. Das Dorf ist freilich uralt und hat zudem bis heute mehr oder minder häßlichen Modernisierungsvorhaben widerstanden. Die Überreste einer normannischen Burg sowie einige wunderschöne alte Häuser, darunter das im Tudor-Stil errichtete Calico House, wollen bestaunt sein. In der Dorfmitte, gleich gegenüber der Kirche, finden wir das im Jahre 1540 erbaute Pub George Inn. Zunächst diente das Gebäude landwirtschaftlichen Zwecken, ging dann in den Besitz der Kirche über und wurde schließlich zum Dorf-Brauhaus umfunktioniert. Die Geistlichen und die Gemeindemitglieder konnten somit sicher sein, bei Gemeindetreffen und Dorffesten immer frischgebrautes *ale* in ihren Krügen zu haben.

Seit 1718 ist das Haus mit der typischen Tonziegel-Fassade und den mit Blumen geschmückten Fenstern ein Inn; 1841 ging es in den Besitz der Brauerei Shepherd Neame über. Das Pub bietet im Innern all das, was historische Gaststätten in England auszeichnet: niedrige, von schweren Balken getragene Decken, polierte Flurdielen, offene Kaminfeuer im Winter, gepolsterte Mahagonisessel, alte Eichentische mit Kerzenlicht und jede Menge Bric-à-Brac: unzählige Tonpfeifen, einige Schmetterling- und Zigarrettenkarten-Sammlungen, ausgestopfte Vögel, alte Stiche und Fotografien und anderes mehr. Der große Garten mit Picknickbänken gewährt einen freien Blick über von Schafherden begraste Weiden und die North Downs.

Der Inn verfügt über eine große Bar mit langem Tresen; eine informelle Atmosphäre ist garantiert. Die Bar-Snacks sind reichhaltig, insbesondere die hausgemachten Pies. Ein zusätzlicher Hinterraum dient als Restaurant; hier geht es formeller zu. Die *real ales on handpump* kommen von Shepherd Neame; wie wär's mit einem *pint* Spitfire oder Bishop's Finger?

Öffnungszeiten: Mo.-Sa.: 11.30-15 Uhr, 18-23 Uhr; So.: 12-15 Uhr, 19-22.30 Uhr

The Dirty Habit, Upper Street, Hollingbourne
(Hollingbourne liegt bei Maidstone an der B2163, ca. 1,5 Meilen nordöstlich der A20 und M20/Exit 8)
Der frühere Name dieses Inns lautete »Pilgrim's Rest«, liegt es doch am Pilgrim's Way, der von Winchester nach Canterbury führt. Zu Chaucers Zeit und der Entstehung der *Canterbury Tales* diente das gastliche Haus Mönchen als Wirtschaftsgebäude. Sie führten den Verkauf von Wein und *ale* ein und hielten für die hungrigen und müden Wanderer auch Schlafstätten und warme Speisen bereit. 1666 wurde

das Gasthaus von einem Londoner Kaufmann erworben, der den Fachwerkbau zu einem festen Backsteingebäude mit Tonziegeldach ausbauen ließ. Im 18. Jahrhundert wurde eine georgianische Fassade hinzugefügt, in jener Zeit erhielt das Pub zur Ehre des regierenden Königs den Namen »The King's Head«.

Dirty Habit nennt sich der Gasthof seit 1992 – der Name spielt auf die humorvollen Szenen in den *Canterbury Tales* an. Das als *Free House* geführte Pub liegt im oberen Teil des Dorfes in der Nähe der Kirche. Er ist reich an Atmosphäre: Dicke Balken, holzverkleidete Wände, alte Kirchenbänke und gescheuerte Tische sowie ein großer Inglenook-Kamin sorgen ebenso dafür wie das schummrige Kerzenlicht. Hin und wieder treten Blues-Musiker auf, meistens läuft Hintergrundmusik. An warmen Tagen lockt die Terrasse hinterm Haus. An *real ales* mangelt es nicht, bis zu sechs Sorten sind jeweils im Ausschank. Die Küche ist erstklassig.

Öffnungszeiten: Mo.-Sa.: 11.30-15 Uhr, 18.30-23 Uhr; So.: 12-16 Uhr, 19-22.30 Uhr

North Downs Way Walk (3 Kilometer)

Wanderkarte: OS Landranger 188

Dieser kleine Rundgang führt über Wiesen hinauf auf den Kamm der North Downs. Von hier aus ist in der Ferne das berühmte Leeds Castle zu erkennen. Die Burg aus warm leuchtendem Sandstein ist eine der schönsten Englands. Sie liegt auf zwei Inseln inmitten eines natürlichen Wassergrabens und war u. a. die Residenz von Heinrich VIII. Vom Pub aus der ausgeschilderten Wegführung zum *North Downs Way* folgen. Nach einer Weile wird der Weg steiler und die Aussicht grandioser. Es geht durch einen kleinen Mischwald bis zu einer Wegkreuzung mit rotem Pfeil. Hier biegen wir links ab und wandern auf die *Allington Farm* zu. Der Weg

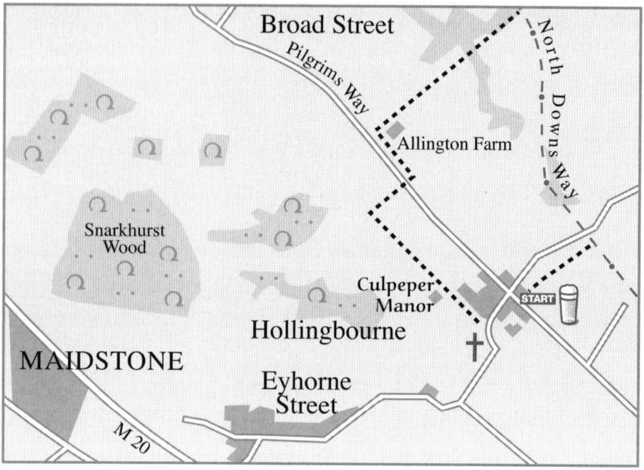

führt an dem Hof vorbei und leitet uns zum Pilgrims Way. Hier biegen wir links ab, ignorieren den ersten, rechts abgehenden Footpath, und nehmen den zweiten, einen ausgeschilderten Bridleway. Der durch Weideland führende Fahrweg bringt uns zurück nach Hollingbourne. An der Kreuzung stoßen wir auf ein prächtiges elisabethanisches Herrenhaus mit eindrucksvollen Tudor-Schornsteinen und luftigen Gauben. Es gehörte einst der einflußreichen kentischen Familie Culpeper. Dem Herrenhaus gegenüber steht die Kirche All Saints. Sie stammt aus dem 14. Jahrhundert; sehenswert ist die *Culpeper-Chapel*, die im 17. Jahrhundert für das Grabmal von Lady Culpeper angelegt wurde. Wenn der Küster gerade anwesend ist, sollte man sich die berühmte Culpeper-Nadelarbeit zeigen lassen – ein goldbesticktes Altartuch, das mit allen Früchten Kents, darunter Hopfen und Haselnuß, verziert ist.

The Griffin's Head, Chillenden
(Chillenden liegt 2,5 Meilen rechterhand der B2046 bei Wingham; auf die Ausschilderung achten.)
Mitten in der weiten, rollenden Landschaft Kents stoßen wir in einem kleinen Weiler auf das weiß gekalkte Fachwerkhaus des Griffin's Head. Das Wealden-Hallenhaus datiert auf das Jahr 1286 zurück und ist ein kleines architektonisches Juwel. Es diente zunächst dem Gut von John de Chillenden als Wirtschaftsgebäude, kam in der Regierungszeit von Henry IV. in den Besitz der Kirche und wurde bis 1539 von Mönchen bewohnt. Seit dem 17. Jahrhundert wird in dem Haus *ale* und *cider* für die Gemeinde ausgeschenkt, die erste Konzession erhielt der Betrieb 1743. Gut zwei Jahrzehnte später kam der Name Griffin's Head in Gebrauch. Das Wappen des Gasthauses – eine mythische Löwenvogel-Kreatur – wurde vom Geschlecht D'Aeth entlehnt, das damals in dieser Gegend herrschte.
Das Pub hat seinen historischen Charakter bewahrt. Die drei Räume, mit uraltem Steinplattenfußboden, Ziegelsteinwänden und geschrubbten Weichholzmöbeln, einer Sammlung alter Öllampen und anderen Ausstellungsstücken mehr, wirken mehr als einladend. Die an einer Schiefertafel ablesbaren Tagesgerichte und Pub-Snacks sind durchweg eine Sünde wert. Am Wochenende wird im Rosengarten ein Barbecue angeboten. Bei kühler Witterung brennt ein wärmendes Feuer in dem riesigen Inglenook-Kamin. Das Griffin's Head gehört der Brauerei Shepherd Neame. Die *real ales on handpump* kommen also überwiegend aus Faversham, nicht zuletzt das beliebte Master Brew.

Öffnungszeiten: Mo.-Sa.: 11.30-15 Uhr, 18-23 Uhr; So.: 12-15 Uhr, 19-22.30 Uhr

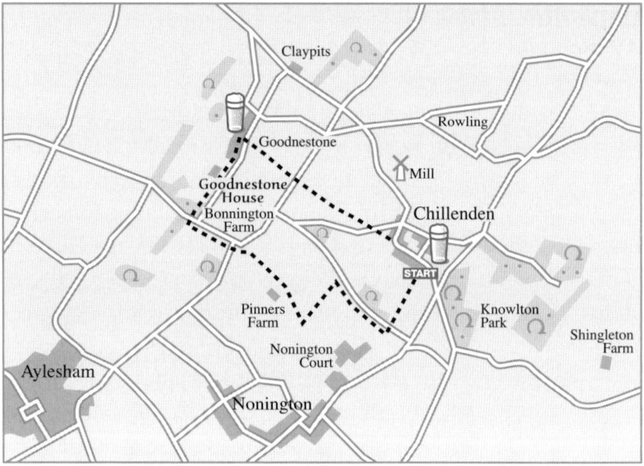

Goodnestone Walk (5 Kilometer)

Wanderkarte: OS Landranger 179

Im Anschluß an einen Rundgang durch den Weiler bietet sich dieser Spaziergang durch die einladende Natur Kents an. Er führt zu dem alten, wie unberührt gebliebenen Dorf Goodnestone mit seiner herrlichen Parkanlage, die auch Jane Austen vertraut war. Die Wege sind gut begehbar, es gibt nur einige wenige Anhöhen. Im *Goodnestone Park* steht ein mächtiges, dreistöckiges Herrenhaus aus dem 18. Jahrhundert. Es wurde von der Familie von Jane Austens Schwägerin Elisabeth Bridges bewohnt. Austens Briefe erwähnen häufige Treffen mit »Sir Brook and Lady B.«. Das Haus ist umgeben von einem großen Garten mit terrassenartig angelegten Rasenflächen, einer Baumschule und mauergeschützten Beeten.

The Duck, Pett Bottom
(Ausgeschildert von Bridge an der A2, 3 Meilen südöstlich von Canterbury an der B2068)
In der Gattungsgeschichte des Agentenromans hat der fiktive Protagonist James Bond eine bis heute anhaltende, ungemein hohe Popularität erlangt. Der patriotische Meister der englischen Spionageabwehr trat das erste Mal in dem 1953 erschienenen Roman *Casino Royale* auf und machte seinen Schöpfer, den ehemaligen Geheimdienstmitarbeiter Ian (Lancaster) Fleming (1908-1964), schlagartig zu einem weltbekannten Autor. Der in London geborene und in Eton zur Schule gegangene James-Bond-Erfinder verlebte seine letzten Jahre ganz in der Nähe des Pubs. Daß der typische Landgasthof in dem Bond-Folgeroman *Moonraker* (1955) erwähnt wird, verwundert schon deshalb nicht, weil Ian Fleming eine Zeitlang zu den Stammgästen des Duck gehörte. Der Vorgesetzte seines Helden James Bond, ein gewisser M, berichtet über die Kneipe:
»Gestern abend gegen halb acht saß Tallon, der Sicherheitsoffizier des Ministeriums, dort bei einem Whiskey-Soda und unterhielt sich mit einigen der Deutschen. Plötzlich kam der Mörder herein und ging direkt auf ihn zu. Er zog eine Luger – übrigens ohne Seriennummer – aus dem Hemd und sagte: ›Ich liebe Gala Brand. Sie sollen sie nicht kriegen.‹ Dann schoß er Tallon direkt ins Herz, steckte die rauchende Pistole in den Mund und drückte ein zweites Mal ab.«
James Bond dachte sich seinen Teil. In Flemings Worten: »Bond konnte sich die grausige Szene in der überfüllten, rauchigen Schankstube einer typisch englischen Kneipe lebhaft vorstellen.«
Das an einer sich durch die Landschaft windenden Nebenstraße gelegene Pub erweist sich als ein 1621 errichtetes, langgestrecktes, mit Tonschindeln verkleidetes Cottage.

Im Duck kommt das ale direkt aus dem mit einem Kühlmantel versehenen Faß.

Drinnen wartet eine respektable Bar mit offenem Feuer auf Gäste, zudem gibt es ein Restaurant. Die Einrichtung ist geschmackvoll, wenn auch ein wenig spartanisch, im Gegensatz zu Flemings Zeiten ertönt heutzutage im Hintergrund manchmal Musik. Rauchig ist die von gescheuerten Tischen und alten Kupfertöpfen geprägte Kneipe übrigens nicht. An der Qualität der Speisen gibt es nichts zu mäkeln, an *real ales* werden Greene King IPA und Abbot geboten. Kinder und Hunde sind willkommen, und bei gutem Wetter kann man gemütlich vor der Kneipe sitzen und in die weite Landschaft Kents schauen.

Öffnungszeiten: Mo.-Sa.: 11-15 Uhr, 18-23 Uhr; So.: 12-15 Uhr, 19-22.30 Uhr

3. Im Garten Englands

Kent ist eine sehr fruchtbare Grafschaft – ausgedehnte Obstplantagen und durch meterhohe Pfosten und Stangen mit schier endlosen Drahtverspannungen geprägte Hopfenfelder lassen daran keinen Zweifel. Typisch für diese als »Garten Englands« gerühmte, sanft geschwungene und mild grün getönte Landschaft sind die runden *Oast Houses* mit ihren hohen kegelförmigen Dächern. Die meisten dieser Darrehäuser, die früher zum Trocknen des Hopfens dienten, sind zu Wohnhäusern umgebaut und auf dem Immobilienmarkt sehr viel Geld wert. Zumeist gehören sie Leuten, die im nahen London ihr Geld verdienen.

Wird Kent als Garten Englands gerühmt, so kann man den Garten von Sissinghurst als einen der schönsten Gärten im Garten, ja von ganz England rühmen. Angelegt wurde er in den 1930er Jahren von der Schriftstellerin Vita Sackville-West, die sich dabei von der Maxime leiten ließ: »Eine strikte Formalität in der Gestaltung, verbunden mit einem Maximum an Informalität in der Bepflanzung.« Aber dazu später mehr. In erster Linie sind wir ja auf der Suche nach einladenden Kneipen und naturgesättigten Rundwegen.

The Dering Arms, Station Road , Pluckley
(Via A20 nach Ashford, bei Charing über die B2077 nach Pluckley)
Gleich bei der Bahnstation von Pluckley – sie ist rund zwei Kilometer von der Dorfmitte entfernt – steht ein beeindruckendes, massives zweistöckiges Gebäude mit holländischen Giebeln und bleiverglasten, gotisch anmutenden Fenstern. Es wurde früher als Jagdhaus genutzt und gehörte zum Dering Estate. Wenn nicht an der linken Seite des wie eine

Trutzburg wirkenden Hauses ein verwittertes kleines Pub-Schild von einem Mast hinge, würde man sich gar nicht trauen, durch die enge Tür das Innere zu betreten. Dabei hat das als *Free House* geführte Pub einiges zu bieten: eine gemütliche Salon-Bar, ein prasselndes Feuer im offenen Kamin, altes, stilvolles Mobiliar und ein angeschlossenes Restaurant mit einer beeindruckenden Speisekarte. Der Küchenchef schwört offenbar auf Fisch in allen Variationen. Steaks und Rotwildfleisch sind aber auch im Angebot. An frischen Kräutern fehlt es keinem Hauptgericht – was Wunder, sie wachsen hinter dem Pub im Küchengarten. *Ale on handpump* ist selbstverständlich: Goacher's Dark sowie ein von Goacher's gebrautes Hausbier sind allemal eine Probe wert.

Öffnungszeiten: Mo.-Sa.: 11.30-15 Uhr, 18-23 Uhr; So.: 12-15 Uhr, 19-22.30 Uhr; sonntagabends und montags ist die Küche geschlossen.

The Bell Inn, Bell Lane, Smarden
(An einer Nebenstraße zwischen Pluckley und der A274, von der M20 über Ashford erreichbar)
Das Gasthaus liegt am Dorfrand von Smarden direkt an der Straße. Im Hintergrund erkennt man eine Obstplantage, im Vordergrund tummeln sich Schafe auf der Weide. Das Gebäude ist mit Ziegeln verkleidet und datiert ins frühe 16. Jahrhundert zurück. Zunächst fungierte es als Hofgebäude, 1630 erhielten die damaligen Inhaber eine Ale- und Ciderlizenz. Den Namen Bell legte sich die Wirtschaft 1769 zu. Bis 1907 wurde in dem Gebäude auch eine Schmiede betrieben. Da die Kneipe bis auf den heutigen Tag – auch bei jungen Leuten – ungemein beliebt ist, muß man zuweilen schon ein wenig Geduld aufbringen, bis man an einer der Bars seine Bestellung los wird. Die Inneneinrichtung könnte

angemessener nicht sein: Der Steinfußboden garantiert einen guten Stand, die robusten alten Kirchenstühle und zu Sitzen umgerüsteten Biertonnen sind ausreichend bequem, die offenen *log-burning fires* sorgen ebenso wie die vielen Kerzenlichter für eine anregende bierselige Stimmung unter den niedrigen Deckenbalken. Wer sich dennoch langweilt, kann die Dartpfeile auspacken und sein Können mit fast immer anwesenden anderen Spielern messen.
Liebhaber schmackhafter *ales* kommen in diesem *Free House* ganz fraglos auf ihre Kosten. Bekannte Regionalbiere wie Shepherd Neame Master Brew und Morland Old Speckled Hen werden ebenso frisch gezapft wie Harveys Sussex Pale Ale, Rother Valley Level Best oder Goachers Maidstone Ale. Die Küche bietet solide und großzügig portionierte Gerichte, nicht zuletzt regionale Spezialitäten wie *Kentish liver and bacon* oder *beef in beer with herb dumplings.* Kinder (im Familienraum) und gut erzogene Hunde sind willkommen.

Öffnungszeiten: Mo.-Sa.: 11.30-15 Uhr, 18-23 Uhr; So.: 12-15 Uhr, 19-22.30 Uhr

Wer Lust auf einen kleinen Spaziergang hat, sollte durch das Dorf schlendern. Smarden gilt als eines der schönsten Dörfer in Kent. Viele alte Fachwerkhäuser und die Kirche aus dem 14. Jahrhundert, die wegen ihrer Breite als »Barn of Kent« gerühmt wird, wollen schließlich bewundert sein. Eine knapp zehn Kilometer lange Wanderung durch den Weald, das Hügelland im Herzen Kents, ist alternativ via Wissenden und Hamden möglich. Die Wegführung kann im Bell eingesehen werden (Wanderkarte: OS Landranger 189).

The Red Lion, Snargate
(An der B2080, zwischen Tenterden und New Romney)
Die von Ortsansässigen liebevoll als »bei Doris« bezeichnete Kneipe ist ein wahres Juwel unter den südenglischen Pubs. Das ländlich gelegene Gebäude an der Landstraße mit dem Löwen im Schild stammt aus dem 16. Jahrhundert. In der rechten Haushälfte war früher ein Laden eingerichtet, der zum Lebensunterhalt der Wirtsfamilie beitrug. Das *Free House* ist seit 1911 im Besitz der Familie Jamison, und hinter der kleinen mit Mamor bedeckten Theke trifft man die Tochter des alten Jamison, die gewiß nicht mehr junge (schwerhörige) Doris, noch häufig an. Neben dem mit einfachen Stühlen ausgestatteten und mit vielen Erinnerungsstücken aus dem Zweiten Weltkrieg dekorierten kleinen Schankraum, der traditionell cremefarben gestrichen ist, wartet ein zweiter Aufenthaltsraum mit zwei langen Tischen und einem von Büchern »gekrönten« Klavier auf Gäste. Generell scheint in dem Gasthaus die Zeit irgendwann um 1900 stehengeblieben zu sein; Mr. Jamison hatte bei der Übernahme beschlossen, keine gravierenden Veränderungen zuzulassen. Eben deshalb sind die Toiletten auch nach wie vor außerhalb des Gebäudes untergebracht. Langeweile kann »bei Doris« nicht aufkommen, denn es gibt eine große Auswahl an Spielen.
Pub-Spiele – selbst absolut harmloser Art – wurden einst von Krone und Klerus entschieden bekämpft. Vom Mittelalter bis zur Zeit Jacobs I. waren nahezu alle Gaststättenspiele ungesetzlich. In späterer Zeit war es der Puritanismus, der auf einschränkende Gesetze drang; für ihn waren Gaststätten generell ein Hort der Sünde und Pub-Spiele einfach gottlos. In der geselligen Atmosphäre des englischen Pub läßt sich gut spielen. *Darts* etwa ist ein geschichtsträchtiger Zeitvertreib und noch heute der Archetyp des englischen Gaststät-

tenspiels. Die meisten Pubs in Südengland haben ein Darts-Brett in der Ecke und dazu einen Satz Pfeile parat. Darts werden zumeist in Form heftig umkämpfter Punktspiele ausgetragen. Es gibt viele verschiedene Spielarten und mehrere Sorten Bretter. Andere Pub-Spiele sind auf bestimmte Gegenden begrenzt – etwa das Miniatur-Kegelspiel *Devil among the Tailors*, das an der Theke gespielt wird. Nur noch selten anzutreffen ist z.B. das uralte Spiel *Shove-Ha'penny*. Dabei stoßen die Spieler mit dem Handballen glatte Münzen quer über die polierte Oberfläche eines 50 bis 60 Zentimeter langen Brettes in die Bereiche der »Betten« – also in die Abschnitte, in denen Treffer gelten. Entscheidend ist, daß die Münzen nicht die fein eingeritzten Markierungen berühren. Als Gewinner wird ausgerufen, wer zuerst drei Münzen in jeden Bereich gestoßen hat.

Obwohl die Gaststätten in den letzten Jahren zunehmend Automatenspiele aufgestellt haben, sind beliebte Gesellschaftsspiele wie Domino noch weit verbreitet, halten viele Pubs eine Garnitur Dominosteine (*doms* oder *files* oder *spots* oder *bones*) bereit. Eine oft gespielte Variante heißt *Fives and Threes*; dabei besteht das Ziel darin, die beiden Enden der Dominokette so zu legen, daß sie sich zu einem Vielfachen der jeweiligen Augenzahl addieren. Auch Kartenspiele erfreuen sich großer Beliebtheit, wobei die Einsätze gesetzlich streng begrenzt sind. *Cribbage* mit seinem hölzernen Markierbrett ist eines der beliebtesten Kartenspiele in südenglischen Kneipen. Nicht zu vergessen *Pool Billard*. Ein Pooltisch findet sich vor allem in den von Jugendlichen viel frequentierten Pubs. Eine verwirrende und traditionelle Abart ist das Stangenbillard; es ist daran zu erkennen, daß der grüne Tischüberzug Löcher enthält, die von pilzähnlichen Holzstiften bewacht werden. Die Spieler, die ihre Queues immer von ein und derselben Seite aus einsetzen, müssen eine Kugel in einem der Löcher versenken, ohne dabei einen der Stifte umzustoßen.

Wenn im Red Lion die alte Messingglocke schlägt, ist es an der Zeit, den letzten *pint* zu ordern. Goacher's Light, Rother Valley Level Best und wechselnde *guest-beers* von kleinen Brauereien wie Batemans, Black Sheep und Woodfordes stehen zur Auswahl. Sie werden direkt aus den hinter der Bar liegenden Fässern gezapft. Gegen Kinder hat im Red Lion niemand was, sie müssen sich aber der Bar fernhalten. Wer hungrig in die Kneipe kommt, sei gewarnt: *No pub-food*. Anstatt eines Pub-Walks empfiehlt sich der Besuch von Jarman's Garden, der nur wenige Kilometer entfernt von Snargate an der Küste liegt.

Öffnungszeiten: Mo.-Sa.: 11-15 Uhr, 19-23 Uhr; So.: 19-22.30 Uhr

Derek Jarman's Garden, Prospect Cottage, Dungeness, Romney Marsh

(Anfahrt: A259, Abzweig Dungeness, an der Zufahrt zur Nuclear Power Station vorbei, nächste Straße rechts. Das schwarz gestrichene Prospect Cottage hat gelbe Fensterrahmen. Beste Besuchszeit: Mai bis August; die Anlage ist ganzjährig geöffnet und frei zugänglich.)

»Der Garten wirkt in seiner Friedlichkeit therapeutisch«, sagte Derek Jarman (1942-1994) einmal, und gleichsam als Vermächtnis des Malers und Filmemachers wird er das hoffentlich noch lange tun. Nach Dungeness kam Jarman im Frühling 1986; er war auf der Suche nach einem geeigneten Drehort für den Film *Der Garten* (1990), der den Leidensweg Christi nacherzählt. Das Fischer-Cottage, der dahinter liegende Strand und die Landschaft sind auch in den Film eingegangen.

Derek Jarman's Garden entstand in den letzten Lebensjahren des Künstlers, der 1994 an Aids starb. Vor der unheimlich wirkenden Kulisse des nahe gelegenen Atomkraftwerks wachsen in der kargen Landschaft zahlreiche Wildpflanzen – u. a. Stechginster, Holunder, rosafarbene Malve, roter Fingerhut, Meerkohl, kriechende Hauhechel, blaue Skabiose, blauvioletter Natternkopf, gelber Fenchel – ein bemerkenswertes Zusammenspiel von Farben und Formen. Robuste Gartengewächse und Kräuter wachsen in kreisförmig angeordneten Steinbeeten, dazwischen verlaufen Wege, und immer wieder wird der Blick von einzigartigen Skulpturen angezogen, die Jarman aus Treibholz, rostigem Metall, Ketten, Bojen und anderen Dingen mehr geschaffen hat. »Zunächst dachten die Leute, ich würde einen Zaubergarten anlegen – eine weiße Hexe, die es auf das Atomkraftwerk abgesehen hat«, kommentierte Derek Jarman die Entwicklung des von ihm angelegten Gartens. »Er besaß Zauberkraft, die Magie des Unerwarteten und der Schatzsuche. Ein Garten ist eine einzige Schatzsuche, die Pflanzen die Schnitzeljagd.« Die quadratförmige Anlage in der Kieslandschaft der Halbinsel Dungeness wird heute von dem Lebensgefährten Jarmans, von Keith Collins, gepflegt. Wer sich nach Stille, Einsamkeit und Magie sehnt, sollte dort einmal vorbeischauen.

The Mermaid Inn, Rye, Mermaid Street (Übernachtungsmöglichkeit)
(Rye liegt an der A259; zwischen Folkestone und Hastings)
Das auf einem Sandsteinfelsen gelegene Städtchen Rye erhebt sich weithin erkennbar aus der flachen Romney Marsh. Es liegt an der Grenze der Grafschaften Kent und East Sussex (und gehört zur letzteren). Zwar sind die alten Stadtmauern seit langem geschleift, ansonsten ist das Mittelalter in Rye aber noch überwältigend präsent: Die katzenkopfgepflasterten Straßenzüge, unzählige mit Schindeln dekorierte und von Efeu bewachsene Fachwerkhäuser, die 1249 gebaute Burg, das Landgate, hohe schwarzgeteerte Netzhütten am Kai, die Pfarrkirche St. Mary the Virgin aus dem 12. Jahrhundert, deren Uhrwerk von 1560 immer noch tätig ist – zwei »Quarterboys« künden jede Viertelstunde schlagend vom Gang der Zeit –, »Fletcher's ancient Tea Rooms« und nicht zuletzt das 1420 nach einem Überfall der Franzosen neu errichtete Mermaid Inn haben der Kleinstadt den Ruf eingetragen, sie sei die schönste im ganzen Land.
In dem langgestreckten und wildrosenbewachsenen Fachwerkbau des **Mermaid Inn** mit den vielen bleiverglasten Fenstern verfolgt einen die Geschichte auf jeden – knarrenden – Schritt und Tritt. Die Balken sind überwiegend aus dem Holz französischer Kriegsschiffe, die Möbel sämtlich formschön antik. Der ehemals als Schmugglerheim dienende Inn aus dem Jahr 1420 ist inzwischen ein Hotel, dessen Zimmer überaus gemütlich eingerichtet und zum Teil mit alten Himmelbetten ausgestattet sind. An kühlen Tagen brennt in der *ancient parlour and fireplace bar* ein wärmen-

des Feuer in dem begehbaren Kamin. Wer ein *ale* trinken möchte, hat keine große Qual der Wahl: Ausgeschenkt wird Morland Old Speckled Hen und Marsdens Pedigree. Typische englische Bar-Snacks – etwa ein Ploughman's Lunch – stillen den kleinen Hunger. Im vornehmen Restaurant des Inns kommen auch Feinschmecker auf ihre Kosten.

Öffnungszeiten: Mo.-Sa.: 11-23 Uhr; So.: 12-22.30 Uhr

Rye, sein Felsen und seine Kirche sind die Miniatur von Mont-Saint-Michel, meinte der aus den USA gebürtige Autor Henry James (1843-1916), der von 1898 bis zu seinem Tod überwiegend in der alten Hafenstadt lebte (deren Hafen im Laufe des 16. Jahrhunderts versandete und stillgelegt werden mußte). Neben Henry James lockte das pittoreske Städtchen weitere bedeutende Schriftsteller an: G.K. Chesterton (1874-1936), der Schöpfer von *Pater Brown*, lebte ebenso eine Zeitlang auf »jener wundervollen Inlandinsel, die gekrönt ist von einer Stadt gleich einer Zitadelle« wie der amerikanische Lyriker Conrad Aiken (1889-1973), dessen *Selected Poems* 1929 mit dem bedeutenden Pulitzerpreis ausgezeichnet wurden. Aiken bezog 1942 Jeake's House in der Mermaid Street und lebte dort 23 Jahre. Alte Freunde, nicht zuletzt T.S. Eliot, besuchten ihn und genossen den über die Romney Marsh bis zum Ärmelkanal reichenden Blick aus seinem Arbeitszimmer.

Nur wenige Schritte vom Mermaid Inn entfernt, in der West Street, finden wir das heute zum Museum hergerichtete Lamb House (von April bis Oktober ist es mittwochs und samstags von 14 bis 17.30 Uhr zugänglich). Hier lebte Henry James seit 1898, hier entstand sein Spätwerk – u.a. seine in Großbritannien noch heute geschätzte Aufsatzsammlung *English Hours* (1905) sowie die Romane *Die goldene Schale* und *Die Gesandten* –, und hier besuchten ihn viele Freunde und Kollegen: E.M. Forster, Hugh Walpole, Hilaire Belloc, Rupert Brooke, Ford Madox Ford, Stephen Crane, Logan Pearsall Smith und Rudyard Kipling, der bei einem seiner Besuche sein brandneues Auto in den engen Straßen Ryes ruinierte. H.G. Wells, der nicht weit entfernt von Rye ein Haus hatte, kam oft vorbei.

Henry James starb 1916. Einige Jahre später bezog Edward Frederic Benson (1867-1949) das Lamb House. Der Romancier hatte mit dem 1893 erschienenen Schlüsselroman *Dodo* einen großen Erfolg gelandet. In Rye verfaßte er u.a. die in dem Ort spielenden satirischen Geschichten über *Miss Mapp*. Eine Zeitlang diente er dem Städtchen auch als Bürgermeister. Einige Jahre nach seinem Tod wurde Lamb House das Heim der 1907 geborenen Schriftstellerin Margaret Rumer Godden, deren in Indien spielende Romane auch ins Deutsche übersetzt wurden, z.B. *Der Fluß, Eisvogel fängt Feuer, Zeit der Schmetterlinge.* Weil sie glaubte, im Haus gäbe es einen Poltergeist, rief sie einen Priester, der dann das ganze Anwesen segnete – einschließlich des Kühlschranks. Nach der Besichtigung des nachmittags geöffneten georgianischen Stadthauses aus dem 18. Jahrhundert (das Gartenhaus, in dem Henry James am liebsten diktierte, wurde 1940 bei einem deutschen Bombenangriff zerstört) ist es für die unten vorgeschlagene Wanderung nach Winchelsea und zurück zu spät. Sie dauert drei bis vier Stunden. Für einen Pub-Besuch ist aber ausreichend Zeit:

The Ypres Castle Inn, Rye, Gun Garden (beim Church Square)

Das Free House aus dem 17. Jahrhundert liegt etwas versteckt hinter dem Ypres Tower mit seinen vier runden Türmen, der heute als Stadtmuseum dient. Vom Pub, der von einer geschützten Terrasse und einem Garten umgeben ist,

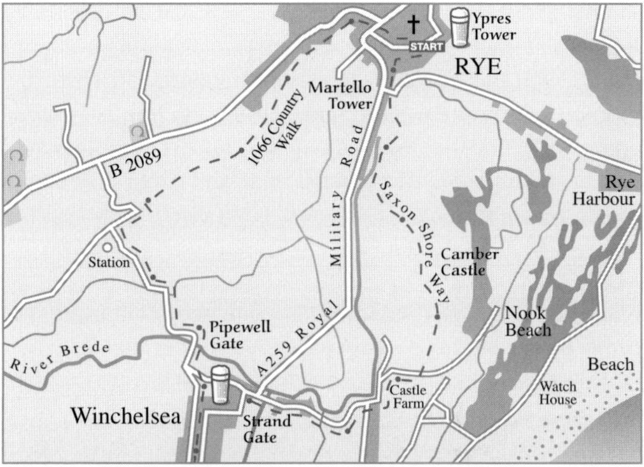

hat man einen prächtigen Ausblick auf die Romney Marsh und den weiter entfernten Rye Harbour. Der tideabhängige Fluß Rother ist nur einen Steinwurf entfernt. Die auf ihm entlangtuckernden bunten Kutter lassen keine Zweifel daran, daß in Rye fangfrischer Fisch auf den Speisekarten steht – nicht zuletzt im Ypres Castle. Die Bar ist gemütlich-funktional eingerichtet; das Restaurant bietet eine üppige Speise- und Weinkarte. *Cask conditioned ales* gibt es in reicher Auswahl: Charles Wells Bombardier, Adnams Broadside, Harveys Best, Youngs und das örtlich von der Old Forge gebraute Pett Progress. Kinder sind ebenso willkommen wie Hunde an der Leine.

Öffnungszeiten: täglich 12-23 Uhr (So.: bis 22.30 Uhr)

Vom Lamb House nach Winchelsea (4 Kilometer)

Wanderkarte: OS Landranger 189

Der Weg nach Winchelsea ist gut ausgeschildert und problemlos zu gehen. Winchelsea hat eine Bahnstation, von der aus bis 21 Uhr stündlich Züge nach Rye fahren (Richtung Ashford). Unterwegs begegnet man dem mächtigen Stumpf eines »Martello Towers«. Über siebzig solcher Wehrtürme standen einst entlang diesem Küstenabschnitt zwischen Folkestone und Seaford, um den Truppen Napoleons zu trotzen. In einiger Entfernung, jenseits der A259, erhebt sich die Burg *Camber Castle.* Sie war eines der Bollwerke von Henry VIII.

Winchelsea, die auf einem Hügel gelegene, mit rund 500 Einwohnern kleinste »Stadt« Englands, liegt gleichsam im Dornröschenschlaf. Daß die alte Hafenstadt einstmals große Reichtümer mit dem Import von Bordeaux-Weinen erwerben konnte, mag man kaum glauben – von einem Hafen ist nämlich nichts mehr zu sehen. Einen Hafen gab es aber einmal, sonst wäre der Ort 1191 wohl kaum Mitglied der »Cinque Ports« geworden, einem von Eduard dem Bekenner Mitte des 11. Jahrhunderts geförderten Zusammenschluß der Städte Sandwich, Dover, Hastings, Romney und Rye, zu denen sich dann noch Hythe und eben Winchelsea gesellten. Diese Hafenorte mußten für den König 57 vollständig ausgerüstete Schiffe zur Verfügung halten und erhielten im Gegenzug beachtliche Privilegien in politischer, rechtlicher und steuerlicher Hinsicht. Ihren größten Einfluß gewannen die (sieben) Cinque-Ports-Städte während des Hundertjährigen Kriegs (1339-1453).
1266 wurde Winchelsea von einer Jahrtausendflut gleichsam ins Meer gespült. Der von Eduard I. angeordnete Wiederaufbau erfolgte umgehend und unter Zugrundelegung eines schachbrettartigen Grundrisses, also höchst mittelalterlich-modern. Er kam aber bald ins Stocken, weil der Hafen zunehmend versandete und der darauffolgende wirtschaftliche Niedergang Winchelseas viele Pläne zunichte machte. Sogar

der um 1300 begonnene Bau der St. Thomas Becket gewidmeten Kirche blieb unvollendet – erhalten sind noch der Chor sowie das Nord- und Südschiff (mit beeindruckender Bleiverglasung). Wäre er fertiggestellt worden, hätte Winchelsea heute eine der größten Kirchen von Sussex. Ein Rundgang durch den von modernen Reihenhäusern verschont gebliebenen Ort mit seiner gepflegten Bausubstanz, den vielen herausgeputzten Gärten und den Überresten der mittelalterlichen Stadtmauer samt Toren ist besonders an sonnigen Tagen eine Freude; bei Regen kann man sich die Zeit in der Court Hall, einem kleinen »Stadt«-Museum, vertreiben. Geistige Getränke offeriert:

The New Inn, Winchelsea, German Street (Übernachtungsmöglichkeit)
Der imposante Gasthof aus dem 18. Jahrhundert ist direkt gegenüber der Kirche zu finden. Er verfügt über eine kleinere *public bar*, wo man trefflich Darts spielen kann, sowie einen großzügig gestalteten Gastraum mit vielen Tischen. Das vom georgianischen Stil geprägte Pub ist mit Teppich ausgelegt, die Sitzmöbel sind bequem, und im Winter brennt ein wärmendes Kaminfeuer. Von der balkenbewehrten Decke hängen Hopfengirlanden; alte Fotografien schmükken die Wände. Unter den *real ales* (*on handpump*) ist Harveys Best Bitter ebenso eine gute Wahl wie Green King IPA, Abbot und Triumph. Hungrige Gäste finden eine abwechslungs- und fischreiche Speisekarte vor; *good home-cooked bar food is served all week*. Kinder sind willkommen – allerdings sollen sie sich der Bar fernhalten.
Öffnungszeiten: Mo.-Sa.: 11-14.30 Uhr, 18-23 Uhr; So.: 11-15 Uhr, 18-22.30 Uhr

Wer nach dem Kneipenbesuch die Rückwanderung nach Rye scheut, nimmt am besten den Zug. Vom New Inn zum Bahnhof braucht es zu Fuß rund 20 Minuten. Der Weg ist gut ausgeschildert.

The Three Chimneys, Biddenden
(An der A262 zwischen Biddenden und Sissinghurst, ca. 2 Meilen westlich von Biddenden)
Der in jeder Hinsicht originale Inn aus dem Jahr 1420 ist unbedingt eine Einkehr wert. Das Fachwerkgebäude diente bis ins frühe 19. Jahrhundert landwirtschaftlichen Zwecken und wurde dann zu einer beliebten Schenke der Landarbeiter. Man kann sich nur wohl fühlen in den niedrigen kleinen, holzvertäfelten Räumen mit den alten *flagstone*-Steinböden und den heimelig flackernden Kaminfeuern. Abends sorgt das Licht der Tischkerzen – bei guten Speisen – für einen stimmungsvollen Tagesausklang. Der Name Three Chimneys, so sollte man denken, hat etwas mit der Zahl der Schornsteine des Pubs zu tun. Ein Blick auf das Kneipenschild zeigt aber, daß es offenbar um etwas anderes geht. Abgeleitet ist der Name von dem französischen *trois chemins*, was drei Straßen bedeutet. Vor der Gastwirtschaft gibt es auch eine Kreuzung von drei Straßen, und diese war zu napoleonischen Zeiten die Grenze für französische Kriegsgefangene, hinter der sie sich nicht ohne Genehmigung frei bewegen durften.
Daran, daß dieser Inn mitten im Garten von England liegt, läßt schon ein gegenüber gelegenes Oast House keinen Zweifel, in dem früher der hier angebaute Hopfen getrocknet wurde. Biddenden ist zudem eine Cider-Hochburg; im Three Chimneys bietet sich eine Probe des *ciders*, des Apfelweins an. An *real ales* herrscht auch kein Mangel. Sie kommen direkt aus kleinen Fässern hinter der Theke – darunter

Morland Old Speckled Hen, Harveys Best und Brakspear Bitter. Unter den servierten Vorspeisen ist die *Danish blue and cauliflower soup* empfehlenswert; als Hauptgang würde ich eine *pork and veal terrine* wählen. Kinder sind im Dining-Room willkommen.

Öffnungszeiten: Mo.-Sa.: 11-14.30 Uhr; 6-23 Uhr; So.: 12-14.30; 19-22.30 Uhr

Das Three Chimneys liegt nicht weit von Sissinghurst entfernt, wo die Schriftstellerin Vita Sackville-West lebte und einen wunderschönen Garten anlegte, der heute Besucher aus aller Welt anzieht. Wer nicht mit dem Auto dorthin gelangen möchte, kann vom Pub aus dorthin wandern. Die Gärten von Sissinghurst sind von April bis Mitte Oktober zugänglich.

Garden Walk und Besuch im Sissinghurst Castle

(5 Kilometer)

Wanderkarte: OS Landranger 188

Der Spaziergang führt über gut begehbare Wege. Nach regenreichen Tagen empfiehlt sich gutes Schuhwerk. Vom Pub aus geht es zunächst entlang der links neben dem Gebäude beginnenden *country lane* und an Bettenham Manor vorbei. Wo die Straße eine scharfe Rechtsbiegung macht, betreten wir den linkerhand an einem Metallgitter erkennbaren Wirtschaftsweg, der uns nach Sissinghurst führt. Die Route führt entlang der Lowland Farm zurück.

Die Schriftstellerin Vita Sackville-West (1892-1962), Mitglied des britischen Hochadels, und ihr Mann, der Diplomat und Schriftsteller Sir Harold Nicolson (1886-1968), bildeten ein ungewöhnliches Paar. Der Heirat im Jahre 1913 folgte die Geburt der beiden Söhne Ben (1914) und Nigel (1917). Obwohl ihr Leben lang als Paar verbunden, hatten beide

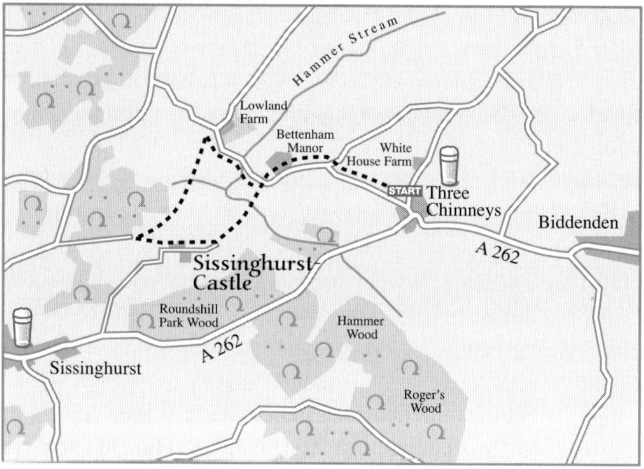

nach der Geburt der Kinder nur noch gleichgeschlechtliche Beziehungen. Vita unterhielt u. a. eine Liebesbeziehung mit der ebenfalls verheirateten Schriftstellerin Virginia Woolf. Sie inspirierte die bei Lewes in Sussex lebende Freundin zu ihrem Roman *Orlando*.

Ihre Kindheit verlebte Vita Sackville-West auf Schloß Knole, wo sie erste Anregungen für ihren Wunschgarten sammelte. Sissinghurst Castle, dessen Wahrzeichen das hohe Turmgebäude ist, erwarb sie mit ihrem Mann 1930. Das Anwesen mit seinen vier Gebäuden – Turm, Stallungen und zwei Cottages – glich damals einer Ruine. Ursprünglich im 16. Jahrhundert von Vorfahren der Sackvilles als Schloß errichtet, war es im Laufe der Jahrhunderte immer mehr zerfallen und von Unkraut überwuchert. Für Vita und Harold war der historische Bezug zur Familie und die ansprechende Lage in Kent wichtiger als alles andere; die notwendigen, umfassenden Umbau- und Renovierungsarbeiten schreckten das Paar nicht. Zudem konnten Kauf und Renovierung überwiegend aus den Erlösen von Vitas Roman *Schloß Chevron* finanziert werden. Der im Turm gelegene Arbeitsraum der Autorin ist original erhalten und kann besichtigt werden. Zeitgleich mit dem Kauf von Sissinghurst veränderte sich das berufliche Betätigungsfeld des Paares. Harold verließ 1929 den diplomatischen Dienst, um als freier Journalist, Kritiker und Mitarbeiter des *Daily Express* zu arbeiten. Von 1935 bis 1945 gehörte er dem englischen Parlament an. Vita, eigentlich Poetin und Erzählerin, startete 1933 eine wöchentliche Sendereihe im BBC über Gartenanlagen; 1938 öffnete sie ihren eigenen Garten für die Öffentlichkeit. Von 1946 an verfaßte sie zudem Gartenkolumnen im *Observer*, die später in vier Buchbänden gebündelt erschienen.

Die Gartenanlage entstand arbeitsteilig. Harold war für die Gesamtarchitektur zuständig, Vita fürs Bepflanzen. So mischte sich strenge Linienführung mit spielerischer Vielfalt. In Vitas Worten: »Wir waren uns völlig einig über den Gesamtentwurf des Gartens: lange Wegachsen von Nord nach Süd und von Ost nach West, gewöhnlich mit einer Statue, einem Torbogen oder einem Paar von Pappeln als Endpunkt, kombiniert mit der intimen Überraschung kleiner geometrischer Gärten, die von den Wegen abgehen, wie die Zimmer eines riesigen Hauses von seinen Hauptkorridoren.«

Das Herzstück der Anlage, die sich aus mehreren, verschieden gestalteten Gärten zusammensetzt, ist ein relativ kleiner, von Buchsbaumhecken umfaßter Bereich: der *Weiße Garten.* Er ist eine stets blühende Mischung aus den schönsten weißen Gewächsen der Natur und wurde schon bald zum Vorbild für viele englische Privatgärten. Als Vita Sackville-West 1962 starb, war der Sissinghurst Castle Garden zu einem der beliebtesten Ausflugziele in England geworden. Daran hat sich bis heute nichts geändert. Ihr Sohn Nigel bezeichnete den gemeinsamen Garten seiner Eltern als das Portrait einer Ehe. Er überließ Sissinghurst 1967 dem National Trust, weil er die hohen Erbschaftssteuern nicht bezahlen konnte.

Öffnungszeiten: Di.-Fr.: 13.00-18.30 Uhr, am Wochenende von 10-18.30 Uhr

The Bell Inn, High Street, Burwash
(An der A265, rund 6 Meilen östlich Heathfield)
Burwash war vom 15. bis zum 17. Jahrhundert ein Zentrum der Eisenindustrie. Der Ort liegt auf einem Höhenzug; an seiner nördlichen Flanke verläuft das Flußtal des Eastern Rother und an seiner südlichen das des Dudwell. Heutzutage ist Burwash vor allem literarisch Interessierten ein Begriff, denn eine knappe Meile von dem Dorf entfernt liegt in beschaulicher Lage Bateman's, das Haus von Rudyard Kipling.

Das Pub mit dem sommers reichhaltigen Blumenschmuck an der Fassade steht direkt an der Hauptstraße und ist schwerlich zu übersehen. Ein von weitem erkennbares Pub-Schild (mit einer aufgemalten Glocke, versteht sich), einige Picknickbänke vor dem Eingang – hier läßt sich gut eine Rast einlegen. Wenn man gleich draußen auf den Bänken Platz nimmt, geht der Blick hinüber zur Kirche mit dem normannischen Turm und zu einer Reihe herausgeputzter Cottages mit gestutzten Linden davor. In der typischen Dorfkneipe aus dem 17. Jahrhundert fehlt es an nichts. Auf den Hockern an der L-förmig gestalteten Bar rechts vom Eingang sitzen zumeist Einheimische und pflegen den üblichen Plausch. Alte Kirchenbänke an den dunkelrot gestrichenen Wänden und Stühle der verschiedensten Stilrichtungen mit weichen kleinen Kissen laden ebenso zum Verweilen ein wie das herrlich prasselnde offene Kaminfeuer an kalten Tagen. Zum

Interieur gehören diverse Eisengerätschaften der Vergangenheit, Barometer, jede Menge alter Glocken und andere Schaustücke mehr. Anhänger von Pubspielen können im Bell beruhigt ihre Darts-Pfeile auspacken, sich aber auch beim Billard, *shove-ha'penny*, *ring the bull*, *toad in the hole* und dergleichen mehr beweisen. Den Durst löschen gepflegte *ales on handpump* von Greene King IPA, Harveys Best, Ruddles und Batemans XB. Die hausgemachten Speisen sind nicht zu verachten – im (Nichtraucher-) Restaurant des Pubs liegt eine reichhaltige Speisekarte aus. Für den kleinen Hunger gibt es Sandwiches und andere schmackhafte Kleinigkeiten mehr an der Bar. Ach ja, Kinder – wenn sie mit den Eltern essen – und Hunde sind willkommen.

Öffnungszeiten: Mo.-Fr.: 11.30-15.30 Uhr, 18-23 Uhr; Sa.: 11-23 Uhr; So.: 12-22.30 Uhr

Puck's Walk (4,5 Kilometer)
Wanderkarte: OS Landranger 199
Die Wanderung führt durch die sanft gewellte Landschaft in der Umgebung von *Bateman's House*, dem Wohnsitz des britischen Literatur-Nobelpreisträgers Rudyard Kipling. Wer die Kindergeschichten *Puck vom Buchsberg* (vor)gelesen bekommen hat, dürfte spätestens nach dem Spaziergang einen guten Eindruck von der Gegend haben, die nicht zuletzt durch Puck, den Kobold, in die Literatur eingegangen ist. Der Walk ist unkompliziert und gut markiert. Er beginnt beim Friedhof.

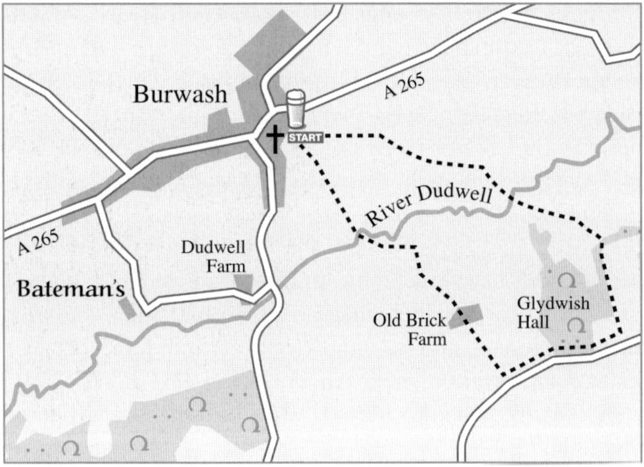

Bateman's House

Nach dem Spaziergang, oder alternativ dazu, empfiehlt sich ein Besuch von Bateman's. Das Haus wirkt düster, fast etwas militärisch; es spiegelt, so scheint es, das akurate und der Pflichterfüllung verschriebene Wesen des englischen Schriftstellers und Nobelpreisträgers Rudyard Kipling (1865-1936), der uns in seinen Büchern – vor allem im *Dschungelbuch* – manchmal auch seine humorvolle Seite zeigt.

Caroline (Carrie) und Rudyard Kipling zogen mit ihren Kindern Elsie und John 1902 in das aus dem 17. Jahrhundert stammende Herrenhaus von Bateman's ein. (Zuvor hatten sie in Rottingdean, Sussex, gelebt.) Groß und grau, mit Efeu bewachsen erhebt sich das Haus aus der Hügellandschaft. Die umliegenden Ländereien, die sie durch Zukauf auf insgesamt 121 Hektar vergrößerten, wurden wie eine Farm bewirtschaftet – aus ästhetischen Gründen. Kuh- und Schafherden, schwarze Schweine, Ziegen und Hühner sollten den Blick auf die grünen Wiesen beleben und nicht etwa wirt-

schaftlichen Zwecken dienen. Kipling, der Ruhe und Ungestörtheit für seine Arbeit wollte, legte so einen grünen Puffer zwischen sich und den Rest der Welt. Die Kiplings waren gastfreundliche Menschen; geladene Gäste wurden in Bateman's immer willkommen geheißen. Zu ihnen gehörte zum Beispiel Rudyards Vetter Stanley Baldwin, in den 1920er und 1930er Jahren britischer Premierminister. Das Gästebuch weist weitere zahlreiche Namen aus dem Kreis der damals namhaften Intellektuellen auf, die den ersten britischen Nobelpreisträger (1907) oft besuchten.
Bateman's gehört heute dem National Trust (mit angeschlossenem Café). Wer sich für Leben und Werk von Rudyard Kipling interessiert, erhält hier guten Anschauungsunterricht. Das Mobiliar der Familie ist gut erhalten – der berühmte Walnußschreibtisch in dem vollständig erhaltenen Arbeitszimmer, aber auch das Herrenzimmer mit Chippendale-Stühlen und Kamin sowie das Schlafzimmer mit dem Himmelbett vermitteln einen eindrucksvollen Einblick in die Lebensgewohnheiten des Autors und seiner Familie. Kipling gehörte zu Beginn des 20. Jahrhunderts zu den erfolgreichsten englischsprachigen Schriftstellern. Er verdiente so viel, daß er sich nicht nur Bateman's, sondern auch luxuriöse Autos leisten konnte: 1911 kaufte er seinen ersten großen Wagen, 1928 einen zweiten Rolls Royce, der heute in Bateman's ausgestellt ist.
Einige von Rudyard Kiplings Veröffentlichungen sind heute umstritten. Unzugänglich, patriotisch, der kolonial geprägten Klassengesellschaft verhaftet, verfaßte er nicht nur die beliebten Kinderbücher, sondern auch politische Propagandaschriften für den rechten Flügel der Torys sowie zum Teil rassistische und sexistische Kurzgeschichten. 1865 in Bombay geboren, dann in England erzogen, begann er seine Laufbahn als Journalist in Indien mit impressionistischen

Skizzen über das indische Leben. Neben seinen großen Werken, die weltweit die Kinderbibliotheken füllen, schrieb Kipling über dreihundert Kurzgeschichten, in denen er den Sinn des Lebens zu ergründen versuchte; er sah ihn zunehmend in der politischen Sendung des englischen Volkes. 1936 starb er im Alter von siebzig Jahren.
Öffnungszeiten: April - Oktober, 11-17.30 Uhr

Bateman's liegt an der Fernstraße A265 – biegt man nach dem Verlassen des *car parks* nach rechts ab, geht es Richtung Ticehurst; nach links Richtung Heathfield. Uns zieht es in beide Richtungen – zunächst jedoch nach Heathfield, genauer gesagt nach dem zuvor ausgeschilderten, südlich gelegenen Old Heathfield an der B2203.

Star Inn, Church Street, Heathfield
(Südlich Heathfield, erreichbar via B2203 bzw. B2096)
Der Star Inn wurde 1348 erbaut, um den Steinmetzen, die gerade die benachbarte Allerheiligen-Kirche errichteten, eine Behausung zu geben. 1388 wandelte sich die Unterkunft mit Genehmigung der Kirche zu einem Bierhaus und erhielt den Namen The Starre. In den soliden Mauern des als *picture postcard* gerühmten Inns treffen wir heute auf eine von übertriebenen Modernisierungsvorhaben verschont gebliebene Gastwirtschaft. Die zwischen massiven Balken liegende Hauptbar verfügt über einen ausladenden Inglenook-Kamin, alte Kupferbierkrüge hängen unter Decke, wer kein Buch zur Hand hat, wird in der Pub-Bibliothek fündig. Die *Tap Bar* mit ihren niedrigen Deckenbalken wartet mit einem Kamin sowie mit alten Bänken und liebevoll bemalten Wänden auf. Eine kurze Treppe führt in den Restaurantbereich mit seinen gewölbten Decken und den vielen alten Gemälden. Sehr beliebt ist der Garten des Star Inns. Natürlich

stehen dort die üblichen Picknickbänke – vor allem aber erwartet die Besucher ein grandioser Blick in die hügelige grüne Landschaft; Kenner der Bilder des bedeutenden englischen Malers William Turner (1775-1851) sollten sich nicht wundern, wenn sie meinen, diese Aussicht schon einmal auf Leinwand gebannt gesehen zu haben. Turner hat sie genau an diesem lauschigen Ort – bei einem Bier? – gemalt.
Die Küche des Pubs bereitet kunstvolle Gerichte, die weithin geschätzt werden. Ein Blick auf das *blackbord* ist sozusagen zwingend, wenn man nicht nur seinen Durst löschen möchte. Weil im Star auf frisch zubereitete Speisen großer Wert gelegt wird, muß man ein wenig Wartezeit in Kauf nehmen. Die Hausmarken sind Harveys Best, Greene King IPA; hinzu kommen wechselnde Gastbiere.

Öffnungszeiten: Mo.-Sa.: 11.30-15 Uhr, 17-23 Uhr; So.: 12-15 Uhr, 19-22.30 Uhr

The Bull, Three Legged Cross, Ticehurst
(Von Ticehurst via B2099 in Richtung Three Legged Cross – nach einer Viertelmeile liegt das Pub links der Straße)
Schwarze schwere Balken, unverputztes Mauerwerk, ein typischer Flagstone-Steinfußboden, viele alte Tische, Bänke und Stühle – all das bietet The Bull. Die Geschichte des in einem mit Schindeln verkleideten Pubs beginnt im Jahre 1385, als hier die ersten Bauarbeiten begannen. Zunächst entstand ein Wealden-Hallenhaus, das in späteren Jahrhunderten erweitert wurde. Heute gehört zum Bull auch ein modern gestaltetes Restaurant (in dem Pfeifenraucher ihrer Lust aber nicht frönen dürfen). An der Bar erhält man die üblichen Leckereien – gefüllte Baguettes oder auch *ploughman's lunch*. *Real ales* kommen von Harveys und Worthington, die Weinkarte ist kurz, aber vielversprechend. Hunde sind willkommen, wenn sie angeleint bleiben, Kinder auch.

Für sie steht im Garten ein *bouncy castle* – ein Luftkissenschloß zum Toben.

Öffnungszeiten: Mo.-Sa.: 11-15 Uhr, 18-23 Uhr; So.: 12-15 Uhr, 19-22.30 Uhr (im Winter montags geschlossen)

Von Ticehurst aus gelangt man in einer guten Viertelstunde nach Goudhurst, einem charmanten kleinen Straßendorf. Hier finden wir das auch als Landhotel geschätzte

The Star and Eagle, High Street, Goudhurst (Übernachtungsmöglichkeit)
(An der A262 zwischen Cranbrook und der A21 nördlich Lamberhurst)
Von der fast hundert Meter hohen Anhöhe, auf dem das Star and Eagle seit dem 14. Jahrhundert steht, hat man ein guten Ausblick in die landschaftliche Weite Kents. Im 18. Jahrhundert geriet das Dorf mit der markanten normannischen Kirche in die Schlagzeilen, als sich hier die berüchtigte ›Hawkhurst Gang‹ breitmachte, die jahrelang die Bauern der Umgebung beraubte und terrorisierte. Die Schmuggelware versteckte die Bande in einem Tunnel, der den Inn mit der Kirche verband. Hinter der gut erhaltenen Fachwerkfassade des Star and Eagle mit ihren vielen Giebeln verbirgt sich ein besonderer Charme; die Räume sind mit Lederstühlen, schönem Porzellan und wertvollen Drucken ausgestattet. Die Küche und der Service sind von bemerkenswert gutem Niveau. An handgepumpten Bieren sind in der Regel im Ausschank: Flowers Original und King & Barnes Sussex.

Öffnungszeiten: Mo.-Sa.: 11-23 Uhr; So.: 12-22.30 Uhr

4. Pu der Bär muß draußen bleiben

Das Bärenland von *Winnie-the-Pooh* (hierzulande *Pu der Bär* genannt) besteht aus Bäumen, Sandkuhlen, Bächen und kleinen Flüssen und liegt in der sanft hügeligen, von weiten Heideflächen geprägten Landschaft des *Ashdown Forest* – genauer gesagt in der Grafschaft Sussex, im Dreieck zwischen den Orten East Grinstead, Uckfield und Royal Tunbridge Wells. Der Ashdown Forest ist bereits seit 1268 urkundlich erwähnt. Er diente zunächst als königliches Jagdrevier und lieferte vom 15. bis 18. Jahrhundert das vom Schiffbau und der Eisenindustrie benötigte Holz. Heute ist er ein Ziel erholungsreifer Städter – er kann durchwandert werden, hält eine Vielzahl von Picknickplätzen vor und bietet an so manchem Aussichtspunkt eine herrliche Weitsicht.

Der honiggelbe Pu ist eine Schöpfung des Journalisten und Schriftstellers Alan Alexander Milne (1882-1956), der Mitte der 1920er Jahre begann, Kinderbücher zu schreiben. Der erste Band von *Winnie-the-Pooh* erschien 1926, der Folgeband *The House at Pooh Corner* 1928 (eine von Harry Rowohlt wunderbar übersetzte deutsche Gesamtausgabe liegt seit 1997 vor).

»Als es anfing zu regnen, schlief Pu. Es regnete und regnete und regnete, und er schlief und schlief und schlief. Er hatte einen sehr anstrengenden Tag gehabt. Du weißt ja noch, wie er den Nordpohl entdeckt hatte; ja, und darauf war er so stolz gewesen, daß er Christopher Robin gefragt hatte, ob es noch weitere Pohle gab, die zum Beispiel ein Bär von sehr wenig Verstand entdecken konnte.

›Es gibt einen Südpohl‹, sagte Christopher Robin, ›und ich

nehme an, daß es auch einen Ostpohl und einen Westpohl gibt, obwohl man allgemein nicht gern über sie spricht.‹
Pu war sehr aufgeregt, als er das hörte, und schlug eine Expotition zur Entdeckung des Ostpohls vor, aber Christopher Robin hatte mit Känga schon etwas anderes vor; also ging Pu alleine los, um den Ostpohl auf eigene Faust zu entdecken. Ob er ihn entdeckt hat oder nicht, habe ich vergessen; aber er war so müde, als er nach Hause kam, daß er, mitten beim Abendessen, als er kaum länger als eine halbe Stunde gegessen hatte, auf seinem Stuhl einschlief und schlief und schlief und schlief.«

Christopher Robin ist der Sohn von A. A. Milne und seiner Frau Dorothy (und vom Ruhm seines fiktiven Namensvetters alles andere als begeistert). Er lebte mit seinen Eltern von 1925 an im Ashdown Forest auf der **Cotchford Farm** – im ersten Haus auf der linken Seite der Cotchford Lane. Das rotziegelige Landhaus liegt in einer Talsenke nahe der B2026 zwischen Hartfield und Duddleswell und wird von Winnie-the-Pooh-Liebhabern ebenso gern fotografiert wie von Brian-Jones-Fans. Der Gitarrist der Rolling Stones hatte Cotchford Farm im November 1968 gekauft – nicht ohne der Winnie-the-Pooh-Gesellschaft das unveräußerliche Recht zu garantieren, jederzeit Zutritt zu dem liebevoll gestalteten Garten mit der Sonnenuhr zu haben, unter der Milnes Manuskripte vergraben sein sollen. Nachdem die Rolling Stones Brian Jones im Mai 1969 aus der Band ausgeschlossen hatten, fand man den »goldenen« Stone im Sommer tot auf dem Grund des Swimmingpools. Inzwischen gehört die Farm einem Geschäftsmann.
Von der Cotchford Farm führt ein Weg durch die von Alan Alexander Milne in seinem Kinderbuch so einfühlsam geschilderte Landschaft des Ashdown Forest. Zwischen Weiß-

dornhecken hindurch gelangt man zu einem der vielen – ausgeschilderten – Originalschauplätze, zum Beispiel der Poohsticks-Bridge, wo der honigliebende Bär ein neues Spiel erfand: Pu-Stöcke. »Nun spielten eines Tages Pu und Ferkel und Kaninchen und Ruh zusammen Pu-Stöcke. Sie hatten ihre Stöcke ins Wasser geworfen, als Kaninchen ›Los!‹, sagte, woraufhin sie alle auf die andere Seite der Brücke rannten, und nun beugten sie sich über den Rand und warteten, wessen Stock als Erster hervorkommen würde. Aber das Kommen dauerte seine Zeit, denn der Fluß war an jenem Tag sehr faul und es schien ihn kaum zu kümmern, ob er überhaupt jemals ankam.«
Die Poohsticks-Bridge ist auch von Hartfield aus gut zu Fuß zu erreichen – ungefähr eine halbe Stunde dürfte der Anmarsch dauern (Wanderkarte: OS Landranger 188). Der kleine Ort ist für Bärenliebhaber schon deshalb ein wichtiger Anlaufpunkt, weil hier der »Pooh Corner Shop« an der High Street alles bereit hält, was das Sammlerherz begehrt – nicht zuletzt die populären Illustrationen von Ernest H. Shepard (1897-1976) oder die lateinische Buchausgabe *Winnie ille Pu* (übrigens das erste Buch in einer fremden Sprache, das nach seinem Erscheinen 1960 die Bestseller-Liste in New York erklimmen konnte). Kneipenliebhaber sollten in Hartfield die Church Street ansteuern. Dort wartet der

Anchor Inn, Church Street, Hartfield (Übernachtungsmöglichkeit)
Das Wirtshaus stammt aus dem 14. Jahrhundert. Der Steinfußboden und der für alte Gebäude typische *inglenook fireplace* sorgen für eine rustikale Atmosphäre. Kinder sind hier willkommen, zudem wartet an schönen Tagen der Garten auf Gäste. Das als *Free House* geführte Pub hat zwei Gästezimmer. Die *Bar Meals* sind reichhaltig, zum Ausschank

kommen u. a. Fullers London Pride, Harveys Best und Flowers IPA.

Öffnungszeiten: Mo.-Sa.: 11-23 Uhr; So.: 12-22.30 Uhr

Keine zwei Meilen östlich von Hartfield wartet ein typischer *country pub* auf Gäste. Bären und Kinder haben dort allerdings zur Bar keinen Zutritt:

Dorset Arms, Withyham
(Direkt an der B2110 zwischen Hartfield und Groombridge)
Das weißgestrichene, pittoreske Gasthaus aus dem 17. Jahrhundert liegt etwas zurückgesetzt am Dorfanger. Im Sommer schmücken Blumenkübel und Hopfengirlanden dieses ehemals als Farm dienende Hallenhaus, einige Picknicktische laden zum Rasten unter freiem Himmel ein. Sollte es gerade regnen, lohnt sich ein Besuch der schlichten Bar, in der ein großes *log fire* vor sich hin prasselt. Der Eichen-

Dieser preisgekrönte Bierdeckel der 1790 gegründeten Brauerei von Harvey's kann auch als Postkarte genutzt werden.

fußboden hat Hunderte von Jahren auf dem Buckel und ist typisch für diese Gegend. Wer gerne an kleinen runden Tischen und auf gepolsterten Stühlen sitzt, sollte die *lounge* aufsuchen. Das angeschlossene Restaurant mit massiven, uralten Deckenbalken hat eine reichhaltige Speisekarte – *toad-in-the-hole* wird ebenso offeriert wie z. B. *half shoulder of lamb*; von der Wirtsfrau exzellent zubereitete *Sandwiches* und *snacks* eingeschlossen. Die frisch gezapften, saisonal wechselnden *ales* kommen von der Brauerei Harveys of Lewes.

Öffnungszeiten: Mo.-Sa.: 11.30-15 Uhr, 17.30-23 Uhr; So.: 11-15 Uhr, 18-22.30 Uhr

In der Umgebung des Ashdown Forest gibt es eine Reihe von kulturellen Anlaufpunkten. Vom Dorset Arms gelangt man in westlicher Richtung über die gewundene B2110 zum viktorianischen Landhaus Standen, das von Phillip Wepp 1894 für William Morris (1834-1896) gebaut und von diesem selbst nach seinen Ideen und Entwürfen eingerichtet wurde. Morris war Designer, Maler, Drucker, Schriftsteller, Typograph, Ökologe, Sozialreformer und trug mit seinem industrialisierten Kunstgewerbe, vor allem aber mit seinen farbenreichen, überwiegend mit Blumenmustern versehenen

Teppichen, Gardinen und Wandbehängen maßgebend zur Entwicklung der englischen Arts-&-Craft-Bewegung bei. Sein Stil prägt viele vornehme Landhäuser bis heute. Gartenliebhaber dürften im Sheffield Park Garden bei Fletching (nahe der A275 oder A272) ihre Freude haben, der im 18. Jahrhundert angelegt wurde und besonders im Frühjahr und Herbst zauberhafte Bilder bietet, wenn sich die Rhododendren in den vielen Seen der Gartenanlage rot, weiß und violett spiegeln.

Öffnungszeiten: April - November, Di.-Sa.: 11-18 Uhr

The Griffin Inn, Fletching (Übernachtungsmöglichkeit)
(Nordwestlich von Uckfield, erreichbar von der A272 und A275)

Fletching ist ein altehrwürdiges, gepflegtes Straßendorf mit zusammengedrängten Fachwerkhäusern. Die Kirche, aus Sandstein errichtet und bis ins Detail gut erhalten, beherbergt das Mausoleum der Grafen von Sheffield, das im 18. Jahrhundert erbaut wurde. Hier fand auch der Sarg des Historikers Edward Gibbon Platz, der mit der Familie befreundet war. Sehenswert ist das Fletching Pump House, das an der Straße nach Piltdown liegt. Der Griffin Inn stammt aus dem 16. Jahrhundert. Mit seinen Eichenpaneelen und Balken setzt er das dörfliche Ambiente von Fletching in seinen Gasträumen fort. Alte Stiche und Teller wollen betrachtet sein, und einige Fotos dokumentieren, daß Prinz Charles vor Jahren hier zu Gast war. Im *Which? Guide to Country Pubs* heißt es über die Herberge:

»The pub's own blurb points out that ›the Griffin Inn has been at Fletching for over 400 years‹; which might prompt one to ask, where was it before that? [...] The success of this sixteenth-century inn is largely a result of the efforts of the Pullan family, who have run the pub for 20 years. There is

obvious intelligence at work in the kitchen and on a good day reporters are quick to praise more or less everything. The menu changes twice daily and is chalked up in the cosy, beamed bar.«
Harveys Best, Badger Tanglefoot und Hardys Country gibt es im Griffin Inn *on handpump*, Kinder und Hunde sind gern gesehen.
Öffnungszeiten: Mo.-So.: 12-15 Uhr, 18-23 bzw. 22.30 Uhr

Wer sich in dieser Gegend länger aufhalten möchte, wird wohl dem Wakehurst Place Garden – eine Zweigstelle der Königlichen Botanischen Gärten von Kew – einen Besuch abstatten. Er liegt bei Ardingly an der B2028. In der Nähe des Sheffield Park Garden dampft die – nicht nur – für Kinder interessante Museumseisenbahn Blue Bell Railway durch die südenglische Landschaft. Eine hübsche kleine Kneipe liegt auch greifbar nahe:

Coach & Horses, School Lane, Danehill
(Danehill liegt an der A275 zwischen East Grinstead und North Chailey)
Das Dorf Danehill erhebt sich auf einem der Hänge von Ashdown Forest und ist nicht weit vom »100 Akre Wood« des Bären Pu entfernt. Die alte, mit Steinen der Gegend errichtete Kneipe liegt etwas mehr als einen Kilometer von der Hauptstraße entfernt an einer kleinen Kreuzung. (Die School Lane erkennt man von A275 durch die Ausschilderung *Chelwood.*) Sie hat einen wunderschönen Garten, zu dem auch eine vielfrequentierte Spielanlage für Kinder gehört. Die lieben Kleinen sind auch in der *eating area* des Pubs immer willkommen. Das Essen ist für englische Verhältnisse preiswert und durchaus herzhaft. Snacks wie leckere Sandwiches oder auch Chili con carne stehen ebenso zur Auswahl

wie ein *home-made fisherman's pie*. Zum Ausschank kommen Harveys Best und wechselnde Gastbiere wie etwa Woodforde's Wherry. Im Sommer schmeckt Thatcher's Cider lecker. In dem Pub stört übrigens keine Hintergrundmusik; zudem gibt es eine Nichtraucherzone.

Öffnungszeiten: Mo.-Sa.: 11-2.30 Uhr; 6-23 Uhr; So.: 12-15 Uhr; 19-22.30 Uhr

Und Pu und Christopher Robin? Von den beiden – und Ashdown Forest – werden wir nun Abschied nehmen. Trösten wir uns mit den letzten Zeilen aus dem Band *Pu baut ein Haus*:

»Und sie gingen zusammen fort. Aber wohin sie auch gehen und was ihnen auf dem Weg dorthin auch passieren mag: An jenem verzauberten Ort ganz in der Mitte des Waldes wird ein kleiner Junge sein, und sein Bär wird bei ihm sein, und die beiden werden spielen.«

Und was spielen wir? Am besten Frage und Antwort zum Thema Kneipenschilder. Denn was wäre ein britisches Pub ohne ein außen angebrachtes, ansprechend wirkendes Schild? Der Ursprung der *pub signs* reicht weit zurück. Bereits die Römer pflegten, wenn neuer Wein geliefert worden war, ein Büschel Weinlaub an einer Kette aus der *taberna* hängen zu lassen. Im sächsischen England machten die Brauerinnen ihr Haus durch einen Alestab kenntlich, einer hölzernen Stange, die unter dem Dach hervorragte oder aufrecht am Boden stand. Der römischen Tradition folgend, befanden sich Blätter, Reben oder auch eine dekorative Girlande am Ende der Stange. Der Brauch verfestigte sich, als Richard II. 1393 ein Dekret erließ, wonach sämtliche Tavernen ein Schild aufweisen mußten, das entweder von einem vorspringenden Balken herabhängen oder auf einem freistehenden Pfahl angebracht sein sollte. Das Dekret stellte sicher, daß die amtlichen Bierprüfer wußten, wohin sie sich für Stichprobenentnahmen zu wenden hatten. Entzogen sie einer *tavern* die Lizenz, war das für jedermann ersichtlich, weil umgehend das Schild abgehängt wurde.

Da im Mittelalter nur wenige Menschen lesen konnten, wählte man zur Ausschilderung der Tavernen schlichte und vertraute Symbole. Auch sollten die *pub signs* nach Möglichkeit auf den jeweiligen Besitzer verweisen. Die Schilder waren damals häufig eher Gegenstände als gemalte Darstellungen. Waren sie für *hostelries* bestimmt, die von Kirchen und Abteien betrieben wurden, hatten sie fast immer eine religiöse Tönung. So verwiesen gekreuzte Schlüssel auf das himmlische Königreich; beliebt waren auch das Lamm oder der Bulle (die *bulla* war ein kirchliches Siegel). Zu großen Landbesitzen gehörige Inns hatten zumeist irdischere Symbole aufzuweisen, etwa eine Kuh, einen Pflug, Hirtenstab und Schere oder auch nur ein gekrümmtes Stück Holz (*The Crooked Billet* bedeutet genau das). Häufig wurde einfach das Wappen des Gutsherrn (*coat of arms*) auf das Schild gemalt. Pubs, deren Name auf *Arms* lautet, gehen fast immer auf einen früheren Gutsbesitz zurück.

Im 17. Jahrhundert nahm die Konkurrenz unter den Pubs, insbesondere den Ausspanngasthöfen, stark zu. Diese Entwicklung blieb nicht ohne Folgen für die Gestaltung der Gasthofschilder – sie nahmen immer ausladendere, reich verzierte Formen an, spannten sich nicht selten über die Straße. (In Edenbridge, Kent, hat **Ye Old Crown** noch ein über die High Street gespanntes *inn sign.*) Als Mitte des 17. Jahrhunderts ein prächtiges Schild in der Londoner Fleet Street einstürzte, dabei die Vorderwand des Gasthofes mitriß und mehrere Personen tödlich verletzte (darunter den Juwelier des Königs), waren die Tage allzu überdimensionierter Schilder gezählt. Wegen der mit ihnen verbundenen

Gefahren verbot 1767 ein Parlamentsgesetz den weiteren Bau sogenannter »Galgen-Schilder« und beschränkte das zulässige Maß auf jene bescheidenen 1,2 × 1,0 Meter, die heute gebräuchlich sind.

Über viele Jahrhunderte war weniger der Name einer Gaststätte entscheidend als vielmehr die bildliche Mitteilungskraft des Schildes. Nachdem die Bevölkerung mehr oder weniger durchgängig des Lesens und Schreibens kundig geworden war, hatte das auch Auswirkungen auf die Namensgebung der Pubs sowie die Gestaltung der Schilder. Im 19. Jahrhundert gingen die Gastwirte jedenfalls vermehrt dazu über, ihre gastlichen Stätten mit zum Teil sehr phantasievollen Bezeichnungen bzw. Bebilderungen anzupreisen. Sie haben sich bis auf den heutigen Tag erhalten und werden fortlaufend durch neue Kreationen ergänzt. Unzählige Pubs haben Namen, die eine Verbindung mit den Wappen oder auch Symbolen einstiger Volkshelden aufweisen. Die Sonne war zum Beispiel das Kennzeichen von Richard Löwenherz, ein Gefieder dasjenige des Schwarzen Prinzen. Der Schimmel schmückte ursprünglich die sächsischen Fahnen, während die Rose das Emblem der Tudors war. Besonders der Adel ist in vielen *pub signs* gegenwärtig. Der häufig zu sehende rote Löwe etwa – *The Red Lion* – war das Kennzeichen des John of Gaunt und später das von König James I. Die vielen Pubs namens *The Royal Oak* (königliche Eiche) erinnern an König Charles II., der sich während des Bürgerkrieges vor Cromwells Leuten in einer Eiche verbarg.

Auch Berufe haben vielen Pubs ihren Namen gegeben – *The*

Jolly Hatters etwa steht für »Die lustigen Hutmacher«. Weil die Handwerker sich in bestimmten Gaststätten versammelten, um Löhne auszubezahlen, neue Leute einzustellen oder auch Streitigkeiten zu schlichten, lag es mehr als nahe, die Kneipe entsprechend zu benennen. Andere Pubs und Inns zollen vor allem biblischen und historischen Ereignissen und Personen ihre Hochachtung. *The Cock Inn* erinnert an Simon Petrus (»Noch ehe der Hahn dreimal gekräht hat, wirst du mich verraten haben!«), *The Admiral Nelson* an den berühmten britischen Seekrieger, *Victoria* an die gleichnamige Königin. Der Volksheld *Robin Hood* ziert natürlich auch so manches Schild. Historische Ereignisse haben übrigens oftmals plötzliche Pub-Umbenennungen nach sich gezogen. So wurden beispielsweise aus vielen *Pope's Head* genannten Kneipen über Nacht *King's Head*, als Heinrich der VIII. die Beziehungen zu Rom abbrach.

Generell beziehen Pubs ihre Namen aus sämtlichen denkbaren Lebensbereichen. Freizeitvergnügungen finden ihren Niederschlag beispielsweise in Bezeichnungen wie *Sportsman* oder *Bowling Green*; Jagdfreuden in *The Fox and Hounds*; Nautisches in *Ship Tavern*, *Hope & Anchor* (wobei die Hoffnung als christliche Verstärkung dient); leibliche Genüsse in *Cheshire Cheese* oder *Lopster Pot*; der Film in *Charlie Chaplin's* oder *Sir Alfred Hitchcock*; Reiselust in *The Atmosphere Railway* usw. Die Welt der Literatur wird auch nicht verschmäht: *David Copperfield* und *Robinson Crusoe* zieren manches Schild. Im Zentrum Londons wartet *The Sherlock Holmes* in der Northumberland Street mit einer Nachbildung von Wohn- und Arbeitszimmer des berühmten Detektivs auf.

Pfiffige Verballhornungen kommen – freilich seltener – auch vor. Pub-Namen wie *The Goat and Compasses* spielen etwa mit dem Puritanerspruch *God compasses you*. Wer sich den

Namen eines Pubs nicht erschließen kann, tut gut daran, sich in der Kneipe kundig zu machen. Da viele Briten über einen prächtigen Humor verfügen, dürfte das im Zweifelsfall zu einer äußerst launigen – und bierseligen – Angelegenheit werden. Übrigens: Im Pub bzw. in der Bar reicht bei der Vorstellung der Vorname. Eine Bekanntschaft ist üblicherweise dann besiegelt, wenn es heißt: *May I buy you a drink?* Wer einen Drink spendiert bekommt, ist natürlich gut beraten, die nächste Runde zu übernehmen.
In den Städten – in London zumal – möchten manchmal Leute einen ausgegeben haben, ohne vorher selbst spendabel gewesen zu sein. Theodor Fontane machte diese Erfahrung 1844 in der »Riesenstadt« und schrieb darüber: »Nur ein einziges Mal hielt ein durstiger Saufaus die Hand hin und forderte statt eines ›*I thank you!*‹ – ›*two pence for half a pint of ale*‹ von mir; versteht sich wurde sein Wunsch erfüllt.«

Die Pubs der Metropole Großbritanniens warten. Zuvor soll noch einmal Theodor Fontane zu Wort kommen, der ein großer Kenner Londons war und 1844 wohl eine Erfahrung machte, die auch heutigen Besuchern aus Deutschland nicht erspart bleiben dürfte: Billig ist das Leben in der Weltstadt nicht, und ein *pint ale* schon gar nicht.

»Wir Deutsche seufzen über ›teures Leben‹ in London; ich will das unerörtert lassen, aber pflichtschuldig versichern, daß ein paar Schuhsohlen und einige pence vollkommen ausreichen, das wahre, eigentliche, das unvergleichliche London kennenzulernen. Nicht die Italienische Oper, wo man ein Pfund Entrée bezahlt, nicht die zahllosen Kirchen und Theater, in denen man mehr oder minder gebrandschatzt wird, nicht der angestaute Tunnel, nicht Westminster mit seinen Sarkophagen und Marmorgruppen, nicht die prächtigen Squares mit ihren Säulen, nicht die stolzen Themsebrücken, sie alle nicht machen London zu dem, was es ist, sie könnten fehlen, ohne ihm seine Großartigkeit zu rauben. [...] Nein, wer London wahrhaft erfassen will, der stürze sich, wenn er dreist und ein tüchtiger Fußgänger ist, in das Gewühl der Menschen, oder besser noch, er besteige die outside eines Omnibus und fahre straßenauf, straßenab von der City bis nach Paddington, von der Westminster-Brücke nach Vauxhall und von dort zum Hyde oder Regent's Park. Passiert er Cheapside in der City, so entfaltet sich vor seinen Blicken die summende, rastlose Geschäftigkeit der ersten Handelsstadt der Welt. Er sieht die Straße vor sich mit Menschen, cabs und gigs, Frachtwagen [...] wahrhaft bedeckt; mit jedem Augenblick erwartet er die Passage gehemmt oder den Omnibus, der ihn führt, zermalmt zu sehn; – mitnichten, die Übung hat auch hier den Meister gemacht; wo die Ängstlichkeit Gefahr bringen würde, triumphiert die Sicherheit.«

Im Londoner Verkehrsgewühl unserer Tage gibt es zahlreiche Oasen, wo Lärm und Gestank wie weggeblasen sind – in den Parks, in stillen Seitenstraßen, Courts und am Fluß. An Oasen voller anheimelnden Lärms und viel verbrauchter Luft herrscht auch kein Mangel. In London gibt es rund fünftausend davon, und sie alle sind sehr unterschiedlich, haben ein spezifisches Ambiente, ein treues Publikum und sind fast ausnahmslos von 11 bis 23 Uhr geöffnet – Tavernen, ehemalige Gin-Paläste, Theater- und Themen-Pubs, Free Houses, *locals*, Bars.

A519 TYN

5. Wenn London ein Pub ist …

»Wenn London ein Pub ist und man die ganze Wahrheit will, wo geht man hin? Man geht in ein Londoner Pub«, heißt es in dem Roman *1999* von Martin Amis. Der 1949 geborene Autor – er gehört zu den bedeutenden Romanciers der englischen Gegenwartsliteratur – beschreibt darin eine Kneipe namens Black Cross an der Portobello Road, in der 1927/28 George Orwell (eigtl. Eric Blair) im Haus Nr. 22 wohnte und Pläne für sein Buch *Down and Out in Paris and London* entwickelte. In einschlägigen Pub-Guides wird die Kneipe nicht erwähnt, und ich kann mich nicht erinnern, in ihr je einen *pint* getrunken zu haben. Kann sein, daß es in der quirligen Antiquitätenstraße im Herzen von Notting Hill (Kensington) gar kein Black Cross gibt. »Auf der Portobello Road finden wir uns wieder«, vermerkt Günter Kunert in seinem *Englischen Tagebuch*, »es ist Sonnabend früh […]. Stunde um Stunde wandern wir […] umher und feiern eine Augen-Orgie. Sich wahrhaft ›satt sehen‹ an der Überfülle dessen, was treffend ein altfränkisches Wort bezeichnet: Tand.« In der Portobello Road mit den vielen von antiken und weniger antiken Sammlerstücken überladenen Marktständen kann keine Langeweile aufkommen. Ganz zu schweigen vom Karneval. Er geht an einem Wochenende im August zwischen Chepstow Road und Ladbroke Grove über die Bühne und verwandelt Notting Hill in einen von Steel Bands und phantastischen Kostümen geprägten afro-karibischen Traumort.

Literarisch belegt ist, daß Nicola Six, eine der Protagonistinnen in Amis' Roman *1999*, in der Portobello Road ein Pub entdeckte, »an dessen Namen sie Gefallen fand. ›TV UND DARTS‹ lautete eine weitere Empfehlung auf einem gemalten Schild an der Tür, und daran war ein Stück Pappe angeheftet, das ›UND FLIPPA‹ verkündete«. Eben das Black Cross. »Sie betrat das Pub und seine Trübnis. Ihr war, als setzte alles einen Herzschlag lang aus, als die Tür sich hinter ihr schloß, doch das hatte sie erwartet.«

Der im angelsächsischen Sprachraum zu einer Kultfigur avancierte Autor Martin Amis kennt sich in Londoner Kneipen und den dort üblichen Gepflogenheiten bestens aus. In *1999* bringt er neben Nicola die beiden Stammgäste Keith und Guy ins Spiel:

»In dem Augenblick, als Keith Talent Nicola Six erblickte, ließ er seinen dritten Dart fallen. Und fluchte. Der 32-Gramm-Wolfram-Trebler hatte seinen großen Zeh durchbohrt. [...] Guy Clinch, der am Flipperautomaten auf Rekordjagd war, erstarrte mitten im Gefuchtel: Man konnte die Kugel ins Loch kollern hören. Dann Stille.« Keith ist die Schlüsselfigur im Black Cross. Amis beschreibt ihn als »Pub-Champion«, »Dartforce« bzw. »Superstar« des Pubs, der »beim Gebrüll nach mehr Bier der Donnerndste«, bei der »Mißhandlung des Spielautomaten der Gewalttätigste« und »beim Darts der Beste« ist. Guy dagegen, der Kumpeltyp »mit diesem Pub-Anticharisma« muß von Keith fast zwangsläufig angemacht, zur Not verprügelt werden, damit zwischen den beiden eine Freundschaft entstehen kann. Und so steckte Keith »eines Tages seine Darts ins Etui und ging die Bar entlang (Stammgäste fragten sich längst, wann es passieren würde), beugte sich, eine Braue hochgezogen, die Zunge zwischen den Zähnen, über den Flipperautomaten: Und gab Guy einen aus. Die Gesäßtasche, die zusammengefalteten Zehner. [...] Das ganze Pub erbebte unter lautlosem Applaus.«

Und dann war da ja noch Nicola Sixt, die an »einem Tag voll Donner« ins Black Cross platzte und – natürlich – von Keith und Guy angemacht wurde (»angesprochen« wäre für das Black Cross ein unpassendes Wort). Ob Nicola sich in einen der beiden verliebte oder es gar mit beiden trieb oder nicht – ich lasse das hier schon deshalb offen, weil der rund 600 Seiten dicke, als apokalyptische Farce verfaßte Roman *1999* ja gelesen sein will. Das Black Cross ist übrigens noch auf Seite 525 einer der vielen Orte des Geschehens. Und ob das Pub nun in der Portobello Road existiert oder nicht, sicher ist, daß es keine einzig gültige Empfindung oder gar Beschreibung von ihm geben kann. Vor allem aber ist das Pub eine literarisch verbürgte Erfahrungs-Tankstelle für Leute, die normalerweise wohl kaum eine der zahlreichen Londoner Underclass-Kneipen betreten würden, die vor allem von gesellschaftlich marginalisierten Männern wie Keith oder Guy aufgesucht werden.

In der Weltstadt an der Themse kommt ungefähr ein Pub auf tausend erwachsene Einwohner – der Weg zum nächsten *local* ist in London in der Regel keine tausend Meter weit. Ich werde in diesem Kapitel vor allem traditionsreiche Gastwirtschaften ins Licht rücken und dabei auf die vielfältigen direkten und indirekten literarischen Bezüge eingehen. London ist gleichsam übersät mit sogenannten *blue plaques* – mit blauen Plaketten, die, an Hauswänden angebracht, auf die Lebensdaten berühmter ehemaliger Bewohner verweisen. Auf einem *pub crawl* durch Soho kommt man beispielsweise im Zweifelsfall an den Plaketten für Samuel Taylor Coleridge (1772-1834), Karl Marx (1818-1883) und Percy Bysshe Shelley (1792-1822) vorbei; also an den Häusern 71 Berners Street (Coleridge), 15 Poland Street (Shelley) und 28 Dean Street (Marx). Übrigens werden in London täglich diverse organisierte Spaziergänge angeboten; Literaturliebhaber etwa können *Shakespeare's & Dickens' London* oder *The London of Oscar Wilde* und *Jane Austen's London* mit

kenntnisreichen Führern erkunden; Kneipenliebhaber haben die Wahl der Qual, angeboten werden z. B.: *The Old Soho Pub Walk, Old Bloomsbury – The Literary London Pub Walk, The Old Hampstead Village Pub Walk, The ›Undiscovered London‹ Pub Walk, Along the Thames Pub Walk, The Hidden Pubs of London Town* und andere mehr (Info: The Original London Walks, www.walks.com).
Der heutige Großraum London besteht aus vielen ehemals selbständigen Dörfern und Kleinstädten. Ebendeshalb ändert sich der Charakter der Stadt von Viertel zu Viertel und hat jeder der 33 Stadtteile nach wie vor sein eigenes Zentrum. Bei der Auswahl der nachfolgend vorgestellten Pubs habe ich Wert darauf gelegt, möglichst viele verschiedene Viertel Londons zu berücksichtigen. Ein Straßenverzeichnis (*A-Z*) ist bei einem Besuch der britischen Metropole ein ebenso wichtiges Utensil wie der Regenschirm und die Kenntnis der U-Bahnverbindungen; mit der *tube* bzw. der neuen Docklands Light Railway lassen sich alle genannten Ziele erreichen.

DER WESTEN – KEW GARDENS

Im äußersten Westen Londons liegen die Royal Botanic Gardens von Kew. Sie erstrecken sich über eine Fläche von rund 120 Hektar und sind das wichtigste Zentrum zur Bestimmung von Pflanzen aus aller Welt. Die architektonisch faszinierenden Gewächshäuser, die chinesische Pagode, das Cottage von Königin Charlotte und der Kew Palace am Themseufer – es mangelt wahrlich nicht an Attraktionen. Von der Tudor-Zeit bis zum Beginn des 20. Jahrhunderts bildete die sich durch London schlängelnde Themse die Hauptroute für Mitglieder des Königshauses, Aristokraten und reiche Kaufleute, wenn sie von der City zu ihren Landsitzen im Westen fahren wollten. Die nicht so vermögenden

Londoner nutzten die Themseboote vor allem für sonntägliche Ausflugsfahrten zu den Tavernen von Chiswick, Kew und Richmond. Die Straßen wurden gemieden, weil sie in sehr schlechtem Zustand waren und weil Überfälle drohten. Heutzutage sind sie zwar durchaus passabel, aber zu fast jeder Tageszeit völlig verstopft. Eben deshalb bietet sich eine Bootsfahrt an.

Vom Pier in Westminster geht es auf der Themse entlang bis zum Anleger von Kew – vorbei am ländlich wirkenden Battersea Park mit der Peace Pagoda, den Gärten des Royal Hospital Chelsea, dem Hurlington House (1760), dem Bishops Park mit den Bootshäusern, die der Startpunkt für die Oxford and Cambridge Boat Race sind, unter der Hammersmith Bridge hindurch und an Mortlake vorbei. Theodor Fontane beschrieb den Ort in den 1840er Jahren als »eine jener hundert grünen Oasen, die nach allen Seiten hin die große London-Wüste umzingeln«. Dorthin, so berichtet er, »eilt der City-Kaufmann, um nach der Hitze des Tages und Erwerbs in frischer Luft sich satt zu trinken; dort, fern dem lauten Strom der Menschen, freut sich sein Auge am stillen Themsestrom; und hinter sich den Weltverkehr und das Spiel der Spekulation, wirft er sich hier in den Rasen seines Parks – mit seinen Kindern zu spielen.« Ein Pub war auch zu Fontanes Tagen nie weit:

»Dicht am Strom steht ein Wirtshaus, dort wohnt Richard Coombes, der erste Rudrer seiner Zeit. Sein Haus ist eine Taverne wie hundert andere: Goldbuchstaben versprechen das beste Bier; höflich hält der holzgeschnitzte Matrose über der Tür seinen gelben Hut in der Hand, und aus der Geißblattlaube, dem besten Trinkplatz des Hauses, schimmert's von braunen Gesichtern und irdenen Pfeifen; nichts Besondres, weder drinnen noch draußen. Aber alljährlich im Mai, wenn die Wettlust Alt-Englands in Blüte steht, wenn man den Hähnen die Sporen anschnallt, wenn jeder in Epsom gewinnen will, was er in Chester verlor, und die Königin selbst Schloß Windsor verläßt, um den Staub und die wilde Jagd der Ascot-Heide an sich vorbeiwirbeln zu sehen, dann kommt auch der Tag Richard Coombes und seiner Taverne; dann ist sein Haus verdeckt von grünen Reisern und bunten Fahnen, dann steht unser Rudrer in weißem Hemd und weißem Beinkleid, mit Strohhut und flatterndem Halstuch neben seinem Boot, wie der Reiter neben seinem Roß, und lächelnd den Gruß junger Ladies erwidernd, die erwartungsvoll auf den Polstern ihrer Equipagen stehn, blickt er nicht um sich wie der Bierwirt vom Tage vorher, sondern wie der Sieger des nächsten Augenblicks.«

Vorbei. – Nachdem das Boot Chiswick passiert hat, kommen die Auto- und Eisenbahnbrücken von Kew in Sicht und – rechter Hand – die hübschen Häuser und Pubs der Uferstraße Strand-on-the-Green. Sie liegt gegenüber den *Kew Gardens* (die von Virginia Woolf in der gleichnamigen, lyrisch-impressionistischen Geschichte literarisch verewigt wurden) und hat früher viele Künstler und Schriftsteller angezogen – nicht zuletzt Nancy Midford und Dylan Thomas. Viel Grün hat Strand-on-the-Green seit den 1880er Jahren nicht mehr zu bieten, denn seitdem sind sämtliche Wiesen bebaut. Eine gewisse farbliche Entschädigung bietet das Flußufer der Themse: Dort zieht sich ein kleiner Sandstrand hin. Nach wenigen Schritten erreichen wir das Pub:

The City Barge, 27 Strand-on-the-Green, W4

Von den hier am Ufer der Themse auf Kundschaft hoffenden Schenken ist das City Barge die wohl kurioseste. Sie konkurriert mit den in direkter Nachbarschaft liegenden Gaststätten Bull's Head und Bell & Crown, auf die ich noch zurückkomme. Das City Barge besteht wohl seit dem Jahr

1484. Bis ungefähr 1618 firmierte es unter dem Namen Navigators Arms und versorgte das Volk von Chiswick mit *ale*. Als Friedrich V. den Thron von Böhmen bestieg, nahm das Gasthaus den Namen Bohemia Head an. Der als »Winterkönig« in die Geschichte eingegangene Friedrich V. war ein beliebter Held in England. Zudem hatte er Elisabeth, die hübsche Tochter von James I., geheiratet. Selbst nachdem 1620 die Mannen Friedrichs V. von den Truppen der katholischen Liga unter Tilly geschlagen worden waren, behielt das Pub seinen Namen. Er wurde erst 1788 in City Barge verwandelt – und zwar schnöde zur Würdigung der Barkasse des damaligen Oberbürgermeisters von Londons, die ganz in der Nähe der Schenke immer für die Wintermonate festgemacht wurde.

Über ein historisches »Verdienst« des City Barge sind sich einschlägige Experten noch nicht im klaren. So berichtet der Pub-Historiker Ted Bruning: »Bis vor kurzem hing ein ›Freibrief‹ von Elisabeth I. an der Wand, der jüngst jedoch gestohlen wurde. Es wäre interessant diesen ›Freibrief‹ einsehen zu können, da Bierschenken gemäß einer Verfügung Henry VII. und Edward VI. eigentlich eine Konzession, also keinen Freibrief benötigten. Ja, es ist sogar unwahrscheinlich, daß Konzessionen in dieser Freibriefform ausgestellt wurden, denn wenn Konzessionsurkunden überhaupt aufbewahrt wurden, so in den Akten der ausstellenden Gerichte. Dort liegt aber nichts vor. Es wäre hilfreich, wenn der Dieb den gestohlenen Freibrief einfach an das Pub faxen würde, um damit das Geheimnis zu lüften.« Warten wir es ab. Als das City Barge seinen heutigen Namen erhielt, war Strand-on-the-Green ein weitläufiges Dörfchen am Rande Brentfords. Naheliegend wäre nun der Schluß, das City Barge hätte sich seitdem wenig verändert; jedenfalls wirkt es mit seinen kleinen, gemütlichen und niedrigen Räumen, seinen hochlehnigen Bänken und den Nikotinverfärbungen an der Decke wie ein altehrwürdiger Landgasthof. Auch das prächtige Cottagetor trägt zu diesem Eindruck bei. Wenn 1940/41 nur nicht die deutschen Bombenangriffe auf London stattgefunden hätten. Unter den vielen Gebäuden der Weltstadt, die damals völlig zerstört wurden, war auch das City Barge. Es wurde jedoch liebevoll und detailbesessen wieder von dem damaligen Besitzer rekonstruiert.

Hinzugekommen ist in jüngerer Vergangenheit ein Durchbruch zum Nachbarhaus, in dem die *New Bar* liegt. Sie ist etwas plüschig gestaltet und hat ein angeschlossenes Restaurant mit Wintergarten. In der von einer eisernen Fluttür beschützten, rustikalen *Old Bar* geht es zuweilen nach wie vor hoch her. Die Fluttür verbindet das Pub mit dem Uferweg, der häufig unter Wasser steht. Aus diesem Grund hat das City Barge auch keinen Keller. Was das bedeutet, dürfte vor allem Kennern des Beatles-Films *Help* zu denken geben. Denn als die Beatles im City Barge die Szene drehten, in der Ringo in einen Kellerraum fällt, war ja tatsächlich gar keiner vorhanden. (Des Rätsels Lösung: der Fall in den Keller wurde im Studio nachgedreht.) Wer weiß, vielleicht wird das City Barge ja eines Tages in »Help« umbenannt – die Beatles haben für das Pub jedenfalls unschätzbare Werbung betrieben.

Einige Schritte weiter am Flußufer liegt eine vielfrequentierte Wirtschaft, die einen etwas kürzeren historischen Vorlauf hat:

The Bulls Head, Strand-on-the-Green, W4

Das Pub hat viele kleine, über Gänge und Treppen miteinander verbundene Räume und Alkoven, bietet traditionell schlichte Holzmöbel und verfügt über einen *games room*, wo

Darts gespielt wird. Die Auswahl an handgepumpten *ales* ist vielfältig, das Speisenangebot auch. *A rack of ribs* würde ich dort ordern, und dazu ein *pint* Theakstones Best. Das Bulls Head hat seine historische Bewährungsprobe schon lange hinter sich. Sie ereignete sich, als Oliver Cromwell in den 1640er Jahren den Bürgerkrieg gegen König Karl I. führte. Zu jener Zeit fungierte das Pub diverse Male als Cromwells Hauptquartier, und wenn sich die Geschichtskundigen nicht täuschen, dann schnappte der Räuber Moll Cutpurse hier die Nachricht auf, daß eine Geldlieferung aus Hounslow für Cromwells Soldaten anstände. Seine Bande überfiel dann den Transport und erbeutete die prall gefüllten Geldsäcke. Würde man sie heute irgendwo in der Umgebung finden, hätten selbst die hohen Londoner Bierpreise nichts Abschreckendes mehr. Leider wurden die Säcke von Cromwells Leuten aber bereits kurz nach dem Raub – wohlgefüllt – sichergestellt.

Strand-on-the-Green geht nahtlos über in die Thames Street. Dort lohnt die Einkehr in das von zwei Wintergärten geprägte Riverside-Pub mit der Hausnummer 11-13: **The Bell & Crown**.

Auf dem Weg zurück in die City bietet sich der Besuch einer Kneipe an, die im *Guinnessbuch der Rekorde* aufgeführt wird, weil sie über einen vertäfelten Nebenraum verfügt, der mit 4 Fuß 2 Inch mal 7 Fuß 10 Inch (ca. 1,3 mal 2,2 Meter) wirklich rekordverdächtig klein ist:

The Dove, 19 Upper Mall, W6

Von der U-Bahn-Station am Ravenscourt Park ist es nicht weit bis zum Themseufer. Dort trifft man inmitten einer eng stehenden Häusergruppe aus dem 17. und 18. Jahrhundert auf das Dove. Zu den ersten wohlhabenden Bewohnerinnen des noch im 19. Jahrhundert als Naherholungsgebiet dienenden Bezirks zählte Königin Catherine of Braganza, die von Charles II. arg vernachlässigt wurde. Dem Volksmund zufolge nutzte der König damals jede sich bietende Gelegenheit, sich mit seiner Geliebten, der Orangenverkäuferin Nell Gwynne, im Dove zu treffen. Weitere bekannte Bewohner dieses kleinen, charmanten Londoner Viertels waren Dr. John Radcliffe, der Gründer des gleichnamigen Krankenhauses sowie der Bibliothek und des Observatoriums in Oxford, und der Dichter James Thomson (1700-1748), der Verfasser des *Rule Britannia* und des beliebten Poems *The Seasons*. Thomson wohnte im Obergeschoß des Pubs und starb dort 1748 an Lungenentzündung. Zum Verhängnis wurde ihm einer seiner täglichen Verdauungsspaziergänge nach Kew, bei dem ihn ein Platzregen völlig durchnäßte. Die Rückfahrt zum Pub mit dem offenen Boot brachte ihn um die Gesundheit.

Die eine Hälfte des alten Pubs wurde 1796 von der Brauerei Mawson's wohl zur selben Zeit gekauft, als die andere Hälfte von dem Duke von Sussex erstanden wurde, der einen stadtfernen Schlupfwinkel suchte. Der Duke war – wie auch die anderen Onkel von Königin Viktoria – ein notorischer Wüstling. Was Charles II. nachgesagt wurde, setzte er zweifellos in die Tat um. Als sich gegen Ende des 18. Jahrhunderts die Stadt London auf die kleine Enklave, in dessen Mittelpunkt das Dove steht, ausdehnte, war die Zeit der liebeshungrigen Adligen und Großgrundbesitzer dann vorbei, und für das Pub begann die Hohezeit der Literaten. So wohnte William Morris (1834-1896) einige Häuser weiter im Kelmscott House (Nr. 26), und Graham Greene wie auch Ernest Hemingway zählten schon bald zu den Stammkunden. In A.P. Herberts Novelle *The Water Gypsies* erscheint das Dove, freilich leicht retuschiert, als das »Pigeons«.

Das Dove mit seiner kirschfarbigen Bar ist urgemütlich. Die

mit schwarzem Holz verkleideten Wände sind voll alter Bilder, und in den Sitzecken warten mit rotem Leder bezogene Kissen auf Stammgäste; im Winter knistert ein behagliches Feuer. Wer Hunger hat, kann sich im Obergeschoß von der thailändischen Küche verwöhnen lassen. Auch gibt es eine kleine »schwarze« Terrasse mit ausgesuchten Teak-Möbeln sowie einen mit Weinreben überwucherten Wintergarten. Von hier aus hat man einen herrlichen Blick auf die Themse und die vorbeiziehenden Ruderboote.

In der einige Schritte weiter stehenden Backsteinvilla, dem Kelmscott House, sind die William Morris Society Headquarters untergebracht. Morris hatte das Haus 1879 von dem Poeten George Macdonald erworben und dort bis zu seinem Tod im Jahre 1896 gelebt. Den Namen Kelmscott erhielt die Villa übrigens erst durch Morris, er war in dem gleichnamigen Ort in Oxfordshire aufgewachsen. In den späten 1880er Jahren hielt die Sozialistische Liga in seinem Haus ihre Treffen ab, gingen der junge W. B. Yeats, George Bernard Shaw und der Anarchist Prinz Kropotkin hier ein und aus – und tranken den einen oder anderen *pint* im Dove. (Das Kelmscott House kann donnerstags und samstags von 14 bis 17 Uhr besichtigt werden.)

SOUTH KENSINGTON UND CHELSEA

Bereits seit der Tudor-Zeit gilt das Viertel Chelsea als gute Wohngegend. Chelsea war noch ein kleines Fischerdorf, als die Aristokratie in der Umgebung den Bau von immer prächtigeren Herrschaftshäusern veranlaßte. Die Gegend war ja mit Themsebooten schnell und sicher zu erreichen; seit 1660 diente die King's Road zudem als Privatroute des Königshauses zwischen London und Hampton Court Palace. Als das wirtschaftlich prosperierende Lon-

don im Laufe des 19. Jahrhunderts aus allen Nähten platzte (die Einwohnerzahl schnellte von einer auf sechs Millionen hoch), sorgten Bauunternehmer und Spekulanten in Chelsea und Umgebung – South Kensington, Belgravia, Knightsbridge – für das wohnungssuchende Bürgertum, indem sie in der Nachbarschaft großzügiger Landsitze reihenweise »erste Adressen« aus dem sumpfigen Boden stampften. Mit der Zeit lockte das zunehmend als »schick« empfundene, luxuriöse Chelsea auch Künstler und Schriftsteller an, eroberte die Boheme das Terrain. Thomas Carlyle zog 1834 in das Viertel, Jonathan Swift ebenso, und im Laufe der Jahrzehnte folgten George Eliot, Henry James, Dylan Thomas und andere mehr. Heutzutage ist die Gegend nur mehr luxuriös, die Boheme hat sich – vor allem der extrem hohen Immobilienpreise wegen – längst nach Hampstead, Islington und Notting Hill verabschiedet, in eine Gegend, die wegen ihrer vielen Bewohner aus westindischen Ländereien als »Londons Karibik« bekannt ist.
Wenn man aus den Tiefen der U-Bahnstation South Kensington ans Tageslicht kommt und via Onslow Square zur Fulham Road geht, liegt die nächste interessante Kneipe nicht mehr fern. Man findet sie in einer hübschen kleinen Seitenstraße der vielfrequentierten Fulham Road:

Anglesea Arms, 215 Selwood Terrace, SW7
Als die Salad Lane, wie die Straße ursprünglich hieß, 1830 gebaut wurde, hielt man Mr. Selwood anscheinend nur für halbwichtig – denn lediglich eine Seite der Straße wurde nach ihm benannt; die andere Straßenseite erhielt den Namen Neville Terrace. Das Anglesea Arms liegt auf Mr. Selwoods Seite und ist wiederum nach Henry William Paget benannt, dem Grafen von Anglesey, der als Hauptmann der Englischen Kavallerie mit seinem General Arthur Wel-

lington wohl einen der lakonischsten Wortwechsel geführt hat, den man sich vorstellen kann. Nachdem er 1815 in der Schlacht bei Waterloo von einer Kanonenkugel getroffen worden war, schaute Paget an sich herunter und bemerkte: »O Gott, Sir, ich glaube, ich habe mein Bein verloren.« Woraufhin Wellington antwortete: »O Gott, Sir, ich glaube, das haben Sie.« Der Graf ließ das Bein konservieren – als er 1854 starb, wurde es mit ihm begraben.

Das Anglesea Arms war noch ein nagelneues Pub, als Charles Dickens es Ende 1835 kennen und schätzen lernte. Er hatte sich in die um die Ecke wohnende Catherine Hogarth verliebt und sich deshalb in dem kleinen Reihenhaus Selwood Terrace 11 eingemietet. Am 2. April 1836 – kurz nach dem Erscheinen der ersten Folge der *Pickwick Papers* – heiratete er die Angebetete. Während der Roman ein großer Erfolg wurde und den 25jährigen Dickens weltberühmt machte, stand seine Ehe unter keinem guten Stern. Zwar schätzten beide Eheleute »flüssige Mahlzeiten«, in allen anderen Fragen der Ernährung und des Lebens kriegten sie sich aber immerzu in die Haare. 1856 zog Charles Dickens mit der Schauspielerin Ellen Ternan zusammen; die danach vollzogene endgültige Trennung von Catherine artete in ein heftiges und öffentlich ausgetragenes Schmutzige-Wäsche-Waschen aus.

Zurück zum Anglesea Arms. Käme Dickens noch einmal zu einem *pub crawl* in das irdische Leben zurück, würde er seine ehemalige Stammkneipe kaum wiedererkennen. Das von Liebhabern als *genuinely old-fashioned* gelobte Pub verfügt inzwischen über einen separaten Speiseraum im Keller und ist durch einige Umbauten offener und größer geworden. Neben einem gemütlich eingerichteten Nebenraum, der Kabuff genannt wird und einen hübschen kleinen Eisenkamin hat, zeichnet sich das Anglesea Arms durch eine Fülle

alter Porträts und Londoner Stiche, großer und kleiner Messingleuchter, angejahrter Windsorstühle, gußeiserner Tischgestelle und andere Dinge mehr aus. An dem einen Barende ist das Pub wie der Gesellschaftsraum eines alten Kollegs mit Ledersofas eingerichtet; am anderen warten die eher typischen Holzbänke in Sitznischen auf müde Hintern. Von einer lärmigen Jukebox, von Spielautomaten oder auch Fernsehern wird man verschont – die Gaststätte strahlt nicht zuletzt deshalb eine beschaulich-traditionelle Atmosphäre aus. Anhängern des *real ale* wird es hier gut ergehen. Das Anglesea Arms ist ein *Free House*, in dem auch Biere von kleinen und unabhängigen Brauern angeboten werden. Auch Dylan Thomas (1914-1953) gehörte zu den Stammgästen des Pubs. Ende der 1930er Jahre saß er eines Abends im Anglesea Arms, um die Geburt seines zweiten Kindes Aeronwy abzuwarten und schon ein wenig zu feiern. Als ihn die Schwester seiner Frau Caitlin abholen wollte, um ihn zum Krankenhaus zu bringen, fand sie Dylan in einer seiner »brillant talking moods« vor und konnte sich nicht entschließen, den Poeten aus seiner geistreichen Unterhaltung herauszureißen.
Gegenüber Selwood Terrace/Fulham Road beginnt die Old Church Street. Dort lebte in dem von einem überdimensionierten Fenster geprägten Haus Nummer 141 a eine Zeitlang die große Erzählerin Katherine Mansfield (1888-1923). Am Ende der Straße kommen wir an die Themse. Folgt man ihr einige Minuten flußabwärts, ist das nächste Ziel in greifbarer Nähe:

Kings Head & Eight Bells, 50 Cheyne Walk, SW3
Wie der nautische zweite Teil des Namens andeutet – Eight Bells ist das traditionelle 5-Uhr-Signal, das die Seeleute zu ihren Schiffen zurückruft – lag das Pub früher direkt

am Flußufer. »Dank« der Verkehrsplaner verhindert aber heutzutage die Schnellstraße A3212 den Kneipenbesuchern einen unfreiwilligen Fall in das kühle Naß der Themse. Das Kings Head & Eight Bells mit seinen gepflegt blumengeschmückten Fenstern ist eine gut erhaltene, typisch frühviktorianisch gestaltete Schenke. Das erste Mal schriftlich erwähnt wurde sie anläßlich einer Konzessionsbearbeitung im Jahre 1580 (Konzessionierungen durch die örtlichen Gerichte waren 1552 vorgeschrieben worden). Bis zum frühen 19. Jahrhundert führte das Pub ein unspektakuläres Dasein an einer ruhigen Stelle der Themse – bis der englische Maler William Turner (1775-1851) es entdeckte. Turner, der in vielen seiner Gemälde die Themse huldigte, hinterließ dem Staat einen Großteil seiner Bilder und Skizzen; sein Werk ist in der Galerie Tate Britain zu bewundern. Das Kings Head & Eight Bells profitierte enorm von Turners Stammkundschaft, wurde es in der Folgezeit doch zu einem wichtigen Treffpunkt für Künstler wie James Whistler, Augustus John und anderen mehr – einschließlich deren bohemischen Anhang.

Ohnehin waren die Cheyne Row und vor allem der Cheyne Walk selbst für die »schreibende Zunft« zu einer beliebten Wohngegend geworden: In der Mitte des 19. Jahrhunderts lebte hier die Schriftstellerin George Eliot (1819-1880) im Haus Nr. 4 – wo sie einige Wochen nach der Hochzeit im Alter von 61 Jahren starb; das Haus Nr. 16 teilten sich der Dichter A.C. Swinburne und der Maler-Dichter Dante Gabriel Rossetti (1828-1882; an ihn erinnert ein Denkmal im Chelsea Embankment Garden); im 20. Jahrhundert wohnten hier u.a. Hilaire Belloc, T.S. Elliot und Ian Fleming. Gegen Ende des 19. Jahrhunderts wurde das Kings Head & Eight Bells erheblich umgestaltet, woran einige erhalten gebliebene viktorianisch inspirierte Glasgravuren noch er-

innern. In den 1960er Jahren folgte eine größere, relativ behutsame Renovierung. Obwohl das Pub schon länger kein Treffpunkt der Boheme mehr ist und von Seeleuten, die auf das Signal zur Rückkehr an Bord warten, überhaupt nichts zu sehen ist, gibt es gute Gründe, dort einmal vorbeizuschauen. Viel Atmosphäre hat die mit alten Porträtfotos und goldgefaßten Spiegeln geschmückte Kneipe allemal – besonders einladend wirkt das angeschlossene Restaurant –, und wer kein handgepumptes Bitter trinken möchte, findet eine gute Auswahl an belgischen Bieren vor.
Last not least: Wen es noch zu einem Museum gewordenen Schriftstellerhaus drängt, muß nur um die Ecke in die Upper Cheyne Row zu einem im Königin-Anna-Stil errichteten Gebäude (Nr. 24) gehen. Hier lebte mehr als vierzig Jahre lang der Philosoph und Historiker Thomas Carlyle (1834-1881) mit seiner Frau Anne, deren Briefe als ungemein geistreich geschätzt werden. Carlyle's House ist im Sommer von 11-17 Uhr geöffnet.
In Knightsbridge – nicht weit vom Edelkaufhaus »Harrod's« – wartet im denkmalgeschützten Thurloe Estate ein *local*, das ebenso edel wie der Warentempel ist:

The Bunch of Grapes, 207 Brompton Road, SW3 (U-Bahn: Knightsbridge)
Zuerst 1770 erwähnt, erlebte das Pub die Erschließung des Viertels in den 1780er Jahren durch den Architekten Henry Holland von Anbeginn mit. Mitte des 19. Jahrhunderts hatte Knightsbridge die Gestalt angenommen, die wir heute vorfinden. Um den Erwartungen der hier lebenden oberen Mittelschicht gerecht zu werden, wurde The Bunch of Grapes 1844 von Grund auf neu erbaut. Das Pub erhielt zwei *lobbies*, die mit verzierten Spiegeln, Mahagony-Gewölben und Granitsäulen ausgestattet wurden, und drei Bars, von

der eine als *bottle & glas sales area* – als Außerhaus-Verkaufsstelle diente. Wie es das Klassensystem vorschrieb, wurden die Bars von wunderschön – mit Trauben – gravierten Trennglasscheiben (*snop screens*) sowie handgeschnitzten Trennwänden aus Mahagony unterteilt. Das Interieur ist bis auf den heutigen Tag überwiegend erhalten geblieben – u. a. eine handgeschnitzte Trennwand mit Traubenmotiv. Wer ausnahmsweise einmal kein *ale* trinken möchte, wird im Pub durch eine nicht zu übersehende Parade von Beck's-Flaschen auf eine untergärige Alternative verwiesen. Für Hungrige wird auch gesorgt: *The Bunch of Grapes Serves Traditional English Fayre All Day.*

WESTMINSTER

Westminster ist bereits seit langem das Zentrum der britischen Macht. In dem Stadtviertel an der Themse hatten um 960 zunächst einige Mönche das Sagen – einen kurzen historischen Augenblick später aber bereits die ersten englischen Herrscher. Wilhelm I. der Eroberer machte 1066 den Anfang, zur Zeit regiert Königin Elisabeth II., deren Kinder nebst Schwieger- und Enkelkindern für die Regenbogenpresse so etwas wie ein Glücksfall sind. Wenn auf dem Buckingham-Palace die Fahne weht, weilt die Königin gerade in der Stadt. Beeindruckend schön ist »Buck House« nicht gerade, dafür aber der Palace of Westminster – die Houses of Parliament – um so mehr. Die gotische Palastanlage aus viktorianischer Zeit (das alte Gebäude war 1834 abgebrannt) ist der Sitz der Regierung – weht über dem Victoria Tower eine Flagge, tagt gerade das Parlament. Der 1858 fertiggestellte Glockenturm Big Ben zeigt den Politikern an, was die Stunde geschlagen hat. Damit auch nach dem Genuß einiger Bierchen den Parlamentariern keine Pflichtverletzungen unterlaufen, sorgen zusätzliche Alarmsysteme in den Pubs der Umgebung für die Einhaltung der vielbeschworenen *political correctness*. So auch im – in Sichtweite des Big Ben gelegenen – Pub:

Red Lion, 48 Parliament Street, SW1
Unter den unterschiedlichsten Namen und Eigentümern gab es an dieser Stelle Westminsters mit Sicherheit seit 1434 eine Taverne: zunächst Hopping Hall genannt, dann Rose und schließlich Red Lion. Sie war für viele Jahrhunderte im Besitz der Krone und gehörte in der jüngeren Vergangenheit der Cannon Brauerei, die aber inzwischen in Konkurs gegangen ist. Der Grundriß des Red Lion geht auf das Jahr 1733 zurück; da das Pub jedoch 1896 vollständig umgebaut wurde, um einer eher gehobenen Kundschaft zu gefallen, ist vom Stil des 18. Jahrhunderts nichts mehr zu sehen. Trotz der Beseitigung fast sämtlicher ursprünglicher Trennwände weist das Pub noch viele charakteristische Einrichtungsgegenstände aus dem späten 19. Jahrhundert auf. Der eingebaute Mahagonitresen etwa, einige wunderschöne Glasgravurarbeiten und nicht zuletzt die originäre Kassettendecke sind auch heute noch zu bewundern.
Das Red Lion ist – wie bereits erwähnt – eine der Kneipen in der Umgebung des Parlaments, die eine Glocke haben, um die MPs, die Parlamentarier, zu Abstimmungen zurück ins hohe Haus zu rufen. Es ist zudem das der Downing Street nächstgelegene Pub – Downing Street No. 10 ist seit 1732 der Wohnsitz des Premierministers –, und obwohl fast alle Premiers eine erklärte Vorliebe für traditionelles englisches *ale* haben oder sie zumindest vorgeben, scheint kaum einer von ihnen im Red Lion gewesen zu sein. Die literarischen Kenntnisse der Regierungschefs waren auch nicht immer die besten. So ist von dem Besuch des bedeutenden britischen Lyrikers Philip Larkin (1922-1985) bei Margaret Thatcher in

der Downing Street im Mai 1980 folgender Wortwechsel überliefert:
Margaret Thatcher: »Oh Dr. Larkin, I am a great admirer of your poems!« Philip Larkin: »Well quote me a line then.« Thatcher: »All afternoon her mind lay open like a drawer of knives.« Leider war die Premierministerin nicht gut vorbereitet worden, mußte es doch richtig heißen: »All the unhurried day your mind lay open like a drawer of knives.« Wie Philip Larkin auf das schludrige Zitat aus seinem Werk *Deceptions* reagierte, ist ein Staatsgeheimnis geblieben.
Immerhin war das Red Lion 1824 der Ort für ein zunächst unwichtig scheinendes Ereignis in der Kindheit von Charles Dickens. Der damals 12jährige mußte für sich selber sorgen und in einer Schuhcremefabrik arbeiten, weil seine Eltern im Schuldturm saßen. Eines Tages kam der junge Charles dann mit dem Red Lion in Berührung, und in zumindest einer Beziehung machte das Pub einen großen Eindruck auf ihn, wie seinem brillanten Roman *David Copperfield* zu entnehmen ist:
»Wenn ich regelrecht und gut zu Mittag speiste, kaufte ich mir eine Zervelatwurst und ein Pennybrot oder einen Teller Fleisch für vier Pence in einer Garküche oder einen Teller Brot und Käse und ein Glas Bier in einem elenden alten Wirtshaus unserem Geschäft gegenüber, das der ›Löwe‹ hieß oder ›Löwe‹ und noch etwas – ich weiß nicht mehr, was. [...] Ich war noch so sehr Kind und so klein, daß oft, wenn ich in ein fremdes Wirtshaus trat und ein Glas Ale oder Porter forderte, um mein Mittagbrot etwas anzufeuchten, sie es mir kaum zu geben wagten. Ich weiß noch, wie ich an einem warmen Abend an das Büfett eines Bierhauses trat und zum Wirt sagte: ›Was kostet das Glas von Ihrem allerbesten Ale?‹, denn es war eine besonders festliche Gelegenheit; ich weiß nicht mehr, was es war, vielleicht mein Geburtstag.

›Zweieinhalb Pence‹, sagte der Wirt, ›kostet das echte Doppel-Ale.‹
›Dann‹, sagte ich, ›geben Sie mir ein Glas von dem echten Doppel-Ale, frisch vom Faß und mit einer schönen Haube‹, und legte das Geld hin.
Der Wirt sah mich an von Kopf bis Fuß mit einem seltsamen Lächeln auf dem Gesicht; und anstatt das Bier aus dem Fasse einzuschenken, blickte er hinter die spanische Wand und sagte etwas zu seiner Frau. Sie kam hervor, ihre Arbeit in der Hand, und musterte mich jetzt auch. Ich sehe uns drei noch: den Wirt, in Hemdsärmeln an den Schenkstübchenverschlag gelehnt, seine Frau, über dessen halbhohe Klappe blickend, und mich, außerhalb des Verschlags stehend, die beiden verdutzt betrachtend. Sie fragten mich vielerlei, wie ich heiße, wie alt ich sei, wo ich wohne, was ich treibe und wie ich dorthin käme. Auf all diese Fragen erfand ich, um niemand zu kompromittieren, passende Antworten. Sie gaben mir das

Bier, von dem ich freilich vermute, daß es nicht das echte Doppel-Ale war; und als ich fertig war, öffnete die Frau des Wirtes die Tür des Büfetts, beugte sich über mich, gab mir mein Geld zurück und gab mir einen Kuß, der halb bewundernd und halb mitleidig, aber recht mütterlich war.«
Wer – wie David Copperfield – im Red Lion nur ein mildes statt des verlangten doppelten *ales* bekommt, kann eine andere Löwen-Kneipe aufsuchen – im Großraum London gibt es Dutzende dieses Namens. Eine Stippvisite wert ist allemal das in der Duke of York Street gelegene Red Lion. Auf dem Weg dorthin ist die imposante Westminster Abbey ein kirchenkühles Zwischenziel. In ihr werden von alters her die Monarchen gekrönt und Kriegshelden gebettet.

Poet's Corner

Theodor Fontane liebte die Abbey – ihn zog es immer wieder zur Poet's Corner im südlichen Querschiff, »wo ich, auf einer der hölzernen Kirchenbänke Platz nehmend, den Orgeltönen zu lauschen pflege, die während des Nachmittagsgottesdienstes die Kirche durchbrausen«. Der Poetenwinkel sorgt in der Tat für einen ungewöhnlichen Zugang zur englischen Literaturgeschichte. Seine Entstehung geht auf Geoffrey Chaucer zurück, der freilich von dieser Einrichtung zu Lebzeiten keine Kenntnis haben konnte. Jedenfalls bezog er 1399 ein Gartenhaus der Abbey (heute erhebt sich dort die Kapelle von Henry VII.), und arbeitete an den *Canterbury Tales*. Nach seinem Tod am 25. Oktober 1400 wurde er in der Abbey begraben. Um sein Grabmal herum sind seitdem viele bedeutende britische Schriftstellerinnen und Schriftsteller zur letzten Ruhe gebettet oder durch ein Denkmal gewürdigt worden. Daß Fontane von Poet's Corner mehr als beeindruckt war, liegt nahe.

»Da lacht John Gay mich an, der Fabel- und Lustspieldichter, zu dessen Füßen Maske, Dolch und Flöte ruhen und dessen selbstverfaßte Grabschrift:

Eine Posse das Leben! So stellt sich's dar; –
Einst hab ich's geglaubt, nun seh ich's klar,

den Mann gibt, wie er war: kurz und scharf, Epigramm und Satire. Da ist wenige Schritte von ihm Thomas Gray, der berühmte Verfasser der *Elegie, geschrieben auf einem Dorfkirchhof,* der Vorläufer und das Vorbild unseres Hölty und der schuldlose Vater jener Sentimentalität, die sich noch immer durch alle englische Kunst hindurchzieht und ihren krassesten Ausdruck in den Gesichtern der englischen Stahl- und Kupferstiche findet. – Zur Seite des Grayschen Bildes und deutungsreich ihn überragend, steht Milton, der Dichter des *Verlorenen Paradieses*, und um die Leier ihm zu Füßen, anspielend auf sein unsterbliches Werk, windet sich die Schlange mit dem Apfel. [...] Da grüßen vielberühmte Namen noch, von Chaucer an, ›dem Vater der englischen Dichtkunst‹, bis nieder zu Robert Southey, dem letzten lorbeergekrönten Haupte, das Einzug hielt in den Poet's Corner. Und zwischen diesem Anfangs- und Ausgangspunkt welche Reihenfolge glänzender Talente! Ben Jonson, mit der sprechenden Grabinschrift ›O rare Ben Jonson‹; Spencer, der Schöpfer jener Strophe, die unter Lord Byrons Meisterhand zu neuem Ruhme erstand; Samuel Butler, der Verfasser des *Hudibras*, dieses auf englischen Boden verpflanzten Don Quixote; und Oliver Goldsmith auch, dessen *Pfarrer von Wakefield* unser aller Jugendgefährte und der eiserne Bestand unserer Schulmappe war. Aber vor allem sind es zwei Bildwerke doch, die immer wieder und wieder die Aufmerksamkeit unseres Auges erzwingen: Garrick und Shakespeare.«

Gewürdigt werden im Poetenwinkel – um Fontanes Beschreibung aus dem Jahr 1844 zu vervollständigen und zu aktualisieren: William Shakespeare (1564-1616); William D'Avenant (*poet laureate*, 1606-1668); James Thomson (1700-1748); Robert Burns (1759-1796); Jane Austen (1775-1817) – begraben liegt sie in der Winchester Cathedral; John Keats (1795-1821); Percy Bysshe Shelly (1792-1822); Lord Byron (1788-1824) – ihm wurde wegen seiner »Amoral« eine Beerdigung in der Abbey verweigert, sein Denkmal kam erst 1969 hinzu; William Blake (1757-1827); Samuel Taylor Coleridge (1772-1834); die Brontë-Schwestern – Emily (1818-1848), Anne (1820-1849) und Charlotte (1816-1855); George Eliot (1819-1880) – ihr wurde ein Platz zunächst wegen ihres Agnostizismus und des unehelichen Zusammenlebens mit einem Mann verweigert; Gerard Manley Hopkins (1844-1889) – sein Denkmal wurde 1975 gesetzt, zum hundertsten Tag des Untergangs der Deutschland, den Hopkins mit dem Werk *The Wreck of the Deutschland* in der Literaturgeschichte verewigt hat; Henry James (1843-1916); D.H. Lawrence (1885-1930); Rudyard Kipling (1865-1936) – der erste Brite, der den Nobelpreis für Literatur erhielt; Dylan Thomas (1914-1953); Laurence Olivier (1907-1989) – der letzte »Neuzugang« in der Poets' Corner, die seitdem als voll erachtet wird.
Grabstätten haben im Poet's Corner u.a.: Geoffrey Chaucer; Ben Jonson (1572-1637); Samuel Johnson (1709-1784); Charles Dickens (1812-1878) – seinem Testament zufolge wollte er aber in Rochester begraben werden; Robert Browning (1812-1889); Thomas Hardy (1840-1928) – er hatte in einem satirischen Gedicht gegen den Ausschluß von Byron protestiert und sich gegen eine Beerdigung in der Abbey ausgesprochen, sein Agent jedoch setzte die Beisetzung in der Poets' Corner durch. Das Herz von Hardy wurde jedoch

in einer Keksdose nach Dorset gebracht und auf dem Friedhof von St. Michael's in Stinsford der Erde anvertraut. Spätestens nach dem Besuch der Westminsterabtei ist Durst wohl ein Bedürfnis, das in angemessener Atmosphäre gestillt zu werden wünscht. Ganz in der Nähe des Piccadilly Circus (und der gleichnamigen U-Bahnstation) liegt die Duke of York Street und die beeindruckende Kneipe:

Red Lion, 2 Duke of York Street, SW1
Uns erwartet ein in den 1820er Jahren gebautes, schmales Pub. Zunächst war das Red Lion ein schlichtes *local* der Hausbediensteten aus den angrenzenden Herrschaftshäusern. 1871 erhielt es dann seine gegenwärtige, architektonisch eher schlichte Vorderfront und einige Jahre später eine neue, atemberaubend schöne Innenausstattung. Glas spielt eine zentrale Rolle in der viktorianischen Ausstattung des Red Lion – das Aufgebot an brillantgeschliffenen und säuregeätzten Spiegeln, deren Blumen- und Rankenmuster von elegant gebogenen Mahagonirahmen umfaßt sind, ist schier unglaublich. Wenn wir uns fragen, warum damals die einst so bescheidene Nachbarschaftskneipe engagiert und kostenträchtig herausgeputzt wurde, stoßen wir auf zwei Phänomene, die für das Gaststättengewerbe Londons am Ausgang des 19. Jahrhunderts nicht unerheblich waren: Spekulation und Prostitution.
Dekorativ herausgeputzte Pubs waren vor allem Besitzern ein Anliegen, die ihre Kneipen zu Höchstpreisen verkaufen wollten. Der von Londoner und auswärtigen Brauereien immer härter geführte Wettbewerb um renditeträchtige Objekte sorgte für immer höhere Verkaufserlöse cleverer Inhaber. Ein modernes und großzügiges Pubinterieur war jedenfalls die beste Voraussetzung, um ein Gebot nach oben zu treiben; im Fall des Red Lion gab der auswärtige Interessent

Ind Coope das höchste Gebot ab. Weil gelegentliche Prostitution unter den damals skandalös unterbezahlten Arbeiterinnen üblich war, hatte die sittenstrenge Obrigkeit ein Auge auf die unzähligen kleinen Nischen und Nebenräume der Pubs geworfen, die als Liebesnester verrufen waren. Ein probates Mittel für die Nischenkontrolle war nach Auffassung der Sitte das gezielte Hängen von Spiegeln. Sie sollten den *publican* in die Lage versetzen, den gesamten Gastraum von einem einzigen Punkt aus zu überblicken. In einigen Konzessionsbezirken Londons war es zudem nicht statthaft, die Außenfenster mehr als fünf Fuß über dem Erdboden zu mattieren, damit vorbeigehende Wachtmeister hineinspähen und auf diese Weise die öffentliche Moral »schützen« konnten. Die Zeiten der strengen Sittenapostel sind längst

Vor den dekorativ herausgeputzten Kneipen im Zentrum Londons stehen zur Feierabendzeit – und bei halbwegs trokkener Witterung – immer viele vergnügte Leute und lassen den Arbeitstag bei einem pint Bier ausklingen.

vorbei. Leider achten ihre Nachfolger – die renditeversessenen Manager der auf Pubs spezialisierten Kapitalgesellschaften – auf alles mögliche, nur nicht auf so ästhetisch überzeugende Interieurgestaltungen wie die Verantwortlichen in der prüden viktorianischen Epoche.

MAYFAIR

In dem Mayfair genannten Viertel zwischen Piccadilly, Hyde Park (Park Lane), Oxford Street und Regent Street riecht es förmlich nach Geld, denn diese Gegend ist seit Jahrhunderten Londons reichste und zudem die bevorzugte Adresse der Aristokratie und steinreicher Leute. Großverdienende Schriftsteller wie Benjamin Disraeli (19, Curzon Street), Somerset Maugham (6, Chesterfield Street) und Ian Fleming (21, Hays Mews) fühlten sich hier auch zeitweilig heimisch. In dem Straßengewirr von Mayfair finden sich noch einige zu Wohn- und Geschäftszwecken ausgebaute Stallungen, die als *mews* bezeichnet werden und sehr begehrt waren und sind – Ian Fleming war zum Beispiel von 1947 bis 1950 stolzer Besitzer eines solchen kleinen Hauses. Es gibt auch einige sogenannte Mews-Pubs. Nicht weit von der Royal Academy of Arts finden wir eine (U-Bahn: Green Park):

The Guinea, 20 Bruton Place, W1

Das Pub existiert zwar seit 1423, wer auf der Suche nach etwas authentisch Mittelalterlichem in London ist, wird aber in Bruton Place nicht fündig werden. The Guinea ist ein Mews-Pub, das noch Mauern von Stallungen aus dem späten 18. Jahrhundert aufweist, also baugeschichtlich relativ jung ist. Mit Ausnahme des Pubs ist von den hier einmal gelegenen *mews* nichts mehr zu sehen. Sie wurden in den 1930er Jahren abgerissen, um Platz für mehrstöckige Reihenhäuser zu machen. Daß das Kneipengebäude in jener Zeit nicht auch dem Erdboden gleichgemacht wurde, verweist auf eine Praxis, die in der Metropole durchaus üblich war. So überstanden im Großraum London viele Pubs den Abriß ganzer Straßenzüge schlicht deshalb, weil sie hohe Profite erzielten. (Im Osten Londons ist das besonders augenfällig: Dort stehen einsam zwischen öden Betonhochhäusern aus der Nachkriegszeit noch viele – gleichsam versöhnlich wirkende – viktorianische Pubs an den Straßenecken.)

Ursprünglich war The Guinea unter dem Namen Pound (Brunnen) bekannt, stand doch in direkter Nachbarschaft – dort, wo heute der Berkeley Square ist – ein Rinder- und Schweinebrunnen. 1663 erhielt das Pub seinen heutigen Namen, um die erstmalige Prägung des goldenen Guinee zu würdigen. Als 1717 der Guinee mit einem Pfund und einem Cent neu bewertet wurde, hieß die Kneipe fortan im Volksmund One Pound One. Sollte das britische Pfund eines Tages dem Euro geopfert werden, wer weiß, vielleicht treffen sich die Stammgäste dann im ›Old Pound‹. The Guinea diente vielen Generationen Londoner Kneipengänger als unspektakulärer, aber geschätzter Mews-Pub. Zunächst bestand die Kundschaft überwiegend aus den Bediensteten der Aristokraten und reichen Kaufleute, weshalb die Eigentümer wohl auch größere Investitionen scheuten. Abgesehen von einer Renovierung im 19. Jahrhundert, die für das heutige Dekor aus einfachem Holz und nikotingefärbtem Stuck sorgte, passierte bis nach dem Zweiten Weltkrieg nichts, was den schlichten Charakter des Guinea geändert hätte.

Das Interieur änderte sich, als in den 1950er Jahren im Hinterraum des Pubs ein Restaurant eingerichtet wurde und die ersten berühmten Gäste anzog: Frank Sinatra, Richard Burton, Elizabeth Taylor und Prinzessin Margaret, um nur einige zu nennen. Das Guinea ist nach wie vor eine freundliche Gaststätte, in dem schrullige Stammgäste ebenso willkommen sind wie Touristen, Künstler oder gar gekrönte Häupter. Ein Besuch lohnt sich schon der guten – und vielfach ausgezeichneten – englischen Küche wegen. Ein Bissen etwa von der beliebten Pub-Speise *steak and kidney pie* (Steak- und Nierenpastete) reicht, um das herauszufinden. Das Hausbier kommt von Young's.

SOHO

In den Londoner Vierteln Westminster, Covent Garden, Bloomsbury, Myfair und Soho wird Kultur groß geschrieben: Theater, Kinos, Museen, Kunstausstellungen, Restaurants und unzählige Pubs sowie ein weltberühmter Jazz-Club konkurrieren täglich um die Gunst des Publikums. Soho liegt in dem Gebiet zwischen Trafalgar Square – Regent Street – Oxford Street – Charing Cross Road. Seit 1888 wird das Viertel von der vom Piccadilly Circus ausgehenden Shaftsbury Avenue geteilt; die engen Straßen des nördlichen Teils wurden im Laufe des 20. Jahrhunderts vor allem zur Heimat von eingewanderten Griechen und Italienern; den südlichen Teil bezogen in den 1950er Jahren viele Hongkong-Chinesen, er heißt seitdem Chinatown und ist ein einzigartiger europäischer Anlaufpunkt für Liebhaber der chinesischen Küche.

Soho war vom 18. bis zum 20. Jahrhundert ein Amüsierviertel von zweifelhaftem Ruf. Der Schriftsteller Chris Petit berichtet: »Im 18. Jahrhundert gab es in der Berwick Street und in der Wardour Street berühmte Bordelle; in der Carlisle Street Nr. 7 hatte sich ein Haus für Flagellanten etabliert. Im Jahr 1760 begann die ehemalige Kurtisane Thérèse Cornelis im Carlisle House am Soho Square dekadente Soirees für die Aristokratie zu veranstalten. [...] Giacomo Casanova, der auch Vater eines Kindes von Thérèse Cornelis war, wohnte in der Greek Street bei einer Mrs. Mercier und verliebte sich in ein Mädchen, das ihn böse foppte und mit schwer verletztem Stolz nach Europa zurückflüchten ließ. Jean-Paul Marat war häufig Gast im Old Slaughter's Coffee House, und Jean Jacques Rousseau wohnte in der Lisle Street bei dem Philosophen David Hume.« Was Wunder, daß Bert Brecht seine *Dreigroschenoper* (nach John Gays *The Beggar's Opera*) in Soho ansiedelte – »in der Menge Mackie Messer, den man nichts fragt und der nichts weiß«. Polly, die man die »Schönheit von Soho« nennt, von der man sagt, sie habe »so schöne Beine«, berichtet: »Meine Herren, wenn keiner etwas vortragen will, dann will ich selber eine Kleinigkeit zum besten geben, und zwar werde ich ein Mädchen nachmachen, das ich einmal in einer dieser kleinen Vier-Penny-Kneipen in Soho gesehen habe. Es war das Abwaschmädchen, und Sie müssen wissen, daß alles über sie lachte und daß sie dann die Gäste ansprach und zu ihnen solche Dinge sagte, wie ich sie Ihnen gleich vorsingen werde. So, das ist die kleine Theke, Sie müssen sie sich verdammt schmutzig vorstellen, hinter der sie stand morgens und abends.«

Soho zog Ende des 18. Jahrhunderts französische Hugenotten sowie deutsche und jüdische Immigranten an. Darüber hinaus bot das lebhafte Viertel in den vergangenen drei Jahrhunderten Generationen von Autoren und Gelehrten eine Heimat. William Blake wurde hier 1757 in der Broad Street geboren und lebte von 1787 bis 1793 in einem schmalen Haus in 28 Poland Street, von dem aus es nur wenige Schritte zum **King's Arms** (Nr. 23) waren, das heute ein populäres *gay pub* ist; Shelley kam aus Oxford hierher, Karl Marx lebte mit seiner Familie von 1850 bis 1856 in einer schäbigen Wohnung in der Dean Street; Arthur Rimbaud und Paul Verlaine verschlug es in den 1870er Jahren nach Soho. Nach dem Ersten Weltkrieg öffneten rund 150 Nachtclubs in Soho und eine

bohemische Szene bildete sich um Schriftsteller wie Evelyn Waugh, Dylan Thomas und Brendan Behan.
Bis Ende der 1980er Jahre war Soho eine zunehmend auch von zwielichtigen Bars, Porno-Läden und Striptease-Clubs geprägte Gegend, und als *The Vice* (das Laster) verrufen. Heutzutage wartet Soho – von einigen Hostessen-Bars abgesehen – mit schicken Bars, mit Pubs, aufgemöbelten Büros und Geschäften auf. Dennoch ist es kein normales Quartier. Chris Petit resümiert: »Die historischen Gossen des Viertels liegen voll überlebensgroßer Alkoholleichen, darunter viele Schriftsteller und Künstler. Man hatte sie zwar vor der furchtbaren, ansteckenden Krankheit ›Sohoitis‹ gewarnt, vor der vollkommenen Unfähigkeit, Soho wieder zu verlassen oder in irgendeiner Form zu arbeiten; diese Warnung war aber meist außer acht gelassen worden, was sich schon an der eher bescheidenen Werkliste der häufigeren Besucher ablesen läßt. Aber nichtsdestotrotz kann der selbstzerstörerische Witz, der sich hier an der Pub-Theke entfaltet, auch zu literarischem Ruhm führen. Das zeigt zum Beispiel der Erfolg Jeffrey Bernards, aus dessen Feder die wöchentliche *Low life*-Kolumne im *Spectator* stammt; Bernard wurde sogar Titelheld eines im Westend sehr erfolgreichen Theaterstücks, das auf seine lebenslangen Erfahrungen als passionierter Trinker im Coach and Horses-Pub in der Greek Street zurückgreift.«
Uns zieht es in den nördlichen Teil. Und zwar nicht in die Berwick Street mit ihrem lebhaften Obst- und Gemüsemarkt und auch nicht in die Frith Street, wo im Haus Nr. 20 1764/65 die Familie Mozart wohnte, wo *Ronnie Scott's* 1959 gegründeter Jazzclub zu finden ist, der natürlich neben den Live-Auftritten bekannter Jazz-Größen auch nach 23 Uhr noch alkoholische Getränke anbietet, und wo im viktorianisch ausgestatten **Dog & Duck** George Orwell den Erfolg

seines Romans *Animal Farm* mit reinem, grünen Absinth begoß. Nein, wir steuern die Dean Street an, wo im Haus Nr. 28 der finanziell immer knappe Karl Marx mit den Seinen lebte (vier seiner sieben Kinder verstarben in der engen Wohnung). Im Erdgeschoß des Hauses, in dem Marx bis in die Nacht hinein über seinen Schriften saß, residiert heute das Szene-Restaurant **Quo Vadis,** dessen Eigentümer der preisgekrönte Bildhauer Damien Hirst ist. In der Dean Street gibt es mehrere Pubs und Schankstätten. Das **Crown & Two Chairmen** (Nr. 31) etwa sah unter anderem Thackeray ein und aus gehen, und George Orwell und Graham Greene waren in den 1940er Jahren Stammgäste – manchmal in Begleitung von Arthur Koestler. Im **Colony Club** (Nr. 41), der 1948 eröffnet wurde, war jahrelang unbestritten Francis Bacon der tonangebende Stammgast, heutzutage ist es der für aufsehenerregende Ausstellungen berühmte Damien Hirst – einige seiner Werke sind im Club zu bewundern.

In den Pubs der Dean Street konnte man in den vergangenen Jahren auch jüngere Autoren, etwa die bedeutenden englischen Romanciers Martin Amis und Ian McEwan antreffen. Es wird Zeit für einen bei Journalisten beliebten Pub:

The French House, 49 Dean Street, W1

Das French House ist eine Institution in dem weltoffenen Bezirk. Es wurde 1910 von einem deutschen Immigranten namens Schmitt gegründet und warb für sich als als Brandyspediteur, Lieferant für gute Weine, als Whiskeyhersteller und als Bar – das Schmitt's war im Kern ein konzessionierter Lebensmittelladen mit angeschlossener Kneipe, der die Einwanderer des multikulturellen Soho versorgte. In den 1920er Jahren – nachdem der umtriebige Belgier Victor Berlemont den Laden übernommen hatte – erhielt der Betrieb den sehr englisch klingenden Namen York Minster. Als einmal ein Pfarrer in die Kneipe kam und erwähnte: »I'm from the York Minster«, erwiderte der Barmann: »No, you're *in* the York Minster.« – Der Pfarrer war gekommen, um einige irrtümlich zum kirchlichen statt zum weltlichen Minster geschickte Flaschen Wein zu übergeben.

Victor Berlemont sorgte binnen kurzer Zeit in dem Pub für Pariser Flair – Pernod gab es reichlich, gute Weine sowieso. Der Volksmund taufte die Kneipe schon bald in The French House um, und der *publican* mit dem ungewöhnlichen Schnurrbart freute sich über immer illustere Kundschaft. Frankophone Berühmtheiten wie Maurice Chevalier waren schon bald Stammgäste, und während des Krieges wurde das French House zu einem beliebten Treffpunkt für französische und belgische Offiziere, die sich um General de Gaulle scharten. Nach dem Krieg wurde das Pub von Viktors Sohn Gaston übernommen, dessen Schnurrbart genauso ausgefallen war wie der seines Vaters. The French House wurde unter seiner Leitung vor allem zu einem Treffpunkt der Demimonde. Augustus John, Malcom Lowry, Brendan Behan und Francis Bacon gaben sich ein Stelldichein, Dylan Thomas (1914-1953) erschien eine Zeitlang fast täglich. Kurz vor seinem Tod 1953 ließ der Dichter und Literaturkritiker sein gerade fertiggestelltes, handgeschriebenes Manuskript *Unter dem Milchwald* in der Kneipe auf einem Stuhl liegen. Er hatte das zu den eigenwilligsten und schönsten englischen Prosadichtungen des 20. Jahrhunderts zählende Werk im Auftrag der BBC geschrieben und war im Begriff, nach New York zu reisen, um es dort öffentlich vorzutragen. – Erste Stimme: »Am oberen Ende der Straße, in der Seefahrerschenke, schenkt sich Sindbad Seefahrer, Enkel von Mary Ann Seefahrer, am sonnenbeschienenen Schenktisch ein Seidel ein. Das Schiffschronometer zeigt auf halb zwölf. Halb zwölf, da machen die Wirtshäuser auf. Die Zeiger des Chronometers zeigen schon seit fünfzig Jahren unverrückt auf halb zwölf. In der Seefahrerschenke ist es immer Zeit aufzumachen.«

Dylan Thomas mußte mit einer der früheren Fassungen seines *Spiels für Stimmen* nach New York fahren, wo er kurz nach der Lesung starb. Das Originalmanuskript tauchte nach einer verzweifelten Suche der BBC nach Dylans Tod wieder auf. Am 25. Januar 1954 wurde *Unter dem Milchwald* von der BBC zum ersten Mal gesendet.

Ein anderer Stammgast dieser Zeit war ein gewisser Gerald Hamilton, der Christopher Isherwood Modell für die Figur Mister Norris in dem Werk *Mr Norris Changes Trains* (1935) stand. Hamilton hatte vor dem Krieg deutschen Juden gefälschte Pässe verkauft und gleichzeitig die Nazis darüber informiert. Anfang des Krieges floh er als Nonne verkleidet nach Irland und kehrte später nach London zurück.

Von außen ist das French House ein unauffälliger Pub – ein zusätzliches Schild weist auf den beliebten *French House Dining Room* im ersten Stock hin. Die schummrige und verräucherte Atmosphäre lockt auch heute noch Künstler und Journalisten an. Kurz, das French House ist ein Pub, der einen eigenen, wahren Charakter hat. Von Deutschen gegründet und von Belgiern zu einem Begriff gemacht, ist es seltsamerweise ein Ort, wo die Weinkarte dem Bier vorzuziehen ist.

FITZROVIA UND BLOOMSBURY

Von der U-Bahnstation Goodge Street aus gelangen wir entweder ins literarisch wohlbezeugte Viertel Bloomsbury oder aber nach Fitzrovia. Dieser – auf vielen Karten nicht vermerkte, für Pub- und Literaturliebhaber aber sehr interessante – Bezirk erstreckt sich zwischen Euston Road, Totten-

ham Court Road, Oxford Street und Regent Street. Das dicht bebaute Quartier mit seinen engen Straßen, kleinen Galerien und Restaurants, Medienagenturen und Modeateliers erhielt seinen inoffiziellen Namen erst in den 1930er Jahren – nach wem oder was ist freilich umstritten. Die Fitzroys, nach denen Fitzroy Square und Fitzroy Street – wo George Bernhard Shaw von 1881 bis 1886 wohnte (Nr. 37) – benannt sind, waren im 18. Jahrhundert hier ansässige Großgrundbesitzer. Es liegt nahe, daß Fitzrovia ihnen gewidmet ist. Ebenso naheliegend ist die Version, der Name sei von der Fitzroy Tavern abgeleitet …
Fitzrovia entwickelte in den ersten Jahrzehnten des 20. Jahrhunderts eine nahezu magische Anziehungskraft für Leute, die preiswerten Wohnraum suchten. Insbesondere in der Gegend um die Cleveland Street gab es viele billige Dachstuben, und so dauerte es nicht lange, bis sich das auch in den Kreisen begabter, aber darbender Dichter und Maler herumgesprochen hatte. In der Cleveland Street (Nr. 22) ist übrigens Charles Dickens gleich zweimal heimisch gewesen: 1816-1817 und 1829-1831. Abgesehen davon, daß zu Beginn des 20. Jahrhunderts die benachbarten Viertel Soho und Bloomsbury von etablierten Künstlern und Schriftstellern so gut wie ausgebucht und zudem ein teures Pflaster waren, hatte Fitzrovia etwas zu bieten, was der Boheme nur lieb sein konnte: diverse als Treffpunkt geeignete Pubs. Zum Beispiel das **Duke of York** (47 Rathbone Street), in dem Anthony Burgess verkehrte; in **The Newman Arms** (23 Rathbone Street) kannte sich der »beer snob« George Orwell bestens aus – das Pub kommt in seinen Romanen *1984* sowie *Die Wonnen der Aspidistra* vor; in **The Wheatsheaf** (25 Rathbone Place) traf Dylan Thomas 1936 auf seine spätere Frau Caitlin Macnamara und brachte ein Bühnenausstatter George Orwell auf die Idee, dem Helden Winston in seinem

Roman *1984* eine Ratten-Phobie anzuhängen. Die zweifellos gefeierteste und beliebteste Kneipe aber war seit Beginn der 1920er Jahre die reich dekorierte, typisch viktorianische

Fitzroy Tavern, 16 Charlotte Street, W1
Wenn das Pub seinen Namen tatsächlich auf das Viertel übertragen hat – woran Kneipenliebhaber niemals zweifeln würden –, dann ist das in der Tat bemerkenswert; eine solche Übertragungsleistung ist anderen Londoner Pubs nicht gelungen. Die Taverne wiederum verdankt ihren Namen dem Ergebnis einer Affäre Charles' II.: Die Dukes of Grafton, denen das Land gehörte, auf dem dieser Teil Londons gebaut wurde, waren ursprünglich uneheliche Nachkommen des Königs und erhielten daher den Beinamen Fitzroy. Dies erklärt jedoch nicht, warum das in einem ansehnlichen, aber unauffälligen roten Steinbau aus dem Jahr 1897 etablierte Pub einen ganzen Bezirk benennen sollte. Um das nachzuvollziehen, müssen wir zurückblicken auf die Zeit zwischen 1920 und 1950, als das Fitzroy während der langen Bewirtschaftung durch die Familie Kleinfeld (Konzessionsinhaber von 1919 bis 1956) zur Bastion der Bohemiens wurde.
Die Fitzroy Tavern wurde schlagartig berühmt, als die Königin der Londoner Boheme, die Malerin Nina Hamnett, und der nicht minder stadtbekannte Maler Augustus John hier Einzug und bis in die 1940er Jahre hinein Hof hielten. Zu ihnen gesellten sich die Poeten Dylan Thomas, John Singer und Gerald Wilde sowie deren Anhang. Regelmäßige Stammgäste waren darüber hinaus Politiker wie Hugh Gaitskell (der spätere Chef der Labour Party) und nicht zuletzt ein richtiger Henker namens Albert Pierrepoint, der die lockere und anregende Kneipenatmosphäre sicher sehr schätzte. Sowie jemand in die Tasten des pubeigenen *honky*

tonk piano griff, kam im Fitzroy Stimmung auf, ging Nina Hamnett forsch auf fremde Männer zu und hielt ihnen solange aufreizend eine Spardose unter die Nase, bis sie einen Drink spendiert bekam. Diese feucht-fröhlichen Feiern kamen selbst während der deutschen Fliegerangriffe auf London nicht zum Stillstand – und das, obwohl auch das Fitzrovia-Quartier von Bombentreffern nicht verschont blieb.
In den 1940er und 1950er Jahren sorgte das nahe gelegene Broadcasting House der BBC (Portland Place) für Nachschub: Für engagierte Trinker wie Dylan Thomas, Louis MacNiece und selbst für nüchternere Berichterstatter wie George Orwell war es gerade mal ein Fußweg von fünf Minuten bis zur Fitzroy Tavern. Hier konnte man Dylan Thomas erleben, vermerkt Chris Petit, »wie er dem eleganten, dandyhaften Julian Maclaren-Ross, einem zu Kriegszeiten bekannten Schriftsteller, dessen literarische Karriere ein Opfer der Sohoitis wurde, das Leben erklärte: ›Gemein und niederträchtig muß es sein, Mann, das ist es!‹« Heute gehört das Pub einer Brauerei und wartet auf eine neue Generation bemerkenswerter oder – besser noch – skandalträchtiger Künstler. Jedenfalls hängt noch eine ausreichende Zahl von Fotos aus den trinkfreudigen Zeiten an den Wänden, die einen Eindruck davon vermitteln, was sein könnte, wenn …

Von Fitzrovia sind es nur wenige Schritte in das Bloomsbury-Viertel. Es wird umgrenzt von den Hauptstraßen Tottenham Court Road, New Oxford Street/High Holborn, Gray's Inn Road und Euston Road, an der die neue British Library liegt. In Bloomsbury liegen zum einen die Gebäude der University of London und des British Museum, zum anderen stößt man in den Wohnstraßen mit den ansehnlichen georgianischen Reihenhäusern auf eine Gedenkplakette nach der anderen – wohnten in diesem Teil Londons doch viele bedeutende Literaten, Künstler und Politiker (und tun es noch). Bevor es höchste Zeit für eine weitere Pub-Einkehr ist, möchte ich einige literarisch lohnenswerte Anlaufpunkte ansprechen. Zum Beispiel den Bedford Square, Bloomsburys einzigen noch vollständig erhaltenen georgianischen Platz. Hier hatten früher viele angesehene Verlage – Jonathan Cape, Hodder & Stougthon u.a. – ihre Geschäftsadresse, und hier wohnte 1877-1881 der »poet laureate« Robert Bridges (Nr. 52). In der Great Russell Street (Nr. 37) ist die London Antiquarian Book Arcade zu finden, in der rund fünfzig Buchhändler unter einem Dach ihre Raritäten anbieten.

Am Gordon Square, dessen Gebäude fast sämtlich von der Universität genutzt werden, weisen gleich mehrere Plaketten auf bedeutende Namen der englischen Literaturgeschichte hin – und zwar nicht zufällig auf Autorinnen und Autoren, die den Kern der »Bloomsbury Group« bildeten (am Haus mit der Nr. 50 erinnert eine Tafel an diesen intellektuellen Künstlerzirkel, auf den ich im 8. Kapitel zurückkomme). Zu der legendären Bloomsbury Group, die von Toby Stephen, dem Bruder von Virginia Woolf, im ersten Jahrzehnt des 20. Jahrhunderts in dem Haus Gordon Square 46 begründet wurde und die bis in die 1940er Jahre einen großen Einfluß auf die Kunst- und Literaturszene Englands ausübte, gehörten u. a. Virginia Woolf und ihre Schwester Vanessa Bell, Clive Bell, der Dichter Lytton Strachey, der Kritiker Roger Fry, E. M. Forster und der Ökonom John Maynard Keynes. Das Haus 46 Gordon Square wurde von 1904 bis 1907 von den Geschwistern Stephen, Virginia (Woolf), Vanessa (Bell), Adrian und Toby bewohnt; es war zugleich der Versammlungsort der Bloomsbury Group. »Wenn man den Platz [...] sieht, ist er keineswegs der reizvollste der Bloomsbury Squares«, notierte Virginia. »Er hat weder die Vor-

nehmheit des Fitzroy Squares noch das Imposante des Mecklenburgh Squares. Er ist wohlhabende Mittelklasse und ausgesprochen mittelviktorianisch.« Einige Häuser weiter lebte von 1919 bis 1924 Lytton Strachey (Nr. 51).
1924 zog es Virginia Woolf mit ihrem Mann Leonard zum Tavistock Square 52. Hier lebte das Paar bis 1939, hier verfaßte Virginia ihre bedeutenden Romane *Mrs Dalloway*, *To the Lighthouse*, *Orlando*, *A Room of One's Own* und *The Waves*. Das Haus wurde am 16. Oktober 1940 von deutschen Bomben völlig zerstört. Heute steht auf dem Grundstück ein Hotelnachkriegsbau. Auf der Ostseite des Platzes, wo die British Medical Association residiert, stand bis zu seinem Abriß 1901 ein Wohnhaus mit 18 Zimmern, in dem von 1851 bis 1860 Charles Dickens mit seiner Familie lebte und einige Romane verfaßte, u. a. *Little Dorrit*. Hier besuchte ihn auch der dänische Märchendichter Hans Christian Andersen, der von seinem Zimmer aus den Tower of London sehen konnte und auch sonst ganz angetan von der Dickensschen Behausung war. In der Doughty Street, in einem vierstöckigen georgianischen Haus mit der Nummer 48, wo Dickens von 1837-1839 gelebt hatte, ist heute das von literarischem Flair geprägte Museum The Dickens House untergebracht. Geöffnet ist das mit viktorianischen Möbeln, dem Schreibtisch und der Arbeitsbibliothek des Autors ausgestattete Haus montags bis samstags, 10-17 Uhr.
In der Malet Street – gleich gegenüber der Keppel Street – steht das Senate House, in dem die Hauptverwaltung der 1836 gegründeten University of London untergebracht ist. Als das Gebäude in den 1930er Jahren errichtet wurde, entstand mit ihm Londons erster Wolkenkratzer (dem aber doch so einiges an Höhe fehlt, um wirklich als *skyscraper* gelten zu können). In George Orwells Roman *1984* fungiert das Senate House als »Ministry of Truth« (Minitrue); die

drei Parolen der Partei, die Orwell an der Fassade leuchten läßt, sind natürlich reine Fiktion: WAR IS PEACE. FREEDOM IS SLAVERY. IGNORANCE IS STRENGTH. Einige hundert Meter weiter in der Great Russell Street wartet das 1753 gegründete British Museum auf Besucher – seine neun Abteilungen verfügen über gut vier Millionen archäologische und ethnographische Exponate – sowie eine verlockend hübsch wirkende Kneipe, die

Museum Tavern, 49 Great Russell Street, WC 1
Die Taverne hieß ursprünglich Dog & Duck. Seit der 1823 erfolgten Vollendung des klassizistischen Museumsbaues gleich gegenüber honoriert sie die Ehre, von den zu dieser hochrangigen Attraktion unaufhörlich fließenden Touristenströmen gleichsam mitumpulst zu sein, mit dem funktionsgerechten Namen. Im Sommer präsentiert sich das Pub in leuchtendem Blumenschmuck, zudem stehen für Sonnenanbeter einige Bänke und Tische auf dem Bürgersteig. So eindeutig viktorianisch die Museum Tavern mit den beiden rekonstruierten Gaslaternen am Eingang von außen wirkt, so enttäuscht dürften Besucher sein, die auch im Schankraum auf entsprechend originalgetreues Interieur hoffen. Mit Ausnahme der Mahagoni-Holzverkleidung hinter der Bar ist in der Taverne nichts mehr so, wie es nach dem großen Umbau von 1855 durch den Architekten William Finch Hill einmal war. Karl Marx, der im Jahre 1857 zu den Stammgästen der Museum Tavern gehörte, würde sich verwundert die Augen reiben, könnte er die Kneipe heute noch einmal besuchen. Daß es im Gastraum nur mehr schlichtes und spärliches Mobiliar gibt, wäre ihm, der hier gerne saß, trank und seinen Gedanken nachhing, bestimmt gegen den Strich gegangen. An den Bieren hätte er aber heute nichts auszusetzen. Es gibt eine gute Auswahl handgepumpter *ales* –

Charles Wells Bombardier, Theakstones Best, Green King Abbot und andere mehr.
Zum British Museum gehörte bis 1997 die berühmte British Library, die mit über 150 Millionen Büchern größte Sammlung der Welt, die seitdem in einem eigenen Neubau eingerichtet ist – in dem von Colin Wilson entworfenen Backsteingebäude gleich neben dem viktorianischen Bahnhof St. Pancras. Den Umzug nicht mitgemacht hat der berühmte Reading Room der Bibliothek. Er kann nach wie vor im 1823 erbauten British Museum besichtigt werden.

Reading Room
Im frühen 19. Jahrhundert war das Ausleihen von Büchern ein bürokratischer Hindernislauf. Man mußte sich zunächst beim Bibliotheksleiter anmelden, der aber nicht mehr als zehn Leute bediente. Im Laufe der Jahre besserten sich die Bedingungen zunehmend; zugleich nutzten immer mehr Gelehrte und Schriftsteller diese Institution:
Charles Dickens schrieb sich 1830 ein, um die Geschichte Englands und die Werke von Shakespeare zu studieren; Karl Marx kam 1857 fast täglich von neun Uhr morgens bis neunzehn Uhr abends in den damals gerade mit Eichenholzpaneelen verschönerten Lesesaal und erarbeitete hier sein Hauptwerk *Das Kapital*; Eleanor Marx – des Philosophen jüngste Tochter – saß hier in 1880er Jahren und übersetzte Werke von Flaubert und Ibsen, auch traf sie sich im Lesesaal mit den sogenannten »Bohemian Socialists«, mit Edward Aveling, George Bernard Shaw, Havelock Ellis und anderen; Lenin folgte seinem Mentor gut fünfzig Jahre später, er saß auf Platz L13 und hatte sich unter dem Namen Jacob Richter eingeschrieben; Malcolm Bradbury begann während seiner Studien im Reading Room eine Affäre mit der Klatschkolumnistin Jean Rock; Gertrude Stein (1874-1946)

las 1902 Werke der englischen Romanautorin Frances Trollope (1780-1863); der Poet W.B. Yeats war zwischen 1896 und 1917 fast täglich im Leseraum, aufgrund seiner angegriffenen Gesundheit haßte er das Hin- und Herschleppen der schweren Kataloge usw. Der Lesesaal spielt auch in diversen Romanen und Erzählungen eine Rolle. So ließ beispielsweise Arthur Conan Doyle seinen Helden Sherlock Holmes in der British Library Werke von Eckermann studieren. David Lodge schrieb 1965 einen ganzen Roman über diese Institution: *The British Museum is Falling Down.*
Nach einem Blick auf den eleganten Bloomsbury Square – wo Gertrude Stein und ihr Bruder Leo 1902 im Haus mit der Nummer 20 wohnten – geht es via Theobald's Road zur Lamb's Conduit Street, wo für durstige und hungrige Leute in einem Pub gesorgt wird, dessen Innenausstattung außergewöhnlich ist:

The Lamb, Lamb's Conduit Street, WC 1
Das Lamb liegt am Rand von Bloomsbury. Pub und Straße verdanken ihren Namen dem Philanthropen Sir William Lamb, der 1577 nicht nur eine Leitung baute, um sauberes Wasser in die Haushalte dieser Gegend zu bringen, sondern darüber hinaus hundertzwanzig Eimer an die ärmsten Haushalte verteilen ließ, um sie zum reinen Wasser zu bekehren. Bloomsbury gründet – wie viele andere Londoner Viertel – auf Landwirtschaft, Aristokratie und Klosterleben. Nach Auflösung des Carterhouse-Klosters übereignete Henry VIII. das Land seinem Lordkanzler, dem Earl of Southampton. Der vierte Earl dieser Linie war es dann, der 1660 den Bloomsbury Square entwarf.
Das nach Sir William Lamb benannte Pub ist nachweislich seit 1720 in Betrieb und erinnert – trotz späterer Umbauten – immer noch an diese Zeit. Sein Ruhm und seine Innen-

ausstattung gehen freilich auf das Jahr 1894 zurück, als das Lamb großzügig und kostspielig umgebaut wurde. Zwar wurden damals die Trennwände, die ursprünglich von der hufeisenförmigen Theke aus in den Raum reichten, entfernt; die auf Augenhöhe angebrachten, schwenkbaren *snop screens* sind jedoch noch erhalten. Sie dienten den Herrschaften, die von den Kellnern nicht erkannt werden wollten, als Abschirmung. Das Anbringen von Schutzwänden aller Art war im klassenbewußten viktorianischen England üblich – heute sind sie nur noch in wenigen Pubs zu bewundern. Das Lamb ist in kleine Räume unterteilt. Im hinteren Teil des Lokals lädt ein Diningroom zum Speisen ein. Wer dunkle Wandfarben, kunstvolle Holzarbeiten, blinkende Messinggeländer und nicht zuletzt sepiafarbene Fotografien der Schönen und Berühmten aus dem letzten Jahrzehnt des 19. Jahrhunderts schätzt, wird sich in dieser Kneipe ungemein wohlfühlen. Daß die Künstler der Bloomsbury-Group die intime und kultivierte Atmosphäre dieses Pubs besonders schätzten, wird niemanden verwundern, der an diesem gastlichen Ort ein *bitter* von Young's probiert.

COVENT GARDEN

Das Viertel Covent Garden, an einer Themse-Schleife gelegen, verbindet Westminster mit der City, der Keimzelle Londons, wo sich einst die Römer ansiedelten. Im Mittelalter war die Gegend eine bevorzugte Adresse der Bischöfe. Einige ihrer Häuser am Strand wurden später zu Juristenschulen und Gerichtshöfen umfunktioniert; auch entstanden im 16. Jahrhundert in der Fleet Street die ersten Buchhandlungen und vom 18. Jahrhundert an die ersten Zeitungsdruckereien. Die Drucker sind inzwischen nach Wapping und anderswo gewichen, die Juristen dagegen im Viertel geblieben. Der Covent Garden diente von 1631 an zunächst als Piazza und Wohngegend der Adeligen, wurde später zu einem beliebten Obst- und Gemüsemarkt und ist heute eine von Touristen geschätzte Anlaufstätte mit Läden, Restaurants, Theatern, und Museen. In der Henrietta Street (Nr. 19) verlebte 1813/1814 Jane Austen einige Monate in der Wohnung ihres Bruders, der als Banker tätig war. Im oberen Teil des Viertels verläuft die Straße High Holborn/ Holborn (U-Bahn: Holborn). Dort zieht es uns zuerst hin, denn dort warten gleich zwei bemerkenswerte Pubs auf Gäste.

Princess Louise, 208 High Holborn, WC 1
Das großartige Londoner Pub vegetierte nach dem Krieg Jahrzehnte als schmuddeliges Bierhaus dahin. Es hatte nur wenige Stammgäste und war so vernachlässigt, daß sein architektonischer Charme kaum mehr zur Geltung kam. Als in den 1970er Jahren Pläne kursierten, die einen Abriß vorsahen, gab es eine Welle des Protests. Der Pub-Historiker Ted Bruning merkt an: »Dieser Vorschlag erwies sich letztendlich als gar nicht so schlecht, insofern er die bis dahin schlafende Öffentlichkeit aufweckte und ihre Aufmerksamkeit auf das schreckliche Gemetzel lenkte, das in Londons Gebäudeerbe gewütet hatte – viel schlimmer als all das, was die deutsche Luftwaffe angerichtet hatte.«
Heute ist die von außen durchschnittlich wirkende Kneipe eine wahre Schatzgrube. Wer die Schwelle übertritt, findet sich unversehens in einem der meistbewunderten Pubs von ganz England wieder. Das Princess Louise ist nach Queen Viktorias vierter Tochter benannt. Es wurde 1872 erbaut; das kleine Wirtsbüro hinter der langen ovalen Theke ist ein seltenes Überbleibsel aus dieser Zeit. Zunächst gab es nämlich keine Theke, bedienten Kellner die Gäste und wurde das

Bier im Büro gezapft. Das gut erhaltene Dekor stammt aus dem Jahr 1891 – es ist ein Beweis dafür, wie groß das handwerkliche Können zu jener Zeit war. Die Glasarbeiten von R. Morris & Sons und die reichhaltig verzierte Wandvertäfelung von Simpsons & Sons sind einmalig – zumal viele Pubs, die ähnlich grandios ausgestattet worden waren, heute nicht mehr existieren. Wer darf bzw. muß, sollte unbedingt die wirklich sehenswerte Herrentoilette aufsuchen. Alles in allem ist das Princess Louise einer der größten handwerklichen Schreine des Landes. Dagegen ist

The Cittie of Yorke, 22 High Holborn, WC 2
so etwas wie ein Aristokrat unter den Londoner Pubs. Die Taverne besteht bereits seit 1430; der älteste Gebäudeteil stammt aus dem Jahr 1645. Sie war – unter anderem Namen – die erste von insgesamt fünf Tavernen, die seit 1430 in dieser Gegend von der Familie Hennekey's betrieben und von kreativen Köpfen wie Charles Dickens, Sir Thomas Moore und William Morris sehr geschätzt wurden. 1979 ging die Wirtschaft in den Besitz der Brauerei Sam Smith über und wurde in Cittie of Yorke umbenannt. Der Name ist zwar genauso alt wie das Pub selbst – er zierte jedoch bis dahin das Schild einer Taverne im gegenüberliegenden Staples Inn. Seinen großen Ruhm verdankt das Cittie of Yorke seiner phantasievollen gotischen Architektur, die jedoch gerade mal ein gutes Jahrhundert alt ist. Die Steinerker an der Frontseite und die beeindruckende *long bar* mit ihren Galerien und Sitzgruppen, den mittelalterlichen Fenstern und hochliegenden großen Weinfässern – sie wurden während des »Blitz« entleert und seitdem nicht wieder aufgefüllt – entstanden zu Beginn des 20. Jahrhunderts, als die Architekten nicht länger Marmorpaläste wie das Princess Louise bauen, sondern einen neuen Stil kreieren wollten.

Vor hundert Jahren ließen sich viele Pub-Architekten von mythischen Vorstellungen leiten. Sie wollten zurück zu den Wurzeln, zu den Zeiten Chaucers, Shakespeares und der Gasthöfe. Die sogenannte *back-to-the-inn*-Bewegung setzte auf schein-antike Einrichtungsgegenstände wie hölzerne Giebel, Bleilampen, Flaschenglas, Laternen, Holzfässer sowie auf gebogenes schwarzes Eichenholz und künstlich gerußte Decken zwischen ebenso künstlich verzogenen Balken. Das Cittie of Yorke mit seiner großen schwarzgoldenen Uhr über dem Eingang ist ein bemerkenswertes Resultat dieser mythisch empfundenen Stilrichtung. Ebendeshalb muß es mit seinem eigenen Maßstab gemessen werden; als gefälschtes Mittelalter ist es jedenfalls unübertroffen. Wäre der Fußboden mit zertretenen Binsen bestreut, könnte man sich beim Eintritt in den langen und hohen Saal glatt in eine Taverne aus dem 15. Jahrhundert versetzt fühlen. Auch die Preise halten sich in Grenzen. Zu empfehlen ist das gut gepflegte Sam Smiths OB – *on handpump*, versteht sich.
Frühabends, wenn die Juristen aus ihren Büros strömen, ist das Cittie immer einen Besuch wert – und rammelvoll. Eine schmale Passage neben dem Pub führt zum Gray's Inn und den dazugehörigen Gardens. Die *Komödie der Irrungen* von Shakespeare erlebte hier 1594 ihre Uraufführung. (Viele der alten Gebäude des von Juristen genutzten Komplexes wurden im Zweiten Weltkrieg von deutschen Bomben zerstört.)
Auf dem Weg in Richtung Covent Garden gelangen wir via Monmouth Street zur St Martin's Lane. Hier wartet

The Salisbury, 90 St Martin's Lane, WC 1
Das Salisbury ist ein typisch spätviktorianischer Ginpalast und genauso bekannt für seine Lage im Theaterviertel wie für sein Dekor. Bis 1866 war an dieser Stelle die Taverne Coach & Horses zu finden, in der Folgezeit hieß sie Salis-

bury Stores, weil der damalige Besitzer ein 1860 verabschiedetes Gesetz für *Refreshment Houses* ausnutzen wollte. Das Gesetz förderte den Verkauf von Wein gegenüber Bier und Schnaps, weil man der Auffassung war, Wein wäre heilsam und gesundheitsförderlich. Zudem gestattete es den Weinverkauf ohne Nachweis einer Konzession. 1892 wurden die Stores niedergerissen und als Restaurant wieder aufgebaut. Wenige Jahre später, als in London immer mehr verschwenderisch gestaltete Pubs entstanden, wurde es kostspielig zum Pub umgebaut und 1898 als Salisbury eröffnet. Das Pub ist seitdem berühmt für seine reich verzierten Glasarbeiten. Sie umfassen sowohl die Spiegel und Fenster als auch die säuregeätzten Tischflächen mit ihren brillantgeschliffenen Rahmen. Beachtlich sind die Bronzestatuen im Stil des Art Nouveau. Die Nymphen dienen einerseits dazu, die einzelnen Sitzgruppen zu unterteilen, andererseits besorgen sie die Beleuchtung mittels aus Blumen »wachsender« kleiner Lampen. Die Mahagoniwand der Bar ist ebenso original erhalten geblieben wie die prächtig verzierte Tür zum St. Martin's Court.

Das Salisbury liegt im Zentrum der Theatergegend und war lange Jahre ein beliebter Treffpunkt für Schauspieler und das Bühnenpersonal. Inzwischen bilden Touristen einen Großteil des Publikums. Einen kurzen Filmauftritt hatte das Pub auch: Es erscheint als »Shaftesbury« in dem bahnbrechenden Film *Victim* (1961), mit Dirk Bogarde in der Hauptrolle, in dem die gesellschaftliche Unterdrückung Homosexueller thematisiert wird. Bars und Pubs gibt es in diesem auch abends ungemein lebendigen Viertel an jeder Ecke. Einigen historischen Ruhm hat das

Lamb & Flag, 33 Rose Street, WC 2
Das seit 1623 lizensierte Pub hat den leicht aufpolierten Charme einer Arbeiterkneipe. Es wirkt solide mit seinem gescheuerten Holzboden und den dunkel tapezierten Dekken. Im 17. Jahrhundert war es als Coopers Arms bekannt und eine von der *working class* geschätzte Schenke; zu den Stammgästen zählte der politische Dichter und erste englische *poet laureate* John Dryden (1631-1700). Letzterer wurde 1679 in einem Gang neben der Kneipe überfallen und dabei schwer verletzt. Im späten 18. Jahrhundert erstreckte sich in der Gegend hinter dem Pub einer der schlimmsten Slums Londons, das sogenannte Holy Land. In jenen Regency-Tagen erhielt die Schenke den wenig ehrenvollen Ruf als *Bucket of Blood*, weil in ihr Preiskämpfe und Schlägereien an der Tagesordnung waren. Aber das ist lange her. Neben gepflegten *ales* – u. a. Courage Best und Youngs Special – offeriert das einst auch von Charles Dickens gern besuchte Pub ausgesuchte Malt Whiskeys.

Fleet Street
Am 11. März 1702 ging in der Fleet Street die erste Tageszeitung in Druck: *The Daily Courant*. Die Zeitungsindustrie florierte jedoch erst, als Alfred Harmsworth 1896 die *Daily Mail* kaufte und die Auflage bald auf über eine Million steigern konnte. Bis in die 1980er Jahre hinein war die Fleet Street ein Synonym für Druckerschwärze und Pressemacht. Hunderte Schriftstellerinnen und Schriftsteller arbeiteten zeitweilig in den Redaktionen. Samuel Richardson (1689-1761) war hier als Drucker beschäftigt, bevor er sich als Pionier des englischen Romans einen Namen machte; William Cobbett gründete *The Political Register* und lebte von 1802 bis 1835 nahe der Fleet Street; Raymond Chandler, Evelyn Waugh und Graham Greene betätigten sich in den frühen Jahren des

ROSE
STREET WC2
LAMB & FLAG
LAMB & FLAG
PUBLIC BAR
ENTRANCE

20. Jahrhunderts als Redaktionsassistenten. Hilaire Belloc war Redakteur der *Morning Post*, konnte aber die geregelten Arbeitszeiten nicht einhalten und wurde deshalb gefeuert. Die Fleet Street erscheint in vielen Romanen als Zeitungszentrum – die wohl gelungenste Darstellung ist die von Evelyn Waugh in seinem Roman *Die große Meldung* (1938).
Als 1986 der Verlags-Tycoon Rupert Murdoch seine britischen Publikationsorgane, darunter die *Times*, in den Ost-Londener Stadtteil Wapping auslagerte, fand die Erfolgsgeschichte der *Street of Ink* fast schlagartig ein Ende. Die neue Computertechnologie und der Fotosatz forderten ihren Tribut. Dem Beispiel von Murdoch folgten alsbald auch die Verleger von *Telegraph* und *Express*, von *Mail* und *Standard*, *Guardian, Observer* und *Financial Times*. Heute wird in Fleet Street keine einzige Zeitung mehr produziert, und in den ehemaligen Redaktionsstuben und Setzereien sitzen Banker und Versicherungskaufleute. Der plötzliche Tod der Fleet Street, »dieses Dorfes mit dem herrlichsten Klatsch und Tratsch der Welt« (Christopher Wilson), sorgte in den vielen Kneipen der Gegend für lange Gesichter. Der Auslandskorrespondent Peter Nonnenmacher merkt dazu in seinem Buch *Insel sucht Anschluß* an: »Als sozialer Raum, als flexibles Netzwerk von Arbeitsplätzen und Kontakten, als eine unablässig sprudelnde Informationsquelle war Fleet Street der schreibenden Zunft Inspiration und äußerer Halt, über viele Jahrzehnte hinweg. An der Quelle, im wörtlichen Sinne, traf man sich zum Bereden aller interessanten Ereignisse, vor oder nach Redaktionsschluß. Jede Zeitung, jede Redaktion hatte dabei ihr eigenes Pub – im Harrow trafen sich die Journalisten der *Daily Mail*, im Kings & Keys die des *Telegraph*, im Poppins die des *Express*. Diese Kneipen aber, will man den Beteuerungen ihrer Besucher glauben, waren nicht bloß alkoholische Umschlagplätze. Dem sen-

siblen Wortkünstler der Fleet Street war sein ›local‹, in der Beschreibung des *Observer*-Journalisten Peter Corrigan, ›eine Oase, eine Pflege- und Intensivstation, ein Massagesalon fürs liebe Ego, eine Geldleihanstalt, eine Wechselstube und ein Arbeitsamt zugleich‹. [...] Der satirische Inbegriff des rotnasigen Fleet-Street-Reporters, ›Lunchtime O'Booze‹ (etwa: Meister Mittagssäufer), kommt jedenfalls nicht von ungefähr.«

Für die Pubs im Bereich der Fleet Street war der plötzliche Exodus der Drucker und Journalisten ein schwerer Schlag – die an ihre Stelle getretenen Banker und Touristen sind den Wirten zufolge entschieden weniger trinklustig. Zurück zur »guten« alten Zeit. Am östlichen Ende der Fleet Street – gleichermaßen bequem zu erreichen für die Journalisten des nebenan angesiedelten Temple als auch für die Juristen des gegenüberliegenden Royal Courts of Justice – liegt eine ganz besondere Kneipe:

Ye Olde Cock Tavern, 22 Fleet Street, EC 4
Dickens und Thackeray gehörten ebenso zu den Stammkunden dieser Taverne wie Alfred Lord Tennyson (1809-1892), der hier zuweilen recht seltsame Verse zu Papier brachte:

Oh plump head waiter at the Cock
To which I most resort,
How goes the time?
  – Tis five o'clock.
  – Go fetch a pint of port.

Das heutige Ye Olde Cock nennt sich zwar alt, ist es aber nicht. Es ist bereits die dritte architektonische Version dieser im 17. und 18. Jahrhundert so bedeutenden Taverne der Fleet Street. Erstmals schwer beschädigt wurde die Wirtschaft beim Großen Feuer von 1666, das am 2. September ausbrach und vier Fünftel der City und fast alle Gaststätten in Schutt und Asche legte. Immerhin überstand ein Kamin aus der Zeit James I. das große Feuer. Der von Grinling Gibbons geschnitzte Kaminaufsatz gilt seitdem als Wahrzeichen der Taverne, die nach dem Wiederaufbau zu neuem Leben erwachte. Zum Erfolg des Cock trug damals auch Samuel Pepys (1633-1703) mit seinen Kollegen und Freundinnen bei, dessen *Geheimes Tagebuch* der Jahre 1660 bis 1669 inzwischen ein bedeutendes Kulturgut Englands und vielen ein Begriff ist. Pepys bekleidete das Amt eines Admiralitätssekretärs und war zudem ein eifriger Schürzenjäger. Da er zu schreiben verstand und zudem ein unschätzbarer Chronist seiner Zeit war, sind seine Aufzeichnungen für Leserinnen und Leser, die das London des 17. Jahrhunderts »nacherleben« möchten, eine ebenso vergnügliche wie detailreiche und -getreue Quelle. Am 1. Juli 1663 berichtet er über folgenden Vorfall: »Nach dem Essen unterhielten wir uns [...]; Mr. Batten erzählte uns von einer Verhandlung gegen Sir Charles Sedley neulich vor dem Lordoberrichter Foster und dem ganzen Gerichtshof wegen seiner kürzlichen Ausschreitung in der Hahnenschenke, als er am hellichten Tag auf den Balkon kam und sich nackt präsentierte in allen denkbaren Stellungen der Wollust und Unzucht und die Heilige Schrift verunglimpfte und sozusagen eine marktschreierische Predigt von dieser Kanzel hielt, er hätte ein Pulver zu verkaufen, das alle Weiber in der Stadt veranlassen würde, ihm hinterherzulaufen, wobei 1000 Leute unten standen, um ihn zu sehen und zu hören; und danach nahm er ein Glas Wein und wusch seinen Schwanz darin und trank es dann aus und nahm dann noch eins und trank auf des Königs Gesundheit. Es scheint, Mylord und die übrigen Richter sprachen ihm alle ohne Unterschied einen sehr scharfen Tadel aus ...«

Im Jahre 1887 ereilte das Olde Cock dasselbe Schicksal wie so viele andere Kneipen der Nachbarschaft. Es wurde abgerissen, um Platz zu machen für die Neubauten der expandierenden Verlags- und Bankhäuser. Es gelang den Inhabern aber, einen Platz genau gegenüber des angestammten Sitzes zu erwerben, wo das Olde Cock wiederauferstand – mit dem alten Kamin und Gibbons Kaminaufsatz. Nach der Wiedereröffnung mutete es – gemäß der *back-to-the-inn*-Philosophie – wie eine Taverne des 17. Jahrhunderts an: außen mit viel Pauputz und tiefgezogenen Dachsimsen, innen sauber und hell, mit abgescheuerter Eiche und freigelegtem Mauerwerk, mit Eichenhockern in der Kaminecke und Windsorstühlen auf dem gefliesten Fußboden. Das Olde Cock wurde inzwischen durch und durch grundüberholt, weil es 1990 durch ein Feuer erneut stark beschädigt worden war – der alte Kamin und der Kaminaufsatz überstanden auch dieses Malheur. Aber obwohl der Eichentresen mit seinen hölzernen Hockern und die antik aussehenden Fässer nicht authentisch sind, gelang es den Restauratoren, eine Atmosphäre zu schaffen, die sozusagen die alten Zeiten der Fleet-Street-Tavernen in die Zukunft rettet. Journalisten sucht man in der Taverne allerdings vergeblich, und Samuel Pepys' Tage sind längst vorbei. Oder fährt er mit der Kutsche gerade den Holborn Hill hinunter Richtung Fleet Street? Aber ach, er hält an, weil er die Gespielin Deb erkannt hat:
»Ich sah sie und sie mich, aber sie blieb nicht stehen, sondern schien nicht gewillt, mit mir zu sprechen; so ich weiter, hielt aber dann an und stieg aus und ihr hinterher und holte sie am Ende der Hosier Lane in Smithfield ein und ersuchte sie, ohne auf der Straße stehenzubleiben, mir zu folgen. Und ich führte sie in ein kleines verschwiegenes Bierhaus [...], und dort mit ihr allein, begann ich, mit ihr zu reden und besar la und tocar su mamelles, aber sie mächtig spröde, und ich

hoffe, aus Ehrbarkeit; ich tat aber doch, allerdings mit großer Gewalt, hazer ella con su Hand para tocar mi Ding, aber ella ließ sich nur sehr widerstrebend dazu bringen. Ich gab ihr 20 Shilling in Papier eingewickelt; und wir kamen überein, uns wieder am nächsten Montag in der Hall in Westminster zu treffen, und machte mir so durch ihr Verhalten große Hoffnung, daß sie ehrbar und anständig bleibt, und wir trennten uns hier, sie ging nach Hause und ich zu Mrs. Turner.« (Anm. d. V.: die delikaten Dinge sind spanisch-französisch gewortet – wir lesen: ich küßte sie, faßte ihre Brüste an und veranlaßte sie, mit ihrer Hand mein Ding anzufassen.) Es gibt in Fleet Street und den Nebenstraßen eine größere Zahl von zum Teil großartigen Kneipen. Das jüngste Pub heißt **Old Bank of England** und wurde 1995 als Flaggschiff der Brauerei Fullers eröffnet (194 Fleet St.) Die großzügig eingerichtete, dennoch recht intime Gastwirtschaft logiert in den hohen Räumen einer ehemaligen Zweigstelle der Bank of England und schenkt diverse erstklassig gepflegte, handgepumpte *ales* aus. Als eine Thekenbastion der Journalisten galt lange das **El Vino** (47 Fleet St.). Es geriet 1982 in die Schlagzeilen, als die Anwältin Tess Gill und die Journalistin Anne Coote ihren fünften Prozeß gegen die Inhaber gewonnen hatten – bis dahin untersagte die Hausordnung der auf Portwein spezialisierten Schenke Frauen den Zutritt zur Theke. Die Richter begründeten ihr Urteil 1982 damit, daß Frauen durch die bisherige Ausschankpraxis der Bar im Sinne des Gesetzes über den Ausschluß geschlechtlicher Diskriminierung vom Jahre 1975 (!) benachteiligt gewesen seien. Das El Vino sei eine der »Klatschbörsen« im Zeitungsviertel, und das Verbannen weiblicher Journalisten auf hintere Sitzplätze bedeute einen besonderen Nachteil, da sie so den Tagesklatsch nicht in Gänze aufschnappen könnten. Eine der letzten Entscheidungsschlachten im Kampf um die

Gleichberechtigung in England wurde bezeichnenderweise in einem Pub entschieden. Die beiden streitbaren Frauen kommentierten jedenfalls den Erfolg vor Gericht mit den Worten: »Dies ist ein Sieg für die weiblichen Trinker überall im Land.«

Ein weiteres berühmtes, ehemals an der Fleet Street beheimatetes, um 1900 aber in eine Seitenstraße verlegtes Pub ist das

Olde Mitre, 13 Ely Place, EC 1
– eine kleine blumengeschmückte Taverne mit dunklen Räumen. Zu den Stammkunden zählten Dr. Johnson und sein Freund James Boswell, der darüber Tagebuch führte (und später eine viel beachtete Biographie über Johnson schrieb): »Ich traf mich mit Johnson in der Mitre-Taverne. Er war bester Stimmung, obwohl die Nacht sehr regnerisch war. Ich sagte, das sei gut für den pflanzlichen Teil der Schöpfung. ›Richtig, mein Herr‹, sagte er, ›und für die Tiere, die diese Pflanzen essen, und für die Tiere, die diese Tiere essen.‹ Wir speisten gut und fühlten uns sehr behaglich.« Auch heutzutage speist man gut im Mitre, und das handgepumpte Friary Meux ist eine Sünde wert. Das früher hier ausgeschenkte Hahnenbier – mit Geflügelstücken vermischtes Bier – ist leider nicht mehr im Angebot.

Ye Olde Cheshire Cheese, Wine Office Court, 145 Fleet Street, EC 4
Wer dieser Tage in Fleet Street den Geruch von Druckerschwärze in die Nase bekommen möchte, wer gar hofft, hier Dickens' London mit seinen verworrenen Plätzen, verrückten Gebäuden und tiefen, dunklen Gängen mit trinkfesten Journalisten zu erleben, muß einigermaßen enttäuscht sein –

jedenfalls solange, wie er nicht in einen Gang in der Mitte zwischen Fetter Lane und Shoe Lane gebogen ist und auf das eindrucksvollste aller Fleet-Street-Pubs zusteuert. Das Olde Cheshire Cheese im Wine Office Court (der bis zum Großen Feuer die Königliche Konzessionsbehörde beherbergte) sorgt schon beim Eintritt dafür, daß sich die – innere – Uhr um mindestens 200 Jahre zurückdreht. Es sollte verboten werden, zu viel über das Interieur des Pubs zu erzählen, um nicht die Phantasie unnötig vorzubelasten. Geboten wird ein Labyrinth aus Salons und Nebenräumen sowie drei Restaurants und einem privaten Dining Room, die Fußböden werden zweimal täglich mit frischem Sägemehl bedeckt. Die alten Hocker – aus dem 17. Jahrhundert? – sind zwar nicht gerade bequem, erlauben aber einen guten Rundumblick und die Inaugenscheinnahme des offenen Kaminfeuers oder der alten rauchgeschwärzten Eichenbalken. Hier einem wildfremden Menschen ein *pint* Smiths OB zu spendieren ist nicht die schlechteste Idee.

Als 1748 der gefeierte Lexikograph Dr. Johnson in ein Haus am nahe gelegenen Gough Square (Nr. 17; heute ein Museum) zog, um an seinem Wörterbuch zu arbeiten, war das Cheshire Cheese keine hundert Jahre alt. Es wurde 1667 auf dem Gelände eines mittelalterlichen Klosters gebaut, welches im Jahr zuvor ein Raub der Flammen geworden war und von dem lediglich das Gewölbe sowie Brunnen und Abwasserkanal übriggeblieben waren. Um so verwunderlicher ist, daß einzig für das Cheshire Cheese nicht belegt ist, daß Johnson hier getrunken hat. Im Pub gibt es jedoch einen Stuhl, von dem die Besitzer schwören, daß er Johnson gehörte – aber wer kann das schon genauer überprüfen? Über andere literarisch hochkarätige Gäste liegen weniger zweifelhafte Kenntnisse vor. Congreve, Pope, Voltaire, Thackeray, William B. Yeats, Mark Twain, Belloc, Chesterton, Conan Doyle und viele andere tranken hier ihr Bier, Charles Dickens erwähnt das Cheshire Cheese namentlich in *A Tale Of Two Cities*. Eine andere Persönlichkeit war Polly, der Pub-Papagei. Als er nach einem langen Leben 1962 das Zeitliche segnete, erhielt er einen Nachruf in der *Times* und weiteren zweihundert Zeitungen in aller Welt. Damals netzten sich im Cheshire Cheese ja noch zahlreiche Journalisten die Kehle, um flüssige, auflagensteigernde Herz-und-Schmerz-geschichten schreiben zu können.

CITY UND EAST END

Ludgate Hill, wo sich heute die St. Paul's Cathedral erhebt, und Cornhill bilden die beiden Hügel, die einst die Römer anzogen, um London zu gründen. Als die von einer dicken Mauer umgebene Stadt im Mittelalter aus allen Nähten platzte, vergrößerte sie sich zunächst zum konkurrierenden Westminster hin. Die auch »Quadratmeile« genannte City wurde im 17. Jahrhundert von zwei tragischen Ereignissen heimgesucht: Die Pest wütete seit Beginn der 1660er Jahre und kostete ungefähr 110000 Bürgern das Leben; am 2. September 1666 brach das Große Feuer aus, das von den 13000 zumeist aus Holz gebauten Häusern, 87 Kirchen und 44 Zunfthäusern der City kaum eines übrig ließ. Charles II. gelobte, die City wiederaufbauen zu lassen, und genau das geschah – errichtet wurden in der Folgezeit brandsichere Steinhäuser, die dem mittelalterlichen Stadtplan entsprachen. Die City ist heute eines der führenden Finanzzentren der Welt. Die Börse (Stock Exchange) ist hier ebenso zu finden wie die Bank of England an der Threadneedle Street und das berühmte Versicherungsgebäude von Lloyds. Eine halbe Million Menschen arbeiten in der City – und weil sie hin und wieder richtig Durst haben, muß man Pubs nicht lange suchen.

BRANDIES

The Blackfriar, 174 Queen Victoria Street, EC 4
Das wie ein Bügeleisen geformte, skurrile Bierhaus nahe dem Bahnhof wurde 1875 errichtet und stand zunächst inmitten enger Gassen, die aber inzwischen mehrspurigen Straßen gewichen sind. Das Pub erhielt seinen Namen von dem Dominikanerkloster, das hier seit 1278 bestand. Mehr als dreißig Jahre lang war The Blackfriar ein ganz gewöhnliches Pub. Als die Konzession 1902 auf Henry Poole überging, sollte sich das jedoch ändern. Poole war eine führende Persönlichkeit in der von William Morris und anderen Künstlern gegründeten Kunst- und Handwerks-Bewegung, die den edwardianischen Kampf gegen die marmorne Pracht der 1880er und 1890er Jahre antrieb und einem gemütlichen Freisassenmythos nach mittelalterlichen oder tudorianischen Phantasien huldigte. Daß es in England unzählige Vorortstraßen voller Häuser mit falschem Fachwerk an den Giebeln gibt, ist ein Resultat des Wirkens dieser Bewegung; ein anderes ist das Design all jener Pubs, die zu Beginn des 20. Jahrhunderts entsprechend umgebaut wurden – etwa das mittelalterlich anmutende Cittie of York oder Ye Olde Cock in der Fleet Street.
Auch im Blackfriar sollte die Idee des traditionellen *inns* wieder aufleben, das Alte, Reine und nicht zuletzt Männliche fröhliche Urstände feiern. Das Blackfriar (als in dieser Gegend einzig verbliebenes Gebäude aus viktorianischer Zeit) nimmt nun insofern eine Sonderstellung ein, als es vor allem auf schelmische Respektlosigkeit setzte. Schon die Außenmauern des Pubs sind übersät mit bronzenen Platten, von denen fette Mönche in die Runde schauen und fröhlich die Freuden des Alkohols symbolisieren. Diese Bilder wiederholen sich im herrlichen Jugendstil-Dekor der Kneipe – sowohl in Bronze als auch in Terrakotta und abgesetzt gegen einen Hintergrund von beigegrauen Marmorsäulen und

-platten, vergoldeten Mosaiken und glitzernden Spiegeln. Das Blackfriar zählt zu den Pub-Schätzen Londons und ist zudem so etwas wie ein Wahrzeichen in Englands Kunstgeschichte. Die an diesem bierseligen Ort zu bewundernde Kunsthandwerksarbeit ist allemal ein *pint* Fullers London Pride wert. Nach zwei Gläsern fallen einem dann spätestens die Spruchfriese an den Wänden des Nebenraums oder der Grotte auf: FLEISS IST ALLES; HAST IST LANGSAM; PRACHT IST UNSINN; WEISHEIT IST SELTEN; ERGREIFE DIE GELEGENHEIT; INDUSTRIE IST ALLES. Schade, daß das Pub nicht bereits zu Heinrich Heines Zeiten bestand, der sich 1828 in dieser Gegend umtrieb:
»Ich habe das Merkwürdigste gesehen, was die Welt dem staunenden Geiste zeigen kann, ich habe es gesehen und staune noch immer – noch immer starrt in meinem Gedächtnisse dieser steinerne Wald von Häusern und dazwischen der drängende Strom lebendiger Menschengesichter mit all ihren bunten Leidenschaften, mit all ihrer grauenhaften Hast der Liebe, des Hungers und des Hasses – ich spreche von London.
Schickt einen Philosophen nach London; bei Leibe keinen Poeten! Schickt einen Philosophen hin und stellt ihn an eine Ecke von Cheapside, er wird hier mehr lernen, als aus allen Büchern der letzten Leipziger Messe; und wie die Menschenwogen ihn umrauschen, so wird auch ein Meer von neuen Gedanken vor ihm aufsteigen, der ewige Geist, der darüber schwebt, wird ihn anwehen, die verborgensten Geheimnisse der gesellschaftlichen Ordnung werden sich ihm plötzlich offenbaren, er wird den Pulsschlag der Welt hörbar vernehmen und sichtbar sehen – denn wenn London die rechte Hand der Welt ist, die tätige, mächtige rechte Hand, so ist jene Straße, die von der Börse nach Downing Street führt, als die Pulsader der Welt zu betrachten.

Aber schickt keinen Poeten nach London! Dieser bare Ernst aller Dinge, diese kolossale Einförmigkeit, diese maschinenhafte Bewegung, diese Verdrießlichkeit der Freude selbst, dieses übertriebene London erdrückt die Phantasie und zerreißt das Herz. Und wolltet Ihr gar einen deutschen Poeten hinschicken, einen Träumer, der vor jeder einzelnen Erscheinung stehen bleibt, etwa vor einem zerlumpten Bettelweib oder ein blanken Goldschmiedladen – o! dann geht es ihm erst recht schlimm, und er wird von allen Seiten fortgeschoben oder gar mit einem milden God damn! niedergestoßen. God damn! Das verdammte Stoßen! Ich merkte bald, dieses Volk hat Viel zu tun. Es lebt auf einem großen Fuße, es will, obgleich Futter und Kleider in seinem Lande teurer sind als bei uns, dennoch besser gefüttert und besser gekleidet sein als wir; wie zur Vornehmheit gehört, hat es auch große Schulden [...] – und deshalb hat John Bull Tag und Nacht zu arbeiten, um Geld zu solchen Ausgaben anzuschaffen, Tag und Nacht muß er sein Gehirn anstrengen zur Erfindung neuer Maschinen, und er sitzt und rechnet im Schweiße seines Angesichts, und rennt und läuft, ohne sich viel umzusehen, vom Hafen nach der Börse, von der Börse nach dem Strand, und da ist es sehr verzeihlich, wenn er an der Ecke von Cheapside einen armen deutschen Poeten, der einen Bilderladen angaffend ihm in dem Wege steht, etwas unsanft auf die Seite stößt. ›God damn!‹«

Von Cheapside sind es nur wenige Schritte bis zum Cornhill und Bishopsgate. Einige Schritte weiter – abgehend von der Gracechurch Street – gelangen wir zu den Arkaden des 1881 eingerichteten Leadenhall Market und der

Lamb Tavern, Leadenhall Market, EC 3
Leadenhall Market wurde von Sir Horace Jones entworfen, der auch als Architekt des Billingsgate und des Smithfield Market verantwortlich zeichnete. Eine Zeitlang war Leadenhall der wichtigste Lebensmittelmarkt der City, der das Bürgertum mit allem versorgte, was Leib und Seele täglich verlangten. Die in den überdachten Marktgängen nicht zu übersehende Lamb Tavern wurde um 1780 durch den Weinhändler Pardy gegründet und war schon bald eine stadtbekannte Arbeiter-Stehkneipe. Nach der Fertigstellung der Arkaden fanden zunehmend auch die Banker und Börsenmakler Gefallen an dem Pub und standen mit den Marktträgern Schulter an Schulter an der Theke. Die Markthalle mit ihrer relativ unzugänglichen Lage verlor Mitte des vergangenen Jahrhunderts ihre Versorgungsfunktion und ist seitdem nur mehr eine architektonisch imposante Adresse. Zwar finden sich hier noch Geschäfte und Restaurants, aber aufdringlich nach tierischem Fleisch riecht es hier nicht mehr – eher nach dem Parfüm gutgekleideter *office worker*.
Die Lamb Tavern ist einen Besuch zur Mittagszeit wert. Dann kann man hier erleben, wie schnell Manager und Sachbearbeiter ein *pint* trinken und ein kleines *lunch* einnehmen können. Das von Richard Rogers verantwortete futuristische Lloyd's Building (1978-86) mit den Außenaufzügen liegt schließlich gleich um die Ecke, und die Zahl der Finanzdienstleister, die in einem Radius von einem halben Kilometer die Stunden bis zum Mittagsbier zählen, geht in die Hundertausende. Die Lamb Tavern hat sich auf diese Kundschaft entsprechend eingestellt; ein neuer Zwischenboden, der über eine Wendeltreppe erreicht werden kann, erhöhte die Anzahl der zum Plaudern, Trinken und Speisen einladenden Stockwerke jüngst auf insgesamt vier. Die Bar im Obergeschoß war wohl die erste rauchfreie Bar der City;

Nichtraucher meinen, nur dort könne man das Essen richtig schmecken. Eine ansprechende Kneipe verdient es, vom Film entdeckt zu werden. In der Lamb Tavern haben John Wayne, Robert Mitchum und Tom Selleck gedreht.
Das nördliche Einfallstor für die City ist der Bahnhof Liverpool Street. Wer weniger an der Qualität des Biers als vielmehr an architektonischen Fundgruben interessiert ist, dürfte an dem nun vorgestellten Pub seine Freude haben:

Hamilton Hall, Liverpool Street Station, EC 2
Die Endstationen der nach London führenden Eisenbahnlinien liegen fast sämtlich in herrlichen Bahnhofsbauten, die wiederum von mindestens ebenso stattlichen Hotelbauten umgeben sind. Das hat heutzutage schon deshalb seinen Reiz, weil die vor Jahren privatisierte Bahn vor allem durch große Verspätungen und Zugausfälle von sich reden macht. Im neben dem Bahnhof gelegenen Great Eastern Hotel, das 1901 erbaut wurde, gibt es – wie in anderen vergleichbaren Hotels auch – Ballsäle und Lobbies, ausladende Treppen und Salons, die seit längerem wieder auf Vordermann gebracht und neuen Zwecken zugeführt werden. Der Grand Ballroom des Great Eastern Hotel hat eine Höhe von gut 15 Metern, ist nach dem Vorbild eines Appartements des Palais Soubise in Paris gebaut und wartet mit drallen, sinnlichen Nymphen und muskulösen griechischen Göttern auf.
Hamilton Hall war bis zu der Ära des Charleston in den 1920er und frühen 1930er Jahren ein beliebter Tanzpalast. Mit Beginn des Zweiten Weltkrieges wurde er geschlossen und blieb es auch in der Nachkriegszeit, als das Geld knapp war. Als der Bahnhof in den 1980er Jahren eine Schönheitskur erhielt, richteten Investoren ihre Begierde auf den ehemaligen Ballsaal, und es dauerte nicht lange, da wurde er

endlich – als Pub – wiedereröffnet. Der Pub-Historiker Ted Bruning kommentiert: »Abgesehen von der Auffrischung des extravaganten Stucks mit einigen Farbspritzern, ist die einzige Änderung ein neuer Tresen (mit Mezzanine darüber) in einer Ecke des Ballsaals; der Ort erinnert aber immer noch an den Ballsaal von damals. Das Gefühl, daß – sollte jemand Strauss anstimmen – all die müden Pendler und Sekretärinnen, die hier sich auf das abendliche Ausgehen einstimmen, plötzlich aufspringen und im Takt herumwirbeln, stellt sich unweigerlich ein.«
Schräg gegenüber der Hamilton Hall liegt das Pub

Dirty Dick's, 202 Bishopsgate, EC 2
Es war einmal ein Mann namens Nathaniel Bentley, der wohnte in der Leadenhall Street und erfreute sich des Rufs eines erfolgreichen Eisenhändlers und Dandys. Genau an dem Tag, an dem Bentley heiraten wollte, als alles für den Gottesdienst vorbereitet und das Hochzeitsfrühstück in seinem Haus hergerichtet war, wurde seine attraktive und einflußreiche Braut plötzlich krank und starb kurz darauf. Gramgebeugt verschloß Nathaniel Bentley das Zimmer, in dem das Frühstück hätte stattfinden sollen, und betrat es nie wieder. Von einem dandyhaften Auftreten konnte seitdem ebenso wenig die Rede sein wie von einer anspruchsvollen Lebensweise. Bentley sah kaum noch einen Sinn im Leben, das heißt, er sah keinen Sinn mehr darin, seine Kleidung zu wechseln und zu waschen und seinen Eisenladen sauber zu halten. Auch sah er keinen Sinn darin, seine vielen Katzen zu beerdigen, wenn sie gestorben waren. Was Wunder, daß ihm seine geruchsgeplagten Mitbürger den Spitznamen Dirty Dick verpaßten.

Trotz all seinem Kummer erreichte Bentley ein hohes Alter; auch sein Geschäft litt keineswegs unter seiner Mißwirtschaft. Als sich Nathaniel Bentley 1814 schließlich vom Geschäftsleben zurückzog (er starb 1819), fand sich sofort ein Käufer dafür. Es war der Wirt des ansonsten unauffälligen Old Port Wine House in Bishopsgate, der Bentley seinen gesamten Haushalt mit unberührtem Hochzeitsfrühstück, toten Katzen, Eisenwaren und überhaupt allem abkaufte, was dazu gehörte. Wenig später diente Bentleys Haushalt als schauerliche Attraktion in dem Wine House, das wiederum einen neuen, passenderen Namen erhielt: Dirty Dick's. Das Pub logiert in einem alten Weinkeller und bietet neben einer stimmungsvollen Atmosphäre eine gute Auswahl an kleinen Speisen und *real ales*. Wer lieber eine schlichte Kneipe aufsuchen möchte, kann von der Liverpool Station eine *tube* zur Station Whitechapel nehmen und dann Ausschau halten nach:

The Lord Rodney's Head, 285 Whitechapel Road, E 1
Die Kneipe im Londoner East End könnte nüchterner nicht sein. Sie glänzt nicht durch Prunk und Glitter, sondern durch ehrliche Zweckmäßigkeit. Das langgezogene, enge Pub hat den Tresen an der einen und schlichte, holzverschalte Wände an der anderen Seite. Hinzu kommt ein blanker Fußboden, auf dem einige wackelige Wiener Stühle im Lot zu bleiben suchen. Weiß der Himmel, wie alt diese Kneipe wirklich ist – sie könnte auf das Jahr 1900 oder 1860 oder sogar 1782 zurückgehen, also genau dem Jahr, in dem Admiral Rodney die französischen Kriegsschiffe im Battle of the Saints versenken ließ, um kurz danach auf vielen Kneipenschildern als Kriegsheld verewigt zu werden. Das Lord Rodney's Head steht in kaum einem Stadt- und Pubführer. Für einen Schritt in die Vergangenheit der *working class pubs* ist es prädestiniert wie kaum ein anderes. Von dem hereindringenden Lärm der Straßenhändler bis hin zu der Glas-

kuppel auf dem Tresen, unter der bestenfalls eine Handvoll belegte Brötchen oder Sandwiches liegen, ist in diesem Pub alles noch so, wie es eigentlich immer war. Auch hat es eine kleine Besonderheit, die es von anderen Wirtsstuben abhebt: eine Sammlung von rund hundert Kaminuhren, die sich auf dem Wandregal aneinanderreihen.

Bis in die Nachkriegszeit gab es eine Vielzahl von East-End-Pubs, die – wie das Rodney's – aus kleinen Ladengeschäften des späten 18. und 19. Jahrhunderts hervorgegangen waren. In ihnen wurden die Drinks schnell runtergestürzt oder – in einem Krug abgefüllt – mit nach Hause genommen. Bürgerlicher Plüsch war in diesen Arbeiterkneipen unerwünscht und unnötig. Dennoch hatten alle diese kleinen und dunklen Pubs ihren eigenen Charme und boten eine Art Häuslichkeit – wie heute noch Lord Rodney's Head.

DER NORDEN – HAMPSTEAD

Gute Luft, eine herrliche Weitsicht über London bis hin zu den Hügeln von Surrey – all das zeichnet das luftig gelegene Hampstead aus. Bereits in der Tudor-Zeit zog die dörfliche Gegend reiche Londoner Kaufleute an, in georgianischer Zeit mutierte sie zu einer Art Kurort für die Reichen, Intellektuellen und Künstler. John Keats beispielsweise lebte von 1818 bis 1820 in einem Regency-Haus, das heute als Museum dient (Keats Grove /Wentworth Place). Ein Spaziergang auf der Hampstead Heath mit ihren vielen Erhebungen, alten Baumgruppen, schattigen Alleen und Kieswegen hat noch niemandem geschadet – zumal nach einem längeren Aufenthalt im hektischen Zentrum von London. Charles Dickens, George Bernard Shaw und D. H. Lawrence wußten die malerische Oase ebenso zu schätzen wie Karl Marx, der hier in den 1850er Jahren häufig mit seiner Familie picknickte.

»Unser größtes Vergnügen war ein Sonntag auf der Hamp-

stead Heath«, berichtet Wilhelm Liebknecht, der spätere Begründer der Sozialdemokratischen Arbeiterpartei Deutschlands. »Die Kinder sprachen die ganze Woche im voraus davon, und auch die Erwachsenen freuten sich darauf. Schon der Gang dorthin war ein Fest. Von Dean Street aus, wo Marx wohnte, brauchte man mindestens eine und eine viertel Stunde, und es war feste Regel, Punkt 11 Uhr aufzubrechen. [...] Auf der Heath angekommen, suchten wir ein Plätzchen, unsere Zelte aufzuschlagen, und achteten sorgfältig darauf, daß von dort aus Tee und Bier leicht zu besorgen waren. Und wenn, wie Homer sagt, jeder seinen Teil gegessen und getrunken hatte, dann hielt Männlein wie Weiblein Ausschau nach dem bequemsten Ruheplätzchen oder Sitz; und wenn der gefunden war, so holte man die Sonntagszeitungen hervor, die man auf dem Weg gekauft hatte, las und diskutierte über Politik – es sei denn, er oder sie zogen erst mal ein Nickerchen vor; die Kinder hatten derweil Freunde gefunden und spielten mit ihnen hinter den Heidebüschen Versteck.«
Die Heath wird in der Literatur häufig erwähnt. Sie spielt eine Rolle in Dickens *Die Pickwickier* und in einem Reisebuch von Daniel Defoe; in Bram Strokers *Dracula* werden auf der Heath Kinder mit kleinen Einstichwunden am Hals gefunden, und auch von Sherlock Holmes und seinem Freund Watson ist bekannt, daß sie einmal über die Heide fliehen mußten. Nördlich von Hampstead Heath liegt der früher von Literaten geschätzte Gasthof:

The Old Bull & Bush, North End Road, NW 3
Das Old Bull & Bush bezeichnet sich selbst als Londons berühmtestes Pub und verweist bei Nachfragen auf ein Theaterlied von Florrie Ford aus dem Jahr 1903: *Down at the Old Bull and Bush.* Als Gasthof wurde das Bull & Bush das erste Mal 1721 amtlich erwähnt. Mitte des 18. Jahrhunderts

übernahm ihn der bedeutende bildende Künstler William Hogarth und baute eine Eibenlaube im Garten, um dort in Ruhe malen zu können. Als eines Tages der Schauspieler und Theaterdirektor David Garrick und die Maler Reynolds und Thomas Gainsborough bei ihm im Pub vorbeischauten, kommentierten sie anerkennend: »Was für eine erfreuliche und behagliche Bude ist doch dieses Bull & Bush.« Die Wirtschaft wurde im 19. Jahrhundert noch bekannter, als Charles Dickens, Wilkie Collins, George du Maurier und andere Künstler mehr sich hier bei einem *pint ale* von der schädlichen Stadtluft erholten. George und Weedon Grossmith spielen in ihrem wundervollen *Diary of a Nobody* (1892) auf das Pub an, nennen es aber Cow and Hedge. Daß Charles Dickens sich in dieser Gegend gut auskannte, zeigt ein Blick in seinen 1838 fertiggestellten Roman *Oliver Twist*, wo es über den Mörder Sikes heißt: »Sein Weg führte ihn durch Islington, dann den Hügel bei Highgate hinauf, auf dem der Gedenkstein für Whittington steht; er lief ohne Zweck und Ziel, unsicher, wohin er gehen sollte [...] und kam so schließlich bei Hampstead Heath heraus. Er durchquerte die Talsenke am Vale of Heath, erklomm die gegenüberliegende Anhöhe, kreuzte die Straße, die die Orte Hamstead und Highgate miteinander verbindet, lief über den restlichen Teil der Heide nach den Feldern bei North End, legte sich in einem von ihnen unter eine Hecke und schlief.«
Lag das Feld, in dem sich Sikes zum Schlafen legte, etwa dort, wo der Besitzer des Bull & Bush 1867 einen großen Biergarten anlegte? Sicher ist: In der Folgezeit – bis zum Ersten Weltkrieg – änderte sich das Publikum, war das Bull & Bush überwiegend in der Hand kleinbürgerlicher Londoner Tagesausflügler. 1907 wurde die U-Bahnstrecke nach Hampstead fertig und ermöglichte es noch mehr Städtern, einen Tagesausflug in die Gärten zu unternehmen. Zur selben Zeit

entstanden in den Gebieten nördlich des Pubs neue Wohngebiete, die für noch mehr Kundschaft sorgten. Doch dann begann der Erste Weltkrieg und mit ihm ein drastischer Geschäftsrückgang. Die »kleine deutsche Band«, von der die 95 Kilo schwere Florrie Ford noch 1903 so fröhlich geträllert hatte, war inzwischen auch alles andere als willkommen. In den 1920er Jahren versuchte ein neuer Besitzer den früheren Erfolg des Pubs durch erhebliche Umbaumaßnahmen wiederzubeleben, der sich in den 1930er Jahren auch einstellte. Zuletzt erfuhr das Pub im Frühjahr 2002 größere Renovierungsmaßnahmen. Bis dahin wehte einen ein Hauch des 18. Jahrhunderts an, wenn man sich in den kleinen, mit dunklem Holz verschalten intimen Nischen auf den Sofas niederließ, versonnen auf die nikotinverfärbten Kacheln blickte oder ein Bier an der *library bar* bestellte. Ob das Bull & Bush auch zukünftig eine Art Landhausbibliothek mit Anschluß an geistige Getränke bleibt, ist die Frage – bei meinem letzten Besuch war es noch nicht wieder eröffnet. Ein garantiert *splendid old pub* (ca. 1585 eröffnet) liegt nur einige Minuten entfernt vom Bull & Bush:

The Spaniard's Inn, Spaniard's Road, NW3
Der Inn ist reich an Atmosphäre und fast zu allen Tageszeiten gut besucht. Viel altes, dunkles Holz, vertäfelte Wände, nikotinverfärbte Decken, eine trauliche Sitzecke, ein Dining-Room, offene Kamine, eine lange Theke – in dem weiß gestrichenen, dreistöckigen Backsteingebäude fehlt es Kneipengängern und hungrigen Gästen an nichts. Wer speisen möchte, sollte die Regel *How to order your food* kennen: *Find a vacant table and note the table Number. Place your order at the bar and pay for your meal at time of ordering. Please inform us of your table number at this point. Your order will be served to your table.*

Wie der Inn zu seinem Namen kam, weiß niemand so genau. Sicher scheint, daß der berühmte Straßenräuber Dick Turpin hier am 21. September 1705 geboren wurde, als Sohn des damaligen Besitzers John Turpin. Er wurde 1739 in York gerädert – die *Turpin Bar* im Pub erinnert an seine kriminelle Karriere. Vielleicht inspirierte sie Bram Stroker, der The Spaniard in *Dracula* erwähnt. Charles Dickens wiederum siedelte eine Szene in den *Pickwickiers* im Rosengarten des Inns an: Mrs. Bardell wird hier verhaftet, während sie beim Tee mit Freunden sitzt (sie war Gerichtsgebühren schuldig geblieben). In den 1820er Jahren kam öfters William Keats auf einen Drink und beobachtete eines Tages eine Nachtigall, die ihn zu seiner berühmten *Ode an eine Nachtigall* inspirierte.
Die von Geschäften, Boutiquen, Kaffeehäusern, Pubs und stilvollen Restaurants gesäumte High Street von Hampstead wirkt heute noch wie die eines Kurbades; Flask Walk und Church Row unterstreichen das nachdrücklich in georgianischem Sinne. Die Fenster über den Eingängen der Terrassenhäuser sehen übrigens deshalb alle unterschiedlich aus, weil sie – vor der Einführung der Straßenbeleuchtung – mit ihren unterschiedlichen Lichtmustern den Bewohnern nach einem *pub crawl* den richtigen Eingang signalisieren mußten.
Es wird Zeit für einen Besuch der nahe der U-Bahn-Station Hampstead gelegenen

Flask Tavern, 14 Flask Walk, NW 3
Bevor die Quellen in Hampstead als Heilquellen anerkannt wurden, hieß die Taverne Thatched House. Als der Handel mit abgefülltem Quellwasser in Mode kam, wurde sie in Flask umbenannt, um zu unterstreichen, daß hier Heilwasser zum Verkauf stand. (Im 19. Jahrhundert stellten Wissen-

schaftler fest, daß das Heilwasser von dramatisch schlechter Qualität und irreversibel verschmutzt war.) Natürlich kamen die Stammgäste des Pubs weiterhin vor allem wegen des Angebots alkoholischer Getränke; der Drucker und Schriftsteller Samuel Richardson (1689-1761) beschrieb 1748 in seinem Roman *Clarissa* das Flask als einen Ort, »an dem zweitklassige, gelegentlich beschwipste Charaktere anzutreffen sind«. Im 19. Jahrhundert zogen vieler Arbeiterfamilien nach Hampstead. (Heute könnten sie sich das nicht mehr leisten, denn für ihre ehemaligen kleinen Häuser und Cottages werden inzwischen astronomische Preise bezahlt.) Die Arbeiter erkoren die zentral gelegene Flask Tavern zu ihrer Lieblings-Bierschenke, und sie blieb es auch nach einem Umbau im Jahre 1873. Abgesehen von einigen schmückenden Kacheln und einer zusätzlichen vertäfelten Trennwand zwischen *lounge* und *public bar* bewahrte das Pub jedoch seinen eher funktionalen Charakter.

Nach dem Zweiten Weltkrieg gingen immer mehr Häuser in Hampstead in die Hände von Schriftstellern, Künstlern, Musikern und Schauspielern über. Sie machten in der Folgezeit das unprätentiöse Flask zu ihrem bevorzugten *watering place*. An Anziehungskraft hat dieses alte *local* bis heute nichts eingebüßt. Die *lounge bar* ist gemütlich, ein offenes Feuer brennt, wenn es kühl ist, und zuweilen glaubt man, die Zeit bliebe gerade stehen. In der *public bar* kommen Darts-Spieler ebenso auf ihre Kosten wie Anhänger von Fußballübertragungen. Seit längerem sorgt ein zusätzlicher, geschickt integrierter und orange beleuchteter Wintergarten für Leute, die neben Wein und Bier auch gern ein gutes Essen serviert bekommen. Im Ausschank sind Young's Bitter und saisonal wechselnde *real ales on handpump*.

Für literarische Spurensucher ist Hamstead mit seinen schmalen Gassen und schmucken Häuschen ein Paradies einschlägiger blauer Plaketten. In der Oakwood Road (Nr. 1B) war in den 1920er Jahren häufig George Orwell zu Besuch; hier schrieb er 1931 auch den Erfahrungsbericht *Erledigt in Paris und London*; 145 Underhill war die Adresse von Evelyn Waugh von 1916 bis 1928. Der Psychoanalytiker Sigmund Freud lebte in einer Villa in Maresfield Gardens (sein Haus, in dem bis zu ihrem Tod 1982 auch seine Tochter Anna praktizierte, steht zur Besichtigung offen). Freud mußte – von der Judenverfolgung der Nazis bedroht – 1938 seine Praxis in Wien aufgeben und flüchtete mit einigem Mobiliar, der berühmten Couch und seiner Antikensammlung ins englische Exil. In dem alten Hofgebäude Old Wyldes, Wyldes Close, wohnte um 1820 William Blake eine Weile; Charles Dickens verbrachte hier 1837 einige Monate; Byron Villas bot 1915 im Erdgeschoß D.H. Lawrence und seiner deutschen Frau Frieda von Richthofen Domizil – im selben Jahr beobachteten die beiden einen deutschen Zeppelin über der Heath, der gerade einen Luftangriff auf London flog; Portland Villas (Nr. 17) war von 1918 bis 1921 Katherine Mansfields Zuhause; Daphne Du Maurier wohnte von 1916 bis 1935 am Cannon Place; im Gardner House, Flask Walk, lebte von 1976 bis 1982 Kingsley Amis. Zahlreiche weitere erste literarische Adressen lernen Interessierte bei einem der in Hampstead angebotenen Rundgänge – etwa *Old Hampstead Village* – kennen.

Sozusagen einen Katzensprung entfernt von Hampstead liegt Highgate, das vor allem durch seinen Friedhof weltweit bekannt geworden ist. Auf dem Highgate Cemetery gibt es mehr als 50 000 Gräber. Hier wurden zur letzten Ruhe gebettet u. a. die Eltern von Charles Dickens, der berühmte Buchhändler William Foyle, der Vater von Virginia Woolf, Sir Leslie Stephen, George Eliot, Christina Rossetti und – 1883 – der deutsche Philosoph Karl Marx (East Wing). Sein Grabmonument mit der grimmig blickenden Büste und der Inschrift: WORKERS OF ALL LANDS UNITE dient seitdem als Pilgerstätte für Menschen aus aller Welt. In dem Grab ruhen auch seine Frau Jenny und die langjährige Haushälterin Helene Demuth.

DER SÜDEN UND GREENWICH

Gegenüber der City und Westminster, auf dem Südufer der Themse, im Southwark-Viertel, haben neueren archäologischen Forschungen zufolge bereits vor den Gründungsaktivitäten der römischen Legionäre Menschen an einer Furt gesiedelt – vermutlich Kelten. Mit Beginn des Mittelalters erstreckte sich am Südkopf der weithin gerühmten, auf zwanzig Steinpfeilern und mit einer Zugbrücke versehenen London Bridge ein Vergnügungsviertel mit Gasthäusern, Jahrmärkten, Hahnenkampf-Arenen und Bordellen. Da Southwark für Reisende aus dem Süden der erste Anlaufpunkt war, gab es hier zudem viele Postkutschenstationen und Herbergen. Das Rotlichtviertel gehörte seit dem 12. Jahrhundert den Bischöfen von Winchester, die kräftig von den Einnahmen der *Winchester Geese* genannten Prostituierten profitierten. Die halbinstitutionalisierten Bordelle florierten noch besser, als im 16. Jahrhundert Shakespeares Globe Theatre die Massen anzog, bis es 1642 aufgrund des puritanischen Verbots aller Theater geschlossen werden mußte und dann abgerissen wurde. Shakespeares rundes Theater ist 1997 fast originalgetreu rekonstruiert wiedererstanden; es liegt in der Nähe der ursprünglichen Anlage, hat von Reetdächern geschützte Zuschauergalerien, eine mit Stroh ausgelegte Bühne und folgt den elisabethanischen Regeln: Essen, Trinken und Dazwischenrufe sind erlaubt, deftige Bühnenspektakel garantiert.
Das Südufer hatte jahrhundertelang den Ruf eines düsteren,

sündenhaften Viertels. Seit den 1950er Jahren hat sich das entschieden geändert. Nun ist es eine den Künsten verschriebene Gegend mit Institutionen wie der Royal Festival Hall, dem Royal National Theatre, dem Museum of the Moving Image, dem Globe, der neuen Galerie Tate Modern (in einem alten Kraftwerksgebäude), dem Imperial War Museum und anderen mehr. Seit dem Millennium sorgt das *London Eye* genannte Riesenrad mit seinen 32 gläsernen Kuppeln (gleich gegenüber den Houses of Parliament) für zusätzliche Besucherscharen. Und wo gibt es ein gutes Bier? Östlich der Southwark Bridge zum Beispiel wartet

The Anchor, 34 Park Street – Bankside, SE 1
Das direkt am Fluß liegende Pub hat eine wahrlich feurige Geschichte. Zweimal mußte es nach verheerenden Bränden wieder aufgebaut werden – 1750 und 1876. Zudem ist es genau jener Ort, von dem aus ein erschöpfter und verzweifelter Samuel Pepys mit seiner Frau und einigen Freunden das »Great Fire« von 1666 beobachtete. Nachdem er zunächst die Entwicklung des Feuers von einem Themseboot verfolgt hatte, zog es ihn an Land und ins Anchor. In seinem *Geheimen Tagebuch* berichtet er: »Als wir es auf dem Wasser nicht mehr aushalten konnten, wir zu einem kleinen Bierhaus an der Bankside [...] und blieben dort, bis es fast dunkel war, und sahen das Feuer zunehmen. Und als es dunkler wurde, war es immer mehr zu sehen, in Ecken und auf Kirchtürmen und zwischen Kirchen und Häusern, soweit wir die Anhöhe der City hinaufsehen konnten, in einer höchst schrecklichen, bösartigen, blutigen Flamme, nicht wie die schöne Flamme eines gewöhnlichen Feuers. [...] Wir blieben, bis wir im Dunkeln das Feuer nur als einen einzigen großen Feuerbogen von dieser bis zur anderen Seite der Brücke sahen und einen weiteren Bogen die Anhöhe hinauf

von über einer Meile Länge: der Anblick machte mich weinen. Die Kirchen, Häuser und alles in Brand und ein einziges Feuermeer; und ein schreckliches Geräusch machten die Flammen und das Krachen der Häuser bei ihrem Zusammenbruch. So nach Hause mit traurigem Herzen, und dort reden und klagen alle über das Feuer ...«

Zu dieser Zeit hatte das Anchor bereits einige Jahrzehnte auf dem Buckel und war nichts weiter als eine der zahllosen Tavernen im Elendsviertel des elisabethanischen Southwark. Den Schauspielern des Globe diente es als *local*, weil es über einen schönen Biergarten verfügte. Gute zwei Jahrhunderte später machte Dr. Johnson das Anchor zu seiner Stammkneipe. Der Lexikograph war ein guter Freund der Familie Thrale, die die nahe gelegene Anchorbrauerei betrieb, bis sie sie 1781 verkaufte. Samuel Johnson hatte von den Mäzenen 1763 ein großes Zimmer in der Brauerei zur Verfügung gestellt bekommen, wo er in Ruhe an dem vierbändigen Werk *Lives of the Poets* (1979-81) arbeiten konnte. Mit Henry Thrale und Freunden wie Oliver Goldsmith, James Boswell und David Garrick kehrte er häufig in der Taverne ein. Sein bevorzugtes Getränk war ein starkes *porter* (Dunkelbier), welches Thrale für den baltischen Handel braute und das auch heute noch als Russian Imperial Stout vertrieben wird.

Dr. Johnsons Hauptwerk *Dictionary of the English Language* bietet in zwei Folio-Bänden rund 40 000 Begriffsdefinitionen mit zugehörigen Etymologien. Als es 1755 nach langjährigen Vorarbeiten erschien, übertraf es alle Vorgänger an Gründlichkeit der Konzeption und literarhistorischer Kenntnis. Während der Gelehrte immer berühmter wurde – 1764 gründete er den Literary Club, der namhafte Literaten und Wissenschaftler der Zeit versammelte –, wurde es um das Anchor immer stiller. Nach Johnsons Tod 1784 siechte das Pub dahin, wurde nur von einigen Hafen- und Lagerarbeitern des Bezirks frequentiert. Inzwischen sind durch den Niedergang der Londoner Häfen die typischen alten Speicherhäuser an der Themse zu luxuriösen Wohnungen und Büros umgebaut worden und sorgen für neue Stammkundschaft.

Das Anchor mit seinen nikotinverfärbten Stuckarbeiten, dem schwarzen Eichenholz und den vielen kleinen Nebenräumen – einschließlich der *Johnson Bar* und einem Restaurant – ist ein hervorragender Ort, um ein *pint* Courage Directors zu trinken und den Fluß sowie die Skyline der City of London zu genießen. Auf einem Deckenbalken lesen wir die Mahnung: DO NOT RESENT GROWING OLD, MANY ARE DENIED THE PRIVILEGE.

Nicht weit vom Anchor finden wir einen der für das Southwark des 17. und 18. Jahrhunderts so typischen *coaching inns*:

The George, 77 Borough High Street, SE 1

Der Inn logiert in dem noch verbliebenen Flügel des einst mit einer umlaufenden Galerie versehenen, hufeisenförmig angelegten Gasthofs. The George ist das einzige noch – zum Teil – erhaltene Londoner *coaching inn* und wird vom National Trust gehegt und gepflegt. Zuerst erwähnt wurde der Inn 1598 in John Stows *Survey of London*. Der erhalten gebliebene Gebäudeteil datiert auf das Jahr 1676 zurück. Zur Hochzeit der Post- und Fernkutschen fertigte man hier bis zu achtzig Wagen die Woche ab, und weil die Reisenden aus dem Süden nach Sonnenuntergang nicht mehr über die London Bridge in die City kommen konnten, lief das Herbergs- und Bewirtungsgeschäft wie geschmiert. Der Inn machte auch noch gute Umsätze, als Charles Dickens hier einkehrte – und die Architektur in seinem Roman *Little Dorrit* pries: »Großartige, weitläufige, seltsam alte Orte sind diese Inns, mit Galerien und Gängen und Treppen; breit genug und ausreichend antiquiert, um das Material für hundert Gespenstergeschichten zu beherbergen.«

Aber einige Jahre später übernahm die Eisenbahn das Transportgeschäft, und 1889 veranlaßte die Great Northern Railway Company den Abriß von zwei Seitenflügeln des George, um dort Lokomotivschuppen zu errichten. Was von dem traditionsreichen Inn geblieben ist, kann sich sehen lassen: diverse Bars mit verräucherten Wänden und Decken, alten Eichenbänken und -stühlen. Nach einigen *pints real ale* von Whitbread erinnert man sich hier auch an die alten Pilgerzeiten und das Pub Taburn (Heroldsrock), das aber schon lange nicht mehr steht.

Ein gelungenes Beispiel für die Sanierung alter Speicherhäuser ist das Backsteinensemble Butler's Wharf gleich neben der Tower Bridge. Im Clove Building vermittelt das Bramah Tea & Coffee Museum einige Kenntnis von dem, was hier einmal umgeschlagen wurde. Southwark war zudem für den aus Kent kommenden Hopfen das Tor zu Londons Brauereien, und die ehemalige Hopfenbörse sowie die prachtvollen Büros der längst vergessenen Hopfenhändler kann man in der Borough High Street bewundern. Westlich der heutigen Tower Bridge Road lag seit den elisabethanischen Zeiten die Anchor-Brauerei, die schließlich nach wechselvoller Geschichte in den 1980er Jahren abgerissen wurde. Die Gründerfamilie hatte sie 1781 an Barcley Perkins verkauft; Samuel Johnson kommentierte das damals mit den Worten: »Wir sind nicht hier, um ein Paket mit Kesseln und Fässern zu verkaufen, sondern wegen der Möglichkeit, reicher zu werden, als man es sich selbst in den habsüchtigsten Träumen vorstellen kann.« Und von hier an beginnt die Geschichte unseres nächsten Pubs:

Anchor Tap, 23 Horsleydown Lane, SE 1
Im Schatten der Tower Bridge, am Butler's Wharf, verläuft die Horseleydown Lane, in der das blumengeschmückte Anchor Tap durstige Kehlen erfrischt. Das Pub ging 1787, drei Jahre nach Johnsons Tod, in die Hände von John Courage über – einem von Hugenotten abstammenden Unternehmer, der zugleich an der Flußseite der Straße seine eigene, die Horsleydown-Brauerei, aufbaute. Das alte Wharfland-Pub ist bis heute fast unberührt geblieben und wartet mit viel Charme aus dem 18. Jahrhundert auf: gemütliche kleine Nebenräume mit so wichtigen Hinweisen wie PLEASE MIND YOUR HEAD, viel dunkle Eiche, nikotinverfärbte Kacheln und hochlehnige Hocker. Die Terasse direkt über dem Fluß nicht zu vergessen. Etwas weiter flußabwärts, dem neuen Verlagszentrum Wapping gegenüber, beim Cherry Garden Pier, liegt ein Pub mit tiefblauer Außengestaltung, das sich *famous* nennt:

The Angel, 101 Bermondsey Wall East, SE 16
Für eine traditionelle Arbeitergegend wie diese mit den vielen Sozialwohnungsbauten entlang der Jamaica Road ist das Angel ein untypisch hochklassiges Pub. Die in einem zweistöckigen Gebäude aus dem frühen 19. Jahrhundert untergebrachte Schenke liegt direkt am Flußufer – in unmittelbarer Nachbarschaft der Reste eines Herrenhauses Edwards III. Das Angel wurde bereits im frühen 16. Jahrhundert urkundlich erwähnt. Gegründet wurde die Taverne von Mönchen des Bermondsey Klosters, das aber kurze Zeit später aufgelöst wurde. Im 17. Jahrhundert, sagt man, soll die Taverne einer der Orte gewesen sein, an dem Christopher Jones Männer anheuerte und Vorräte für die Reise der Mayflower organisierte und verlud. Zu jener Zeit hatte Bermondsey Ruf als beliebter Ausflugsort vor den Toren Lon-

dons, und es verwundert wohl kaum, daß der umtriebige Samuel Pepys regelmäßig im Angel erschien. Er kehrte ein, wenn er in den benachbarten Cherry Gardens Obst gekauft oder das vermeintlich heilendende Wasser aus den nahe gelegenen eisenhaltigen Quellen geholt hatte – was er gerne tat, um den eigentlichen Grund seiner Vorliebe für Bermondsey zu tarnen. In der Nähe des Pubs lebte ja Mrs. Bagwell – eine der Konkubinen des Beamten. Pepys erwähnt sie in den *Tagebüchern* wenig liebevoll stets ohne Vornamen, und notierte unter dem Datum 19. Februar 1665:

»Dann zum Amt und traf dort Bagwells Frau, der ich sagte, sie solle nach Hause gehen und ich würde ihre Angelegenheit erledigen, nämlich einen Brief an Lord Sandwich schreiben wegen der Beförderung ihres Mannes auf ein besseres Schiff bei passender Gelegenheit. Das tat ich und fuhr bald darauf zu Wasser bis zur Werft von Deptford und dann weiter hinunter und landete so am unteren Ende der Stadt; und als es dunkel war, tat ich heimlich entrer en la maison de la femme de Bagwell und hatte dort sa compagnie, wenn auch mit großen Schwierigkeiten, néanmoins en fin j'avais ma volonté d'elle, und übersättigt davon ging ich zurück (zum Pub, d. V.), es war jetzt beinahe neun Uhr, und dort trank ich Branntwein und aß Brot und Käse.« (Anm. d. V.: Ich trat in das Haus ein, leistete ihr Gesellschaft; hatte trotzdem schließlich meinen Willen mit ihr.)

Als sich London immer weiter ausbreitete, kam die Gegend zunehmend herunter, bis sie in den Tagen von Dickens schließlich einer der schlimmsten Slums in London war. In *Oliver Twist* heißt es: »In der Nähe jenes Teiles der Themse, wo die Kirche von Rotherhithe steht, wo die Gebäude am Ufer am schmutzigsten und die Schiffe auf dem Fluß am meisten vom Kohlenstaub und dem Rauch der dichtgedrängten niedrigen Häuser geschwärzt sind, befindet sich der schmierigste, seltsamste und ungewöhnlichste Teil jener vielen Gebäude, die in London selbst dem Namen nach dem größten Teil seiner Bewohner verborgen sind. Wer dorthin gelangen will, muß sich durch ein Labyrinth enger, schmutziger Straßen hindurchwinden, in denen sich die rohesten und ärmsten Bewohner des Flußufers zusammendrängen und ihren gelegentlichen Geschäften nachgehen. Die billigsten und unappetitlichsten Nahrungsmittel liegen zu Haufen in den Läden, die häßlichsten und schlechtesten Kleidungsstücke hängen vor den Türen und Fenstern der Trödler. Nur mit Schwierigkeiten bahnt man sich einen Weg durch Arbeitslose der niedrigsten Sorte, Last- und Kohlenträger, unverschämte Weiber, zerlumpte Kinder und den Abschaum des Flusses, während man von den engen Seitenstraßen zur Linken und zur Rechten her durch häßliche Anblicke und Gerüche beleidigt und von dem Lärm schwerer Lastwagen betäubt wird, die Berge von Waren aus den Lagerhäusern abtransportieren, welche an jeder Ecke emporragen.«

Diese schmutzige, verwahrloste Gegend, die Dickens für das schreckliche Ende von Bill Sikes in *Oliver Twist* wählte, gibt es nicht mehr. Das Viertel ist in den letzten Jahrzehnten nachhaltig saniert und verschönert worden, und das Angel präsentiert sich inzwischen als eindrucksvoll mit altem Eichenholz gestaltetes, vornehmes Pub. Ein Besuch empfiehlt sich besonders für Liebhaber von Stadtansichten: London liegt dem Engel gleichsam zu Füßen. Ob es ratsam ist, wie Samuel Pepys wegen der Gesundheit »einen halben Schoppen Rheinwein mit Bier vermischt« zu trinken, wage ich nicht zu entscheiden.

Der erfahrene englische Romancier Graham Swift hat den Stadtteil Bermondsay für seinen sechsten Roman mit dem doppeldeutigen Titel *Last Orders* (dt. *Letzte Runde*; 1997) als Ausgangspunkt gewählt. Die Handlung spielt an einem einzigen Tag; vier Männer machen einen bizarren Autoausflug von Südlondon über Canterbury zum Seebad Margate: Lenny, der einen Obststand betreibt und gern ein Boxchampion geworden wäre; Ray, der als Versicherungskaufmann tätig ist und ein glückliches Händchen bei Pferdewetten hat; Vic, der Leichenbestatter, und Vince, der viel jüngere Fahrer und erfolgreiche Gebrauchtwagenhändler. In Margate werden sie schließlich bei stürmischen Winden auf dem Pier stehen und den Inhalt einer Urne ins Meer streuen, die sie die ganze Zeit abwechselnd auf dem Schoß gehalten haben – sie enthält die feinkörnigen sterblichen Überreste ihres alten Kumpels Ray, einem Schlachter, der an Magenkrebs gestorben ist. Die vier Männer kennen sich aus dem Pub Coach and Horses in Bermondsey, und in dieser Stammkneipe treffen sie sich eines Morgens. Zunächst erscheint Ray: »Bernie zapft mir ein Helles und stellt es vor mich hin. Er guckt mich an mit seinem faltigen Hundegesicht, weiß nicht so recht, kriegt aber mit, daß mir nicht nach Quatschen zumute ist. Deswegen bin ich nämlich hier, fünf Minuten, nachdem er aufgemacht hat, um mich ein Weilchen stumm mit meinem Bierglas zu unterhalten. [...] Ich nuckle an meinem Bier und steck mir nen Glimmstengel an. Außer mir sind vielleicht noch drei oder vier frühe Kneipengänger da, und es sieht ziemlich öde aus hier. Kühl und riecht ein bißchen nach Desinfektionsmittel. Und es ist zu leer.«

Kurz nachdem Lenny erschienen ist, kommt auch Vic angetrudelt. Ray mustert den Leichenbestatter: »Irgendwie hatte ich dieses Bild vor mir, wie die Tür aufgeht und Vic, ganz feierlich, hereinmarschiert kommt und ne kleine Urne aus Eichenholz mit Messingbeschlägen vor sich her trägt. Aber alles, was er trägt, und zwar unterm Arm, ist ein einfacher

brauner Pappkarton [...]. Er stellt den Karton auf den Tresen, knöpft seinen Regenmantel auf und pflanzt sich auf den Hocker neben Lenny.
›Kühl heute‹, sagt er.
›Ist es das?‹ fragt Lenny und sieht zu dem Karton hin. ›Ist er das?‹
›Ja‹, sagt Vic. ›Was trinkt ihr?‹«

Greenwich markiert seit 1844 den Null-Grad-Längengrad, der den Globus in eine westliche und östliche Hälfte teilt. Die Weltzeit wird seitdem durch die *Greenwich Mean Time* festgelegt. *11 a. m.* heißt in Großbritannien vor allem, daß die Pubs öffnen – und das gilt auch für:

The Trafalgar Tavern, 6 Park Row, Greenwich, SE 10
Diese Taverne konnte Samuel Pepys nicht kennen, weil sie erst 1837 von Joseph Kay, dem Architekten des Greenwich Hospitals, entworfen wurde. An ihrer Stelle stand zuvor das George, eine nicht gerade gut beleumdete Bierschenke. Im 17. und 18. Jahrhundert war Greenwich eine einzige Baustelle, weil Charles II. und seine Thronnachfolger hier ein englisches Versailles errichten wollten. Christopher Wrens Spital für pensionierte Seeleute, das Queen's House und die Palastgebäude von Charles II. sind nur einige Beispiele für die architektonischen Träume, die in Greenwich Gestalt annahmen. Als Theodor Fontane im Frühjahr 1844 Greenwich einen Besuch abstattete, war er durchaus begeistert:
»Greenwich ist ein Vergnügungsort der Londoner [...]. Greenwich ist aber noch mehr und würde auch ohne Ale und Porter und Ginger-Bier, ohne seine Kellner und Kaffeehäuser eine Stadt von Bedeutung sein. Seine Sternwarte sowohl wie sein Hospital haben es seit langem berühmt gemacht. [...] Die sogenannte Greenwich-fair ist für die Londoner

das, was der Stralauer Fischzug oder das Mottenfest für Berlin, noch mehr aber was der Tuchaer Jahrmarkt für die Leipziger bildet. Es ist ein Volksfest, woran die Noblesse entweder gar keinen Anteil nimmt oder doch nur als Zuschauer zugegen ist. [...] Während wir zwischen den hellerleuchteten Buden, die mich lebhaft an den Berliner Weihnachtsmarkt erinnerten, in dieser Weise Spießruten liefen, gelangten wir schließlich an den Greenwich Park, in dessen Mitte sich die Sternwarte, auf der Spitze eines Hügels gelegen, befindet. Heute war der Park kein Sitz der Wissenschaft, sondern ein Tummelplatz der Lust. Hier vergaß man den Himmel über die Erde, statt der Sterne hatte man Mädchenaugen, man guckte tief ins Glas, aber in kein einziges Fernglas, nicht die Freude über einen neu entdeckten Stern, nur das Doppel-Ale berauschte die Köpfe, und keine anderen Berechnungen wurden angestellt als vom Kellner, wenn er den Preis von Beefsteak und Porter auf shilling und pence bestimmte.«

Das bemerkenswert großzügige Gebäude der Trafalgar Tavern mit den großen, überdachten gebogenen Fenstern und schmiedeeisernen Balkonen folgt dem Regency-Stil. Im 19. Jahrhundert erfüllte das Trafalgar hauptsächlich nur einen Zweck, den als Zentrum der *whitebait*-Feinschmecker. In jener Zeit war Greenwich in ganz Großbritannien vor allem bekannt für seine großartigen *whitebait dinner*, die zwischen Mai und August ihren Höhepunkt fanden, wenn der Breitling in großen Mengen aus der Themse gezogen wurde. Zudem stellten diese Dinner eine hochrangige politische Angelegenheit dar, wobei die Liberalen ihres im Trafalgar, die Konservativen ihres in der – inzwischen niedergerissenen Taverne – Ship abhielten. Aufgekommen waren die Breitling-Essen durch ein Mitglied von Pitts Kabinett, das seine Kollegen in sein Haus am Fluß einzuladen pflegte, wenn das Parlament in die Sommerferien ging. Es dauerte nicht lange, da waren diese Dinner so beliebt, daß sie in die Tavernen verlegt werden mußten. In ihrer Blütezeit zogen sie Hunderte von Menschen an, die mit der Bahn, in Karren oder mit Offiziersbarkassen nach Greenwich kamen. Das Satiremagazin *Punch* spottete denn auch über die Alkoholmengen, die während dieser Veranstaltungen vertilgt wurden. Autoren wie Charles Dickens, Wilkie Collins, Macaulay und Thackeray waren auch mit von der Partie.

Ende des 19. Jahrhunderts gingen den Tavernen in Greenwich nachgerade abrupt die Gäste aus – die zunehmend konkurrenztüchtigen Restaurants im Zentrum Londons boten nun auch Breitling-Dinner an, und die Städter bevorzugten die kürzeren Wege. Zuerst erwischte es das Ship in Greenwich – es machte 1908 pleite; 1915 schlug dann auch die letzte Stunde für die Trafalgar Tavern. In der Folgezeit war es zunächst ein Seemannsheim, später ein *workingmen's club*. 1965 meldete sich die Trafalgar Tavern wieder ins Pub-Leben zurück. Investoren hatten das Gebäude erworben und daraus wieder eine ansehnliche und mit einem Designpreis ausgezeichnete Gastwirtschaft gemacht. Die Atmosphäre des rekonstruierten Pubs dürfte sehr viel behäbiger und förmlicher sein als im 19. Jahrhundert. Die Tresen und der Speisesaal wirken eher wie aus einem gehobenen Landhotel entnommen denn als die einer traditionsreichen Kneipe. Im Erdgeschoß erwarten einen zwei Salons, eine Bar mit herrlicher Aussicht sowie der Speisesaal, in dem die Fotos berühmter Gäste – von Erica Roe bis Norman Tebbit – zu bewundern sind; hinzu kommen eine Vielzahl von Gesellschaftsräumen, etwa der Nelson-Raum, der über acht Kronleuchter verfügt. Mit Schnitzereien versehene Kamine und stuckverzierte Simse runden das Ambiente ab. Dennoch: Das Trafalgar ist unbestritten ein Pub und kein Restaurant:

Der Breitling darf hier immer noch mit den Fingern gegessen werden. Im Anschluß daran bietet sich ein Besuch im National Maritime Museum an, dem größten Marinemuseum der Welt, wo u. a. auch Knellers Porträt von Samuel Pepys zu bewundern ist.

6. Pastorale Landschaft, Urtümliche Kneipen

Der amerikanische Reiseschriftsteller Bill Bryson schildert in seinem Buch *Reif für die Insel* eine Szene, die meiner Erfahrung nach typisch ist: »Wenn man in einem Pub erwähnt, daß man von Surrey nach Cornwall fahren will [...], blasen die Gesprächspartner die Backen auf, schauen sich mit wissender Miene an und stoßen die Luft aus, als wollten sie sagen: ›Au weia, das is ja 'n Ding!‹ Und dann stürzen sie sich in eine angeregte, weitschweifige Diskussion darüber, ob man besser die A30 nach Stockbridge nimmt und dann die A303 nach Ilchester oder die A361 nach Glastonbury über Shepton Mallet. Binnen weniger Minuten gerät das Gespräch buchstäblich von Hölzchen auf Stöckchen [...]. ›Also ungefähr eine Viertelmeile danach, nicht an der ersten Abfahrt links, sondern an der zweiten, da ist eine schmale Straße zwischen zwei Hecken – hauptsächlich Weißdorn, aber ein paar Haselsträucher sind auch dazwischen. Na gut, wenn man der Straße am Reservoir vorbei unter der Eisenbahnbrücke hindurch folgt und am Buggered Ploughman scharf rechts abbiegt –‹

›Nettes kleines Pub‹, wirft dann einer ein. Aus irgendeinem Grunde meist ein Typ in einer bollerigen Strickjacke. ›Sie zapfen ein anständiges Old Toejam.‹ [...] Nennen Sie zwei oder mehr Männern in einem Pub den Namen zweier beliebiger Orte in Großbritannien, und sie haben stundenlang nur noch ein Thema. Wo immer Sie hinwollen, man wird sich darüber einig sein, daß Sie es mit knapper Not schaffen, wenn Sie weder durch Okehampton noch durch das Stadtzentrum von Oxford und schon gar nicht von Freitag, 15 Uhr, bis Montag, 10 Uhr, über die Severn Bridge nach Westen fahren.«

In diesem Kapitel geht es zwar nicht bis zur Severn Bridge, aber Richtung Südwesten schon, nach Winchester in der Grafschaft Hampshire. Ausgangspunkt ist der südliche Londoner Speckgürtel, der *Stockbroker Belt*, wo die *Gin and Tonic Commuters* – also die bessergestellten Pendler Londons – wohnen; die Gegend oberhalb von Royal Tunbridge Wells, einem Städtchen mit steilen Gassen und vielen Antiquitätengeschäften. In der Umgebung von Tunbridge Wells warten einige berühmte Herrensitze Kents auf (zahlende) Touristen: Groombridge Place and Gardens etwa, wo Arthur Conan Doyle seinen Meisterdetektiv Sherlock Holmes durch den geheimnisvollen Zauberwald des Parkgeländes stapfen ließ (*Im Tal der Angst*) und wo Peter Greenaway seinen Film *Der Kontrakt des Zeichners* (1982) drehte. Aber auch Penshurst Place and Gardens – dort steht eines der ältesten Herrenhäuser Südenglands –, Hever Castle und natürlich Knole mit seinen sieben Innenhöfen und 365 Räumen, das von mehreren Sackville-Generationen bewohnt wurde und wo Vita Sackville-West ihre Kindheit verbrachte, sind abwechslungsreiche Ziele.
Inmitten der weiten Landschaft mit kleinen Wäldern und heckengesäumten engen Landstraßen liegt der Landsitz Chartwell, wo der berühmte Premier und Literaturnobelpreisträger Sir Winston Churchill (1874-1965) u. a. sein Werk *The History of the English Speaking Peoples* verfaßte. Sein Anwesen ist auch von einer Kneipe aus zu Fuß erreichbar:

The Fox and Hounds, Toy's Hill
(Zu erreichen von der B2042, gleich nach Four Elms links ab, ca. 5 Meilen westlich von Sevenoaks)
Eine gute, traditionelle Landgastwirtschaft ist auch im historisch bewußten England schon seit längerem nicht mehr leicht zu finden. Seitdem Investoren und Brauereien darauf

drängen, daß die Pubs in Restaurants mit zusätzlichem Bierausschank verwandelt werden, sind Wirtschaften wie das Fox and Hounds Raritäten geworden. Das auf dem höchsten Punkt Kents recht einsam in einem Forst gelegene Pub sollte zwar 1986 »aufgewertet« werden, der darob entstehende Protest von Kneipenliebhabern verhinderte jedoch das Ansinnen der Brauerei. Wenn man das weißgemalte Gebäude mit den heruntergezogenen Schutzdächern durch die kleine unscheinbare Tür an der Seite betritt, steht man in einer Art Wohnzimmer. Der Innenraum ist zweigeteilt – rechts vom Eingang ist eine längere Bar, links davon ein Raum, den man Wohnzimmer nennen muß: Auf Teppichbrücken erwarten den müden Gast ausladende alte Sofas und gemütliche Sessel, Lektüre – *Country Life, Private Eye* – liegt griffbereit, und die Fotos an den Wänden dokumentieren die Geschichte des Pubs und der Umgebung, nicht zuletzt die verheerenden Folgen der furchtbaren Orkannacht vom 16. auf den 17. Oktober 1987, in der die alten Baumbestände fürchterlich zugerichtet und zu Bruchholz geschlagen wurden. Im Fox and Hounds kann man auch nach Bier auf die Jagd gehen – zum Beispiel nach einem Abbot Ale. Ein Restaurant ist das *country pub* gewiß nicht: Einige Snacks, gefüllte Backkartoffeln und ein täglich wechselndes warmes Gericht sind aber erhältlich (von 12 bis 14 Uhr). Kinder und »well behaved« dogs sind sehr willkommen.

Öffnungszeiten: Mo.-So.: 12-14.30 Uhr, 18-23 Uhr (So. bis 22.30 Uhr)

Toy's Hill Walk (6 Kilometer)

Wanderkarte: OS Landranger Nr. 188

Der Spaziergang führt vom Parkplatz des Pubs durch Wälder und Wiesen bis nach Chartwell (und zurück).

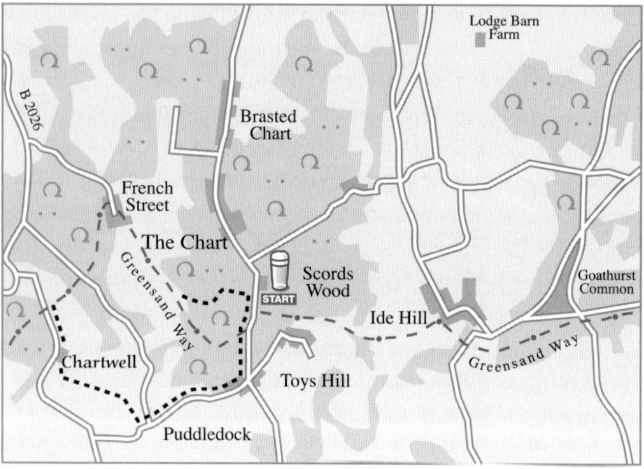

Chartwell – das Haus der Familie Churchill

Die Aussicht auf die wellige Hügellandschaft der Wealds of Kent war es, die Winston und Clemmie Churchill verführte, 1925 das Anwesen von Chartwell zu erwerben. Es blieb bis zu Churchills Tod im Jahr 1965 das Refugium der Familie. Hier erholte sich der Staatsmann von seinem Leben in London, von den Kämpfen und Konflikten mit seinem politischen Umfeld. Das Haus selbst – heute ein nationales Wallfahrtsziel – ist ein ziegelroter, aus verschiedenen Gebäudeteilen zusammengesetzter viktorianischer Kasten, der mit seinen zahlreichen Dächern, Kanten und Kaminen fast den Charakter einer Festung hat. Das sich in diesem großzügigen Haus abspielende Miteinander war durch ausgiebige Gastfreundschaft und viel Spaß am gemeinsamen Leben geprägt und durchaus dem Luxus zugewandt. Einer der regelmäßigen Besucher war Lawrence von Arabien, der mit seinem Motorrad von Clouds Hill angerast kam. Churchills Kinder schätzten ihn ebenso wie Charlie Chaplin, der, wenn er in

England weilte, vorbeischaute und Kostproben seines Könnens gab.
Sir Churchills Tagesablauf sah gewöhnlich wie folgt aus: Nach dem Frühstück – im Bett eingenommen – diktierte er Briefe, Reden und Bücher. Nach dem Bad gegen elf ging er in den Garten, trank seinen ersten Whiskey und traf sich um dreizehn Uhr mit seiner Familie und jeweiligen Gästen zum Lunch. Hierzu gab es meist Champagner, anschließend Port und Cognac und gute Zigarren. Nach einer Rast am Spätnachmittag sowie einem zweiten Bad bestimmte das einige Gänge umfassende Dinner den Abend – Drinks und erneuter Zigarrengenuß eingeschlossenen. Gegen Mitternacht zog sich Churchill in sein Arbeitszimmer zurück, produzierte in der Regel in zwei Stunden fünfzehn Seiten Manuskript und legte sich dann schlafen. Seine Veröffentlichungen sind von ihm bis zur Perfektion immer wieder pedantisch genau überarbeitet worden. Seine vier Kinder – Diana, Randolph, Sarah und Mary – kamen nicht zu kurz. Sie nahmen am geselligen Leben des Hauses teil und konnten mit ihrem Vater nicht selten ausgiebig im Garten spielen und toben.
Churchill, der als englischer Politiker die Geschichte des zwanzigsten Jahrhunderts – insbesondere im Zweiten Weltkrieg – mit seinen Prinzipien der ›Einigkeit in der Heimat‹ und ›Einigkeit unter den Verbündeten‹, mitgestaltet hat, ging in Chartwell seinen vielfältigen anderen Tätigkeiten und Neigungen nach; nicht nur aus Zeitvertreib, sondern oftmals auch, um den aufwendigen Unterhalt für das Haus – ein Faß ohne Boden nannte er es – und das Familienleben zu sichern. In seinem eigentlichen Beruf Offizier – sein Vater, Lord Randolph Churchill, hielt ihn für zu unbegabt, Anwalt zu werden –, stellte das Schreiben seinen Haupterwerb dar. Obwohl er Sachbücher verfaßte, erhielt er 1953 für seine

Darstellung des Zweiten Weltkrieges den Nobelpreis für Literatur. Er schrieb insgesamt achtundvierzig Bücher.
Mit 41 Jahren begann er zu malen. Über 500 Bilder, insbesondere Landschaften und Stilleben, sind erhalten, davon 125 im Gartenatelier von Chartwell. Befreundete Künstler halfen ihm, Zugang zu den Techniken der Malerei zu bekommen; unter ihnen war der Maler Sir William Nicholson, der ihn mehrere Jahre unterrichtete. Von diesem stammt das monochrome Bild der Eingangstür von Chartwell. 1947 wurde Churchill, der seine Bilder zuerst unter einem Pseudonym veröffentlichte, in die königliche Akademie aufgenommen. Neben all diesen Dingen kümmerte er sich auch noch tatkräftig um den Garten, genauer gesagt um die Parkanlage. Er bepflanzte sein Reich mit fast allen Gewächsen, die diese Welt zu bieten hat, gab dem Gelände mit einer Vielzahl von Mauern Schutz und Struktur, schuf Tieren Raum, wie zum Beispiel den schwarzen australischen Schwänen, die er so mochte und oft selbst gemalt hat, oder auch bunten Faltern, denen er eigens ein Schmetterlingshaus baute. Selbst Schweine, Rinder, Enten und Gänse bevölkerten zeitweise das Gelände. Chartwell ist heute im Besitz des National Trust und kann besichtigt werden.
Öffnungszeiten: März – November 12-18 Uhr

The Castle Inn, Chiddingstone
(1 Meile südlich der B2027 Penshurst nach Edenbridge)
Eines der besten und freundlichsten Inns, die ich in Kent kennenlernen durfte, ist das Castle Inn. Es gehört – wie das ganze Dorf – dem National Trust, und das mit gutem Grund: Schätze wie dieses wollen umsichtig gehegt und gepflegt sein. Chiddingstone liegt in einer baumreichen Niederung und wurde bereits im 9. Jahrhundert erwähnt. Es besteht aus einer Kirche – St. Mary's, umgeben von uralten Grab-

steinen – einer Schule, einer kleinen Brauerei und wunderbar erhaltenen Tudor-Fachwerkhäusern. In einem dieser mit bleiverglasten Fenstern und mittigen Giebeln versehenen Gcbäude aus dem 15. Jahrhundert finden wir, gleich gegenüber der Kirche, den als *Free House* betriebenen Castle Inn. Er wurde um 1730 eröffnet und dient dem malerisch-beschaulichen Ort seitdem als Mittelpunkt des gesellschaftlichen Lebens. Auch der Film hat Chiddingstone samt Kneipe nicht links liegen gelassen – z.B. der Streifen von James Ivory: *Zimmer mit Aussicht* (nach dem gleichnamigen Roman von E.M. Forster).

Es gibt drei Möglichkeiten, den urtümlichen Castle Inn zu genießen. Die erste besteht aus einem Besuch der *public bar*. Sie ist klein und praktisch-rustikal, hat eine Holzbank, einige Hocker und einen Kamin und dient den Dörflern seit eh und je als *local*. Hier kann man auch mit verdreckten Stiefeln eintreten, der schwarz-rot geflieste Fußboden verträgt das, und die *publicans*, die Familie Lucas, nehmen es auch nicht krumm. Bestellen sollte man sich unbedingt eines der rötlich leuchtenden *ales* von Larkin. Das Bier wird im Dorf gebraut, und kommt gerade einer der Brauer durch die Tür herein, erfährt man im Handumdrehen alles Wissenswerte über die Herstellungsmethoden, die Qualität der verwendeten Zutaten etc. Die Larkins Brewery produziert die *real ales* Traditional (3,4 %; frisch und hopfig), Chiddingstone Bitter (4 %; fruchtig), Best Bitter (4,4 %; hopfig-fruchtig) und Porter (5,5 %; bitter-schokoladig).

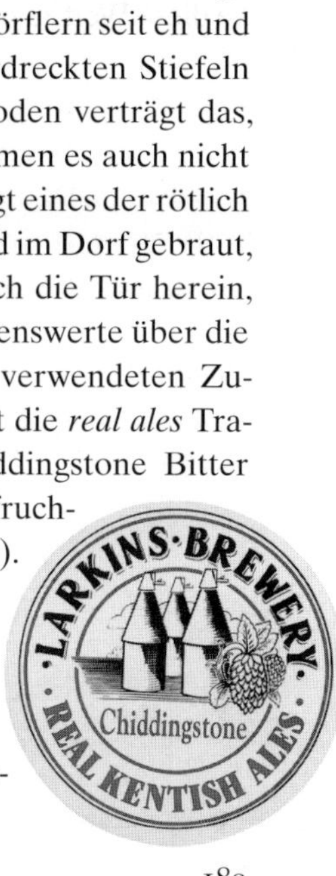

Die zweite Möglichkeit besteht darin, entweder sofort oder nach einem *pint* in der *public bar* die *saloon bar* aufzusuchen. Sie ist mit Teppich ausgelegt, hat gemütliche Sitzgelegenheiten und wird von schweren alten Balken dominiert.

An schönen Sommertagen kommt die dritte Möglichkeit ins Spiel: der Aufenthalt auf der von Weintrauben bewachsenen Gartenterrasse. Dem Wein gehört ohnehin die Liebe der Wirtsfamilie. Die Karte verzeichnet mehr als 150 verschiedene, kenntnisreich ausgewählte Tropfen. Auch Whiskeyliebhaber können beruhigt das Castle Inn ansteuern – sie erwarten mehr als dreißig verschiedene Malts. Das Essen ist vorzüglich – etwa das *roast rib of Scottish beef*; von Lebensmittelallergien geplagte Menschen finden im Castle eine gute Speisenauswahl vor. Für Kinder werden diverse spezielle Menüs bereitgehalten. Wer nur einen Snack wünscht, dürfte hinterher auch nicht klagen. Die Bedienung ist mustergültig zuvorkommend und freundlich.
Öffnungszeiten: Mo.-Sa.: 11-23 Uhr, So.: 12-22.30 Uhr

Von Chiddingstone aus empfehlen sich zwei Wanderrouten, die beide knapp sieben Kilometer lang sind und jeweils in gut zwei Stunden bewältigt werden können. Detaillierte Karten und Wegebeschreibungen für die beiden reizvollen Rundwanderungen sind im Castle Inn kostenlos an der Bar erhältlich. Der eine *walk* führt nach Penshurst Place, der andere nach Hever, wo auch die malerische Wasserburg **Hever Castle** liegt, deren Ursprünge auf das 13. Jahrhundert zurückgehen. Hier verbrachte Anne Boleyn, die zweite Gattin des frauenmordenden Wüstlings und Königs Heinrich VIII. ihre Kindheit. Anne Boleyn wurde 1533 zur Königin gekrönt – rund tausend Tage später, nachdem sie eine Tochter (Elisabeth I.) zur Welt gebracht und einige Fehlgeburten durchlitten hatte, wurde sie von Heinrich verstoßen. Im Mai 1536 ließ er sie wegen angeblichen Ehebruchs und Hochverrats verhaften. Am 19. Mai 1536 kam sie im Londoner Tower unter dem Schwert des Henkers zu Tode. Ihr Schloß übergab Heinrich VIII. seiner vierten Frau Anna von Kleve.

Hever Castle wechselte daraufhin mehrfach den Besitzer, bis es 1903 von dem steinreichen William Waldorf Astor erworben und umfassend renoviert und modernisiert wurde. (Öffnungszeiten: März bis November, 11-17.30 Uhr.) Und weiter geht's zum nächsten, ebenso idyllisch gelegenen *country pub*:

The Spotted Dog Inn, Smart's Hill
(Bei Penshurst, abseits der B2188)
Man nähert sich dem Weiler durch einen Tunnel von Bäumen (der Ausschilderung folgen). Erbaut wurde der Spotted Dog Inn mit seinen weiß angestrichenen Backsteinen und Schindeln um 1520. Von der hinteren Terrasse bietet sich bei gutem Wetter ein berauschender Ausblick über die weite Medway Valley bis hin nach Penshurst. Der ungewöhnliche Name des Pubs entstand bei der Aufarbeitung des Pub-

Der Auftrag des Schildermalers lautete, einen Leoparden zu malen. Das Ergebnis kann sich aber dennoch sehen lassen.

Schildes. Es sollte eigentlich das Wappen der Sydneys aus Penshurst zeigen; der wohl kurzsichtige Schildmaler hielt den im Wappen dargestellten Leoparden jedoch für einen gefleckten Jagdhund – der aber gelang ihm hervorragend. Bei den Sydneys in Penshurst war zu Beginn des 17. Jahrhunderts häufig der in der Westminster Abbey begrabene Schauspieler und Dichter Ben Jonson (1752-1637) zu Gast. Der große Konkurrent Shakespeares widmete dem Stammsitz der Familie das Gedicht *An Penshurst* (aus der Sammlung *The Forest*) und begründete damit in der englischen Literatur die Gattung der ortsbeschreibenden Lyrik. Ein Auszug:

»Penshurst, du bist nicht um des neiderweckenden äußeren Scheins willen / aus Granit oder Marmor erbaut worden, und du kannst nicht mit einer Reihe / von polierten Säulen oder mit einem goldenen Dach prahlen. / Du hast keine Dachlaterne, über die man sich Geschichten erzählt, / oder eine Treppe oder Innenhöfe, stehst vielmehr als ein altes Bauwerk da [...].

Auch dein Wäldchen, nach der Familie Gamage benannt, hast du dort, / das dich stets mit dem jahreszeitlichen Wild versorgt, / wenn du Feste feiern möchtest oder deinen Freunden Jagd-Übung verschaffen willst. / Das tiefer gelegene Land, das sich zum Fluß neigt, / nährt deine Schafe, deine Ochsen, Kühe und Kälber; / die mittleren Gründe dienen der Aufzucht deiner Stuten und Hengste. / Jedes Ufer liefert dir Kaninchen, und die Anhöhen, / die reich an Wäldern sind – Ashore und Sidneys Wäldchen – / liefern, um deine gastfreie Tafel zu krönen, / den purpurnen Fasan mit der gefleckten Flanke. / Das farbige Rebhuhn lagert in jedem Feld / und ist bereit, sich für dein Mahl töten zu lassen. / Und wenn der angeschwollene Medway deine Tafel in Stich läßt, / so hast du deine Teiche, um dir ihren Tribut an Fischen zu zahlen: /

fette, alte Karpfen, die in dein Netz eilen, / und Hechte, die es müde sind, ihre Artgenossen zu fressen, [...]. / Glitzernde Aale, die es ihnen gleichtun wollen und ans Land springen / vor den Fischer oder gleich in seine Hand. / Dann hat dein Obstgarten Früchte, dein Garten Blumen [...]. / Und obwohl deine Wände aus dem Stein des Landes bestehen, / sind sie auf niemandes Ruin, niemandes Stöhnen aufgebaut. / Niemand, der in ihrer Umgebung wohnt, wünschte, sie wären niedergerissen. / Vielmehr kommen alle herein, der Landpächter und der ungeschlachte Knecht – / und keiner mit leeren Händen –, / um deinen Herrn und deine Herrin zu begrüßen, auch wenn er sonst kein Anliegen hat. / Manche bringen einen Kapaun, manche einen ländlichen Kuchen, / manche Nüsse, manche Äpfel. [...] / Deine freigebige Tafel fließt / von allem über, das die Gastfreundschaft kennt! / Kein Gast kommt hin, der nicht ohne Scheu essen darf [...]. / Dort sind dasselbe Bier und Brot und derselbe Wein, / von denen seine Lordschaft tafelt, auch für mich da, / ich, der ich keine Neigung – wie mancher heutzutage – verspüre, / am Tisch großer Herren zu sitzen und doch noch auswärts essen zu müssen. / Hier zählt niemand die Becher, die ich trinke, nach, und da ist / kein Diener, der dabeisteht und meine Gefräßigkeit beneidet [...].«

Ob Ben Jonson auch einmal beim Spotted Dog vorbeischaute – wer weiß. Aber jeder Besucher dürfte sich in dem alten Inn bestens aufgehoben fühlen. In der Gastwirtschaft gibt es neben einem längeren Tresen mehrere offen gestaltete, miteinander verbundene Räume. Ein großer Inglenook-Kamin sorgt ebenso für einen behaglichen Eindruck wie das unterschiedliche Mobiliar aus diversen Stilepochen. Holzfußböden und niedrige Deckenbalken verstehen sich in einem solch alten Inn von selbst. Das *Free House* bietet verschiedene *real ales* an: Greene King Abbot Ale, King &

Das George and Dragon *ist eines der ältesten Wirtshäuser Englands. Ein Besuch lohnt sich.*

Barnes Sussex und Adnams etwa; die Speisekarte offeriert warme und kalte Mahlzeiten für alle Geschmäcker.
Öffnungszeiten: Mo.-Sa. 12-15 Uhr, 18-23 Uhr, So. 12-15.45 Uhr, 19-22.30 Uhr

The George and Dragon, Speldhurst Hill, Speldhurst
(Zwischen A26 und B2146, drei Meilen nordwestlich von Tunbridge Wells)
The George and Dragon datiert aus dem Jahre 1213 und gilt als eines der drei ältesten Wirtshäuser in England. Es liegt gegenüber der alten Pfarrkirche All Saints, deren Glasfenster von den Präraffaeliten William Morris und Edward Burne-Jones angefertigt wurden. Das Pub residiert in einem für die Region Wealden typischen Fachwerk-Hallenhaus. Es hat über die Jahrhunderte nur behutsame Renovierungsarbeiten erlebt und vermittelt ein urtümliches Lebens- und

Kneipengefühl. Auch fällt es nicht schwer, sich vorzustellen, wie hier die Bogenschützen ihren Sieg feierten, als sie 1415 von Agincourt zurückkehrten. Das Pub ist für Liebhaber prächtiger, historisch gut erhaltener Kneipen ebenso ein ›Muß‹ wie für Architekturstudenten. Im ersten Stock bietet es unter den schweren, schwarzen Eichendachbalken ein ungewöhnliches Restaurant-Ambiente (die Küche ist gut); im Erdgeschoß mit seinem alten Flagstone-Steinfußboden geht es in mehreren Räumen sehr dunkel-rustikal zu. Die Biere werden frisch vom Faß gezapft – darunter die *ales* von Larkins, Bass und Harveys. Abends kann es auch mal recht lärmig und lebhaft werden – das Pub liegt ja mitten im Dorf. Übersehen kann man die alte Gastwirtschaft nicht: Die Nationalflagge Englands mit dem roten durchgehenden Georgskreuz auf weißem Grund flattert neben dem Pubschild immer im Wind.
Öffnungszeiten: Mo.-Sa.: 11-23 Uhr, So.: 12-22.30 Uhr

Queens Arms, Cowden Pound
(3 Meilen südlich von Edenbridge an der B2026)
Ein absolut schlichtes viktorianisches *country pub* erwartet Kneipenenthusiasten an der Landstraße kurz vor Edenbrigde. Es liegt im Erdgeschoß eines rotziegeligen, denkmalgeschützten Hauses mit zwei dominanten Schornsteinen an der linken und rechten Seite. Die Bar hinter einem der beiden großen Erkerfenster ist klein, hat nur wenige einfache Holzstühle und einen kleinen Kamin zu bieten. Sie ist seit den viktorianischen Tagen so gut wie unberührt geblieben – einmal abgesehen von einigen Eimern Farbe zur Auffrischung der pastellroten Wände. Hinter dem drei Meter langen weißen Holztresen tickt eine Uhr – täte sie es nicht, wäre genau an diesem Ort die Zeit schon lange stehengeblieben. Als ich im Herbst 2001 mal wieder in der Kneipe war, konnte

ich einen Plausch mit der Inhaberin Elsie Mlynird halten, einer feiner alten englischen Lady, die hinter dem Tresen fast verschwindet, weil sie so klein ist. Sie bedient die Stammkunden des Pubs seit 1930. Queens Arms ist eine Kneipe, wie sie in Büchern stehen sollte (es aber – was die gängigen Pub-Führer betrifft – nicht tut). Hier gibt es *ales* von Whitbreads und einige andere Standard-Drinks – zu essen gibt's nichts. Gut möglich, daß das Pub nicht mehr lange überleben wird, denn wirtschaftlich trägt es sich längst nicht mehr. Ich kann nur empfehlen, dort einmal vorbeizuschauen.

Öffnungszeiten: Mo.-Sa.: 11-15 Uhr, 18-23 Uhr, So.: 12-14.30, 19-22.30 Uhr

Weiter geht es in die Gegend bei der Kleinstadt Dorking in der Grafschaft Surrey. Auf dem Weg dorthin fährt man durch Edenbridge, wo das **Ye Olde Crown** durch ein unübersehbares, über die High Street gespanntes *Kentish inn sign* auf sich aufmerksam macht. Der Inn existiert seit 1340, hat aber viel von seinem einstmaligen Charme verloren. Zwischen den Städten Dorking und Leatherhead erhebt sich der Aussichtspunkt Box Hill, der seit dem Erscheinen von Jane Austens Roman *Emma* zu einem der beliebtesten *beauty spots* der North Downs geworden ist. Im Roman bricht eine entdeckungsfreudige Gesellschaft zu ihm auf, und Emma wünscht sich, doch allein die Natur genießen zu können. Jane Austen kannte sich auf dem von Eiben und Buchsbäumen bestandenen, gut 180 Meter hohen Kreidehügel schon deshalb gut aus, weil sie im nahe gelegenen Great Bookham ihren Patenonkel zu besuchen pflegte. Auch John Keats schätzte Box Hill, als er hier im November 1817 weilte und im Burford Bridge Hotel eine Woche lang an seiner poetischen Romanze *Endymion* arbeitete und das Gedicht *Im nacht-dunklen Dezember* schrieb, das mit den Zeilen beginnt:

Im nacht-dunklen Dezember,
Zu froher, froher Baum,
Wird deinen Zweigen fremder
Ihr glücklich grüner Traum –
Der Nord kann sie nicht greifen,
Nur eisig durch sie pfeifen,
Wird Frost sie auch bereifen,
Sie knospen schon im Keim.

Am Fuße von Box Hill, der heute vom National Trust gepflegt wird und Wanderlustigen anregende Rundtouren über Stock und Stein, den Hügel hinauf und wieder hinab bietet, liegt das verträumte Dorf Mickleham, und mitten drin das Pub:

The Running Horses, Old London Road, Mickleham (Übernachtungsmöglichkeit)
Der Inn aus dem 16. Jahrhundert mit den charakteristischen Picknick-Bänken auf dem Vorplatz diente früher lichtscheuen Gestalten als Versteck und eignet sich heutzutage vorzüglich für eine kleine Rast. Das Gasthaus ist großzügig gestaltet, altmodisch bequem eingerichtet, hat mehrere Bars, und im Winter brennt ein prächtiges Feuer im Inglenook-Kamin. Die Küche verarbeitet nur frische Zutaten; es gibt einige gute *ales* zur Auswahl: London Pride, Youngs, Greene King. Das Mitbringen von Hunden ist erlaubt.
Öffnungszeiten: Mo.-So.: 11.30-15 Uhr, 17.30-23 Uhr (So.: 22.30 Uhr)

Wer draußen vor dem Pub sein Bier trinkt, hat einen freien Blick hinüber zur Pfarrkirche. Sonnabends finden hier ab und zu Trauungen statt, dann sammeln sich die Hochzeitsgäste vor dem Pub. Das war wohl auch so im Jahre 1793, als in dieser Kirche die Schriftstellerin Fanny (Frances) Burney den emigrierten französischen General d'Arblay heiratete, um danach mit ihm in Great Bookham zu leben. (Inwieweit sie dort mit Jane Austen in Berührung kam, wissen wir nicht.) Fanny Burney (1752-1840) schrieb vier Romane, zwei Bühnenstücke und Tagebücher. Sie geriet früh in den Kreis um Dr. Johnson und gehört zu den hervorragendsten Tagebuch- und Briefschreibern des 18. Jahrhunderts. Bereits ihr erster – zunächst anonym publizierter – Roman *Evelina* (1778) machte sie schnell bekannt und brachte ihr eine Stellung am königlichen Hofe ein. In Mickleham lohnt der Besuch eines weiteren, nicht zuletzt von Wandersleuten geschätzten Pubs. Er liegt nahe der A24 an einem Abhang:

King William IV, Byttom Hill, Mickleham

Das unabhängige Pub existiert seit ungefähr 1790, als es dem Personal von Lord Beaverbrook als *ale house* diente. Von dem Garten mit den hübschen gußeisernen Möbeln genießt man einen herrlichen Blick über die Niederung Mole Valley und Norbury Park. Die kleine *public bar* – im Winter durch ein *log fire* mollig warm – wird ergänzt um eine zweite, etwas größere, die auch als Restaurant genutzt wird. Das Pub hat mehr Barhocker als Stühle. Die Küche ist sehr gut und bereitet zudem vegetarische Gerichte. Unter den *ales* sind empfehlenswert Hogs Back TEA, Adnams Best und Badger Best. Kinder sind willkommen.

Öffnungszeiten: Mo.-So.: 11.30-15 Uhr, 17.30-23 Uhr (So.: 22.30 Uhr)

Theodor Fontane hielt sich von Mai bis Juni 1844 das erste Mal in England auf und kam eines Sonntags auch in diese von den Ausläufern der North Downs geprägte Gegend. Ihn beeindruckte vor allem die Landschaft: »Ich habe nicht leicht etwas Lieblicheres gesehn als das Panorama, das ich von einem Hügel herab vor mir entfaltet sah. Man lernt hier jene Breite, wodurch uns die landschaftsmalenden Gedichte der Engländer oft ungenießbar werden, man lernt sie hier wenn auch nicht schön, so doch natürlich finden; der Anblick hat etwas so Wohltuendes für die Sinne, etwas so Herzerhebendes, daß man sich nicht nur gedrungen fühlt in ein ›oh, beautiful earth!‹ auszubrechen, nein, im Gedicht auch die ganze Szene dem Geist gegenwärtig zu erhalten. Man pflegt Deutschland seiner Eichen halber zu preisen; die Teile, die ich von England gesehn, scheinen mir fast größren Anspruch darauf zu haben; überall geward ich Laubholzwälder, in denen sich Rüster und Eiche um den Vorrang stritten, wogegen hierzulande die traurige Tanne herrscht. Die Abwechslung, die große Mannigfaltigkeit der Szene leiht vorzugsweise der englischen Landschaft ihren Reiz. Im Norden Deutschlands ist man gewohnt, eine Wiese oder ein Saatfeld ringsum zu erblicken; im glücklichsten Falle gewahrt man am Horizont hier den Turm einer Dorfkirche und gen Himmel steigenden Hüttenrauch, dort ein Wäldchen, meist aus Kiefern bestehend; – wenn ich mich so ausdrücken darf: unsre norddeutschen Landschaften haben zuviel Fläche, oder wie der Berliner sagt: zuviel Gegend. In England überraschte mich der stete Wechsel von Hügel und Tal, Wald und Feld, Graben und Hecke, Wiesen und Heideland – was man alles auch bei uns, aber selten auf so kleinen Raum zusammengedrängt finden kann.«

Die beste Verbindung nach Winchester ist die überwiegend vierspurige A31. Wer sich noch im gefälligen Verwaltungsstädtchen Guildford mit der – wie Charles Dickens lobte – »ungewöhnlich attraktiven«, katzenkopfgepflasterten High Street umschauen möchte, kann auf dem Mount-Friedhof einen Blick auf das Grab von Charles Lutwin Dodgson werfen, dem Mathematiker, der als Lewis Carroll mit den Geschichten von *Alice im Wunderland* in die Literaturgeschichte eingegangen ist. Guildford ist keine Kneipenhochburg; wer Durst hat, sollte das alte Pub **Three Pigeons** in der High Street beehren. Ungefähr auf halber Strecke gen Winchester erreicht man einen Roundabout mit dem Abzweig der A32. Von hier aus führt eine kleinere – deutlich ausgeschilderte – Straße direkt ins Dorf Chawton. Dort gibt es eine Kneipe, vor allem aber Chawton House, wo Jane Austen (1775-1817) gemeinsam mit ihrer Mutter und ihrer älteren Schwester Cassandra die letzten acht Jahre bis zu ihrem frühen Tod im Jahre 1817 lebte; sie wurde nur zweiundvierzig Jahre alt.

Chawton House

Die Jahre in Chawton scheinen zu ihren glücklichsten gehört zu haben; ihr Bruder Edward hatte das Anwesen geerbt und bot es nach umfangreichen Renovierungen den drei Frauen als Heim an. Jane Austen erblickte am 16. Dezember 1775 in Steventon, Hampshire, als siebtes von acht Kindern das Licht der Welt. Ihr Vater war Reverend. Schon als Kind entdeckte sie die Literatur und verschlang die Bibliothek des Vaters. Geheiratet hat sie nie, obwohl es an Verehrern und Anträgen nicht mangelte. Sie befürchtete, daß eine Heirat sie vom Schreiben abgebracht hätte; sie soll einmal gesagt haben, daß ihre Bücher ihre Kinder seien. Mit ihrer älteren Schwester Cassandra, in deren Armen sie starb, war sie von klein auf unzertrennlich verbunden. Der Haushalt im Chawton House wurde von Mutter und älterer Schwester arbeitsteilig geführt. Die Mutter kümmerte sich um den Garten und Cassandra um den Haushalt. Jane war lediglich für das tägliche Frühstück, den Keller sowie Zucker und Tee zuständig. So hatte sie ausreichend Zeit, ihre Bücher zu schreiben – lange Zeit unbemerkt von der Familie. Zwischen 1811 und 1817 publizierte sie fünf große Romane, u. a. *Mansfield Park*, *Emma* und *Anne Elliot*, in denen sie mit feiner Ironie das Leben und Treiben ihrer engbegrenzten Welt beschrieb. Sie verstand ihre Kunst als die eines Miniaturgemäldes und war dabei eine Meisterin der Beschränkung, die dem Leser ein differenziertes und aufschlußreiches Bild des gesellschaftlichen Lebens ihrer Zeit aufzeigt.

Das Haus selbst ist ein massiver, rostroter Ziegelbau aus dem 17. Jahrhundert. Es war ursprünglich als Gasthof und Postkutschenstation geplant, gab dann jedoch dem Gerichtsvollzieher und dem Friedensrichter Quartier, bevor es in den Besitz der Familie Austen kam. Umgeben wurde das wuchtige Gebäude von einer großen Gartenanlage. Von hier aus machte Jane ihre täglichen Spaziergänge zu dem zwei Kilometer entfernten Marktflecken Alton. Nach dem Tod von Cassandra 1845 wurde das Haus in drei Sektionen eingeteilt und als Unterkunft für Farmarbeiter genutzt. 1947 kaufte T. Edward Carpenter das Anwesen, um es zwei Jahre später als Museum zu eröffnen. Es gelang ihm in der Folgezeit, viele Gegenstände und Materialien aus dem Besitz von Jane Austen zusammenzutragen.

Öffnungszeiten: Januar, Februar nur an Wochenenden; März: Mi.-So.; April-Oktober täglich; November, Dezember: Mi.-So.

Gleich gegenüber Jane Austens Haus wartet ein Pub auf durstige Gäste:

The Greyfriar Inn, Chawton
Über die Geschichte dieses freundlichen *village locals* ist nicht viel in Erfahrung zu bringen. Es logiert in einer Reihe alter Cottages mit spitzen Dachgauben und tief heruntergezogenem Dach, die Jane Austen täglich im Blick hatte. Der Inn ist erst viel später entstanden. Um ihre Post zu erhalten, mußten Jane und Cassandra täglich zum weiter entfernten Wheatsheaf Inn an der Straße nach Winchester wandern. The Greyfriar hat zwei miteinander verbundene, von alten Balken und Ständern geprägte Räume, von denen einer als Restaurant genutzt wird. In der *public bar* trinkt man am besten einen *pint* Whitbread oder auch Flowers Original. Sonntags wird hier das traditionelle *roast lunch* gereicht, unter der Woche gibt es wechselnde Hausmannskost. Im Sommer kann man hinter dem Cottage im Garten sitzen.

Öffnungszeiten: Mo.-Sa.: 10-23 Uhr, So.: 10-22.30 Uhr

Im Mai 1817, an einem regnerischen Tag, fuhr eine Kutsche die 16 Meilen lange Strecke von Chawton nach Winchester. In der Kutsche saß die kranke Jane Austen, es war ihre letzte Reise. Acht Wochen später starb sie – am 18. Juli 1817 – an Tuberkulose in Englands alter Hauptstadt Winchester, in einem Haus an der College Street (Nr. 8). Winchester ist die Hauptstadt von Hampshire und zugleich eine atmosphärisch dichte und sinnliche Kleinstadt. Gegründet wurde sie von den Römern, die Angelsachsen machten sie im 7. Jahrhundert zur Hauptstadt des Königreiches Wessex. Wilhelm der Eroberer ließ sich 1066 sowohl in London als auch in Winchester krönen und bewahrte hier das *Domesday Book* auf. Im 12. Jahrhundert verlagerten die Herrscher ihren »Dienstsitz« nach London, und Winchester verlor fortan rapide an Bedeutung. Eines aber blieb der Grafschaftskapitale: ein, wie Daniel Defoe meinte, »in ganz Europa eher berühmtes Gotteshaus [...], von dem man so viel spricht« – Winchester Cathedral. Mit den Bauarbeiten für dieses gewaltige Gotteshaus im normannischen Stil begann man bereits im 9. Jahrhundert, die gotische Umgestaltung erfolgte knapp dreihundert Jahre später. In der mit Hunderten von Denkmälern geschmückten Kathedrale ruhen im nördlichen Seitenschiff die sterblichen Überreste von Jane Austen. Rudyard Kipling dichtete:

Jane lies in Winchester
Blessed be her shade;
Praise the Lord for making her
And her for all she made;
And while the stones of Winchester –
Or Milsom Street – remain,
Glory, love and honour,
Unto England's Jane.

Südlich der Winchester Cathedral, auf dem Areal der Domfreiheit, liegen Pilgrim's School und King's Gate, das sich zur College Street öffnet. Hier stehen die alten Gebäude des Winchester College, der ältesten Privatschule Englands. In diesem Teil der Kleinstadt ist es am schönsten, versetzen einen die alten Fachwerkgemäuer und engen Gassen zurück in längst vergangene Zeiten. Gegründet wurde das College von Bischof William of Wykeham, und wenige Schritte vom College entfernt, in der Kingsgate Street, finden wir das Pub:

The Wykeham Arms, 75 Kingsgate Street, Winchester (Übernachtungsmöglichkeit)
Ein großartiges Gasthaus, ein wunderbar lebendiges *local* wartet hier auf durstige Leute. Das Wykeham Arms besteht seit mehr als 250 Jahren und ist zweifellos eine Institution in diesem ältesten Teil der Stadt. Wer ausprobieren möchte, wie es sich auf den eichernen Schulbänken des Winchester College (aus dem 19. Jahrhundert) sitzt, kann das hier tun, und leicht fröstelnde Leute werden in jedem Raum des Pubs ein wärmendes *log fire* vorfinden – auch in denen für Nichtraucher. In allen von der langen Theke aus zu erreichenden Bereichen gibt es etwas zu betrachten – alte Kupfergerätschaften sowie Stiche und Drucke (u. a. von Ronald Searle) zum Beispiel. Auf allen Tischen flackern Kerzen, und wer anderer Leute Konversation belauschen möchte, stellt sich am besten an die Theke und trinkt ein Bass oder Gales Bitter – und prostet vielleicht still und leise all den Generationen englischer Jünglinge zu, die erfolgreich das College durchliefen, in diesem Pub so manchen Bierkrug hoben, und später berühmte Künstler, Politiker oder was auch immer wurden. Um nur einen Namen zu nennen: Der Schriftsteller Anthony Trollope (1815-1882), in dessen ironisch-realisti-

schen Romanen die fiktive südenglische Bischofsstadt Barchester eine große Rolle spielt, war ein Schüler von Winchester College. Das Wykeham Arms hat bereits viele Preise gesammelt – für die exzellente Bedienung, die mindestens so exzellente Küche und nicht zuletzt für das hervorragende Weinangebot.

Öffnungszeiten: Mo.-Sa.: 11-23 Uhr, So.: 12-22.30 Uhr

In der Tourist Information von Winchester ist ein ansprechend gestalteter SELF-GUIDED WALK erhältlich, der den Spuren des romantischen Dichters John Keats (1795-1821) folgt. Der damals unglücklich verliebte Keats hielt sich Spätsommer des Jahres 1819 in Winchester auf und unternahm tägliche Spaziergänge von der Cathedral entlang des Flüßchens Itchen zum Hospital of St. Cross von 1132, der ältesten Wohlfahrtseinrichtung Englands. Wer Hunger leidet, bekommt dort heute noch den *Wayfarer's Dole* – ein Glas Bier samt einer kräftigen Brotkruste. John Keats war ein ebenso begabter wie attraktiver junger Mann. Leider starb er im Alter von nur sechsundzwanzig Jahren an Tuberkulose und hinterließ eine nur kleine, aber wahrlich brillante dichterische Produktion. Am 19. September 1818 entstand in Winchester seine letzte große Ode (mit Anklängen an die Vorbilder Chatterton und Wordsworth) *An den Herbst*:

Du Zeit voll Rauch und mildem Früchtefall,
  Getreu im Bunde mit gekröntem Licht,
Belädst und segnest mächtig überall
  Den Wein am Dach mit pfündigem Gewicht.
Du beugst die Apfelbäume vor dem Tor,
  Füllst jede Frucht mit Saft bis an den Rand,
    Du blähst den Kürbis, sprengst der Haselnuß
    Gehäuse auf und spendest unverwandt

Den braunen Immenvölkern Flor um Flor –
Die süße Zeit kommt ihnen endlos vor:
Schon triefen Stock und Stand vom Überfluß.

Wer sah dich nicht ergötzt von deinem Tun?
Der durch das Freie streift, mag sein, er findt
Dich lässig auf gestampfter Tenne ruhn,
Das wilde Haar gesträubt vom Drescherwind;
Oft auch im Korn, vom Schlafe übermannt
Und mohnbetäubt, die Sichel blank am Fuß,
Bevor sie wieder Schwaden senst und häuft;
Jetzt watest du, beladnen Haupts, verbrannt
Wie Ährenleser, durch den lichten Fluß,
Und an der Kelter wachst du bis zum Schluß,
Wo Most gelinde Stund um Stunde träuft.

Wo sind des Frühlings Weisen hin, o sag?
Mit eigenen Musiken sei versöhnt!
Da nun entschwindet zirruszart der Tag
Und Rosenfarb die Stoppelfelder tönt,
Wehklagen Mücken schwermutsvoll im Schwarm
An Furten, wo der Wind mit blauer Hand
Sie wirft und wiegt, bis ihn der Atem flieht;
Und von den Hügeln blöken laut und warm
Die Lämmer, Grillen zirpen, im Diskant
Die Rotbrust fistelt aus dem Gartenland –
Und Schwalben scharn sich zwitschernd im Zenit.

7. Entlang der A272: Antiquitäten in Läden und Pubs

Bei Winchester beginnt die A272, die sich entlang der South Downs gute 90 Meilen weit bis nach Poundford in East Sussex schlängelt. Das »Rückgrat« Südostenglands ist ebenso beliebt wie – von Pendlern – verflucht, denn die Country Road ist zu fast jeder Tageszeit *busy*. Man fühlt sich auf der zweispurigen Landstraße wie auf einem Schiff bei Wellengang – nur ist die Aussicht eine andere: Sattgrüne Weiden wechseln sich ab mit glänzend ockerfarbigen Äckern oder mattgelb wogendem Getreide, dazwischen immer wieder Hecken und Baumgruppen. Im Süden flankieren die sinnlichen Hügel der South Downs die Strecke. Der Niederländer Pieter Boogaart kennt die Straße wie seine Westentasche und hat ihr und ihren vielfältigen kulturellen Begleiterscheinungen ein humorvoll-lehrreiches Buch gewidmet: *A272. An Ode to a Road.* Im Mittelpunkt dieses Kapitels steht der Abschnitt zwischen Winchester und Billingshurst. An Pubs herrscht entlang der Route kein Mangel – die meisten sind durchaus akzeptabel. Antiquitätensammler können sich auf Petworth freuen, dem »Antiques Centre of the South«. Im Mittelpunkt dieses Kapitels stehen natürlich Gasthäuser – und zwar insbesondere solche, die gesucht werden wollen, sich gleichsam in der Landschaft verstecken.
Die erste Station ist Cheriton, wo südwestlich des alten Dorfkerns ein Pub schon auf einige Entfernung hin mit süßen, hopfigen Aromen auf sich aufmerksam macht:

The Flower Pots, Cheriton (an der B3046; Übernachtungsmöglichkeit)
Wir betreten ein ungemein traditionelles, schlicht und solide

eingerichtetes *village inn*, in dem der Dorftratsch noch gepflegt und Gastlichkeit großgeschrieben wird. Kinder sind hier willkommen; im *family room* erhalten sie Buntstifte und Malvorlagen. Schräg gegenüber dem Inn arbeitet in einer umgebauten Scheune eine preisgekrönte kleine Brauerei, deren *ales* im Pub frisch aus dem Faß ins Glas fließen: Cheriton Pots Ale, Best Bitter und Diggers Gold, hinzu kommen noch saisonale Spezialitäten. Die Speisen sind nahrhaft; mittwochs bereitet ein Gastkoch spezielle Gerichte.

Öffnungszeiten: Mo.-Sa.: 12-14.30 Uhr, 18-23 Uhr; So.: 12-15 Uhr; 19-22.30 Uhr

Wo die A32 die A272 kreuzt, nehmen wir zunächst Kurs auf West Meon, um von dort über eine Seitenstraße nach East Meon zu gelangen und zugleich an die Ausläufer der South Downs. Das verträumte kleine Dorf mit der prächtigen normannischen Kirche und einer mittelalterlichen Court Hall gehörte einst König Alfred und unterstand später dem Bischof von Winchester. Nicht weit von East Meon erstreckt sich der von Naturliebhabern geschätzte, waldreiche Queen Elisabeth Country Park. Mitten im Dorf, gleich unterhalb der Kirche und neben dem kanalisierten Flüßchen Meon steht das unübersehbare, weiß gekalkte Gebäude des

Ye Olde George Inn, Church Street, East Meon
(Auch zu erreichen über Clanfield an der A3; Übernachtungsmöglichkeit)
Der gediegene Inn befindet sich in einem Gebäude aus dem 15. Jahrhundert, das zunächst zwei Wohnungen beherbergte, woran die beiden noch vorhandenen Haustüren erinnern. Der Gaststättenbetrieb wurde im frühen 19. Jahrhundert eröffnet. Inzwischen wirbt der Landgasthof vor allem mit seinem – mit Auszeichnungen versehenen – Re-

staurant. Der ehemalige Wohnbereich mit seinen beiden großen Inglenook-Kaminen und dem freigelegten Mauerwerk ist entsprechend hergerichtet; die Bar findet sich in den ehemaligen Rinderställen. Im Sommer kann man nach einem Spaziergang durch Dorf und Natur bequem auf der Terrasse oder auch vor dem Pub an den Picknicktischen sitzen und *delicious cream teas with home-made scones* genießen. Ausgeschenkt werden neben einigen Lagerbieren traditionsreiche *real ales*, etwas Badger Dorset Best, IPA sowie wechselnde Gastbiere.

Öffnungszeiten: Mo.-Sa.: 11-15 Uhr, 18-23 Uhr, So.: 12-15 Uhr, 19-22.30 Uhr

Drei Kilometer nördlich von Petersfield liegt der Weiler Steep, wo eine ganz besondere Kneipe ihren verdienten Ruhm pflegt. Steep ist seit dem Bau einer Umgehungsstraße allerdings nicht ohne weiteres zu finden.

The Harrow, Steep
(2 Meilen nördlich von Petersfield, zu erreichen von der A272 und A3 – Petersfield bypass; bei Sheet Church in die Sackgasse einbiegen.)
The Harrow erfreut sich in Südengland des Rufs eines *unchanging and unspoilt country local*. Größer kann ein Lob nicht sein. Die Wirtin kommentiert: »Wenn du jung bist, passieren die Dinge einfach so und du denkst nicht nach. Dann, wenn die Zeit voranschreitet, findest du mehr und mehr heraus, daß du einen Schatz hast, und du bist zunehmend geneigt, es so zu lassen, wie es ist, während die meisten anderen Orte einfach den Trends folgen. Manchmal haben wir Gäste, die seit dem Krieg nicht mehr hier waren; sie waren überrascht, es genauso vorzufinden, wie sie es noch kannten.« Ellen McCutcheon, die heutige Landlady, wurde am 21. 10.

1929 im Harrow geboren, der von ihrer Familie inzwischen in der dritten Generation betrieben wird. Ellens Name erscheint seit 1997, dem Todesjahr ihres Mannes Eddie, am Türschild. Ihr Vater, Arthur Dodd, übernahm die Schanklizenz 1930 von der Luker Brauerei in Petersfield. Nach seinem Tod trat seine Frau Annie 1958 die Nachfolge an und übergab das Pub in den achtziger Jahren ihrem Schwiegersohn Eddie McCutcheon. Gemeinsam mit seiner Frau Ellen machten sie es 1990 zu einem *Free House*. Stolz und traditionsverbunden führt nun Ellen gemeinsam mit ihren Töchtern Claire und Nisa die Gastwirtschaft. Von Großmutter Annie wird selbstbewußt berichtet, sie sei eine Suffragette gewesen.

Das Flechtwerk des alten Gebäudes deutet auf eine Entstehung im frühen 17. Jahrhundert hin. Ohne Zweifel lag das Pub an einer strategisch guten Position zwischen Petersfield, Alton und Farnham, direkt an einer der alten Viehtreiberstraßen. Während die Viehtreiber drinnen ihren Durst stillten, konnte sich das Vieh auf den Wiesen hinter dem Pub beim Wiederkäuen erholen. Das Harrow ist auch heute noch ein zeitloser, unverdorbener Rückzugsort, wo man sich die früheren Besucher unschwer auf den von unzähligen Hintern polierten Baumstumpfsitzen vorstellen kann. Die *public bar* ist mit Hopfengirlanden geschmückt, hat einen gefliesten Fußboden, eingebaute Wandbänke, zwei geschrubbte Tische und rauchgeschwängerte Wände. Die zweite, etwas größere Bar mag aus der viktorianischen Zeit stammen. Mit ihrem alten *hotch-potch*-Mobiliar, der Inglenook-Feuerstelle und den Vogelkästen, die Ellens Großvater gesammelt hat, wirkt sie genauso einladend wie die *public bar*. Beide Räume sind mit uralten Bildern und Fotos des Pubs und seiner Besucher geschmückt. Hier waren und sind jedefrau und jedermann gern gesehen – ganz gleich,

ob aus ärmlichen oder besser gestellten Verhältnissen stammend. Zu den berühmten Stammgästen des Pubs zählte Alec Guinness, der in unmittelbarer Nachbarschaft lebte.

Weder Musikbox noch Münzspielautomat stören das Gespräch oder die Konzentration auf ein Spiel aus der gut sortierten Sammlung der Familie. Einst gab es wohl ein Klavier – es wurde jedoch vom Cricket Club des Pubs zu einem Konzert mitgenommen und dort vergessen. Bei schönem – also nicht allzu regnerischem – Wetter lädt der naturbelassene Garten zum Verweilen ein. Kommt man mit einer der Ladies ins Gespräch, hört man die Geschichte der vor dem Pub zu findenden Außentoilette: »Etwa vor zwanzig Jahren verlangten die Behörden von uns, Innentoiletten einzubauen. Sie meinten, daß die unsrigen, draußen auf der anderen Straßenseite gelegenen, unhygienisch seien. Die Beamten hatten aber nicht realisiert, daß unsere Gäste es gerade so mochten, wie es war. Wir hätten die beiden Bars zu einer machen, und die Fässer hinter der Bar wegräumen müssen. Und wenn du einmal anfängst, Dinge zu verändern, bringst du eins nach dem anderen in einen neuen Zustand – und zum Schluß bist du wie jeder andere. Wie auch immer, unsere Gäste taten sich zusammen und brachten die Behörde dazu, nachzugeben.«

Alles, was aus der Küche kommt, ist frisch und selbstgemacht. Die Suppen werden seit vierzig Jahren nach traditionellen Rezepten auf dem alten *rayburn* gekocht, sogar der Schinken ist selbstgemacht. Die Eier kommen von eigenen Hühnern, das Gemüse aus dem Garten. Die McCutcheons werfen niemals etwas weg; Reste bekommen die Hühner. Immer öfter übernimmt Tochter Nisa das Zepter in der Küche und Tochter Claire die Herrschaft über den Schankraum, beide begleitet und angeleitet von Mutter Ellen. Direkt aus den hinter der Theke in Reih und Glied liegenden

Fässern werden vor allem Ringwood Best, Cheriton Diggers Gold and Pots Ale und Ballards Trotton gezapft. Wer statt dessen Durst auf eine großzügig bemessene wärmende Flüssigkeit hat – die Suppen von Ellen sind ein Gedicht.
Öffnungszeiten: Mo.-Fr.: 12-14.30 Uhr, 18-23 Uhr, Sa.: 11-15 Uhr, 18-23 Uhr, So.: 12-15 Uhr, 19-22.30 Uhr

Einige Straßen und Ecken weiter, im verschlafenen Prior's Dean, wartet ein weiteres – *most treasured and remarkable* – Inn:

The Pub With No Name (White Horse Inn), Prior's Dean (Von Petersfield Richtung Steep, an Kreuzung der Ausschilderung East Tisted nach, zweite Straße rechts.)
Das einsam in einem Feld gelegene White Horse geht auf das Jahr 1620 zurück. Es war bis in die napoleonischen Zeiten ein beliebter *coaching inn* und verfügte über eine eigene Schmiede. Als die Straßenführung geändert wurde, fiel der Inn in einen langen Dornröschenschlaf. 1830 war das Pub wieder ein Gesprächsthema – ein Geistlicher hatte es in Brand gesteckt, um dem Teufel Alkohol den Garaus zu machen. 1910 verfaßte hier der im Ersten Weltkrieg zu einigem Ruhm gekommene Dichter Edward Thomas sein erstes Poem *Up in the Wind*, das die Kneipe lobpreist. Der bisher berühmteste Stammgast dürfte Prinz Andrew gewesen sein, der sich häufig auf der nachbarschaftlichen Woolfield Farm aufhielt. Er feierte im Inn seinen 21. Geburtstag und hatte anschließend einen *hangover*, den er am nächsten Tag auf Anraten des Wirts Jack Eddleston mit einer Flasche White Shield Worthington – erfolgreich – bekämpfte.
Der White Horse Inn wird deshalb als namenlos bezeichnet, weil ihm das typische Pubschild fehlt. Seit wann das so ist, weiß keiner so genau. Wer es besucht, tritt in ein um gemau-

erte Schuppen erweitertes, kastenförmiges weißes Haus. Es gibt zwei Gasträume, die Liebhabern von Antiquitäten gefallen dürften: Alte Lampen und Gerätschaften hängen an den braunen Wänden, uralte Bänke, Sofas, Schaukel- und Windsorstühle sowie eine *grandfather clock* sorgen für ein »uriges« Ambiente. Modernität ist an diesem Ort ein Fremdwort. Die Auswahl an *real ales* könnte umfangreicher nicht sein: Gale's HSB und Best, Ballard's, Fuller's London Pride, Ringwood Fortyniner, Bass, Wadworth 6X und Marston's Pedigree. Wein wird ebenso angeboten wie leckere *lunches* und eine Fülle reichhaltiger englischer Speisen, zum Beispiel *Stilton stuffed pear* oder *kidneys in red wine.* Draußen stehen zahlreiche Picknicktische, die einen freien Blick über die herrliche Landschaft gewähren.

Öffnungszeiten: Mo.-Fr.: 11-14.30 Uhr; 18-23 Uhr; Sa.: 11-23 Uhr; So.: 11-15 Uhr, 19-22.30 Uhr

Stehen Stippvisiten nach Portsmouth oder Chichester auf dem Programm? Dann empfiehlt sich die Route via der B2146, die beschaulich über den Kamm der South Downs zur Küste führt. Die Hafenstadt Portsmouth wurde im Zweiten Weltkrieg fast völlig zerstört und hat dabei ihren Charme verloren. Im Hafen liegt Nelsons Flaggschiff HMS Victory (1758), das noch heute seetüchtig ist. Literarisch interessierte Besucher wird es in die Commercial Road ziehen, wo im Haus mit der Nummer 393 am 7. Februar 1812 Charles Dickens zur Welt kam (heute ein Museum). H(erbert) G(eorge) Wells (1866-1946) arbeitete als junger Mann in der St. Paul's Road in einem Textilwarengeschäft – und las heimlich hinter den Stoffrollen. Arthur Conan Doyle eröffnete 1882 in Bush Villas eine Arztpraxis, der es aber zunächst an Patienten mangelte. Was Wunder, daß fünf Jahre später sein erster Roman *Späte Rache* erschien, in dem Sherlock

Holmes und Dr. Watson ihren ersten Auftritt haben. (Watson modellierte Doyle nach dem Arzt Dr. James Watson, der damals als Präsident der literarischen und naturwissenschaftlichen Gesellschaft von Portsmouth fungierte.)

Chichester überstand den Weltkrieg ohne größere Beschädigungen. Das pittoreske Städtchen zehrt vom Ruhm seiner prächtigen Kathedrale, mit deren Bau 1091 begonnen wurde. In Chichester kann ich das altehrwürdige Pub **The Old Cross** in der North Street empfehlen.
Von der B2146 geht am Fuß der Downs eine Straße nach Walderton ab. Von dort aus ist es nicht mehr weit bis zum:

Hare and Hounds, Stoughton
(Ca. 1,5 Meilen nach Walterton)
Das ansehnliche Gebäude aus Feuerstein stammt aus dem 17. Jahrhundert und wird seit gut hundert Jahren als Gastwirtschaft geführt. Im Innenbereich des als *Free House* betriebenen Hare & Hounds befinden sich drei Gasträume, die miteinander verbunden sind. Alte Deckenbalken geben der Landgaststätte Wärme und Behaglichkeit, nicht zuletzt im Winter, wenn die drei Feuerstellen brennen. Darts kann in einem separaten Raum gespielt werden. Im Sommer laden eine Terrasse vor und ein Biergarten hinter dem Haus zum Sitzen im Freien ein – der weite Blick über die South Downs ist kostenlos und ohnehin unbezahlbar. D.H. Lawrence würde sagen: »Seltsam, wie sich das heidnische England an einzelnen Stellen hält, wie hier auf diesem mit zottigem Ginster bewachsenen Angern und in den sumpfigen, von Schlangen bewohnten Ebenen am Fuße der Downs. Die urweltliche Landschaft hatte sich hier gehalten, wie sie war, als die Sachsen kamen, vor so langer Zeit.«
Das Hare and Hounds liegt in direkter Nachbarschaft von

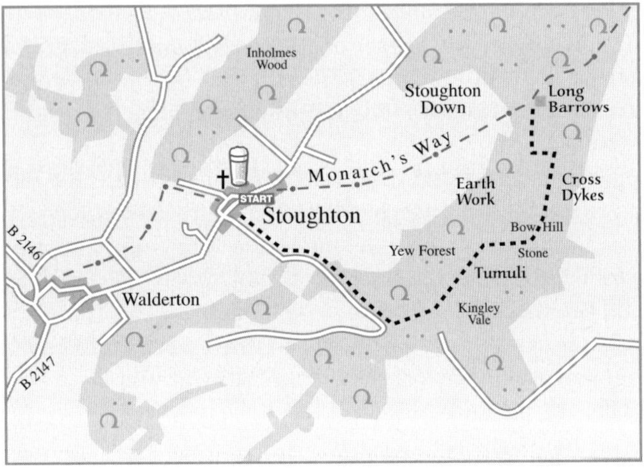

Höfen. Hin und wieder kommen Reiter vorbei und legen hier eine Rast ein – an gepflegten *real ales* mangelt es ja nicht: Timothy Taylor und HSB gehören zum Standardangebot; hinzu kommen drei oder vier Gastbiere wie zum Beispiel das kupferrote Old Bailey aus der Mansfield Brauerei, das Bishop's Tipple oder das Wiltshire Traditional Bitter. Die gebotenen Speisen sind schmackhaft. Kinder und gut erzogene Hunde sind willkommen.

Öffnungszeiten: Mo.-Sa.: 11-23 Uhr, So.: 12-22.30 Uhr

Yew Forest Walk (6 Kilometer)
Wanderkarte OS Landranger 197
Die hier empfohlene Wanderung zum Bow Hill und durch den wohl schönsten Eibenwald Europas sollte zunächst dazu verleiten, der romanischen Dorfkirche aus dem 11. Jahrhundert näherzutreten. Der Weg ist unkompliziert und fast frei von *styles* (den hölzernen Zaunübertritten), zu Beginn geht es aber eine Weile recht steil hügelan.

Die Strecke zurück zur A272 führt durch South Harting. Von dort aus ist es ein Katzensprung nach **Uppark**, einem aus roten Backsteinen gebauten Herrenhaus aus dem 17. Jahrhundert, das nach einem verheerenden Brand 1989 originalgetreu restauriert wurde und mit seinen Parkanlagen besichtigt werden kann. Von der Terrasse kann man bei guter Wetterlage die Isle of Wight erkennen. Im unteren Teil des vornehmen Hauses liegt das Reich der Bediensteten. 1880 arbeitete hier die Mutter von H. G. Wells. Der Begründer der modernen Science-fiction, der Autor der *Zeitmaschine*, hat die Begleitumstände in seinem 1909 erschienenen satirischen Roman *Tono-Bungay* für die Nachwelt festgehalten. Über Bladesover, wie er Uppark in dem Roman nennt, lesen wir zum Beispiel:

»Bladesover ist nach meiner Überzeugung der Schlüssel zu fast allem, was typisch britisch ist und in England die ausländischen Wißbegierigen [...] verblüfft. Halten wir unverrückbar fest, daß ganz England vor zweihundert Jahren ein großes Bladesover war; gewiß, es hat das Reformgesetz und ähnliche Veränderungen im Rechtswesen gegeben, aber seit damals keine entscheidende Revolution; alles was modern und anders ist, erscheint wie angeklebt, wie eine Randglosse zu dieser herrschenden Struktur [...].

Die Teestunde im Wirtschaftsraum haßte ich mehr als andere auf Bladesover. Und besonders verhaßt war sie mir, wenn Mrs. Mackridge, Mrs. Booch und Mrs. Latude-Fernay, drei pensionierte Dienstboten, im Haus waren. Alte Freunde von Lady Drew hatten sie für lange, treue und aufopfernde Dienste in ihren Testamenten bedacht, und Mrs. Booch hatte außerdem den Lieblingsterrier ihrer verstorbenen Herrin zu betreuen. Jedes Jahr erhielten diese drei von Lady Drew eine Einladung – als Belohnung und Ermutigung zur Tugend, mit spezieller Bezugnahme auf meine Mutter

und Miss Fison, die Zofe. Dann saßen sie da in schwarzen, glänzenden Kleidern mit vielen Volants, Borten und Knöpfchen, aßen eine Unmenge Kuchen und tranken zwischen spitzen Bemerkungen viel Tee.«
Wie wäre es statt dessen mit einem *pint* Bier? Von South Harting führt eine enge Nebenstraße nach Elsted und dort finden wir das Pub:

The Three Horseshoes, Elsted
(B2146 bis South Harting, dann Richtung Treyford)
Die Kirche des alten Dorfes stammt aus dem 11. Jahrhundert. 1893 wurde sie von einem umstürzenden Baum zerstört, war lange Zeit eine Ruine und wurde 1951 rekonstruiert. Das Pub entstand im 16. Jahrhundert; es diente zunächst als Bierhaus für die Viehtreiber. Seitdem hat sich nicht viel geändert, ist die Vergangenheit gegenwärtig, wenn man die Schwelle überschreitet. Drei niedrige Räume mit dicken Deckenbalken, ein Sortiment in die Jahre gekommener Tische und Stühle, einige Feuerstellen samt großem Inglenook-Kamin sowie der von frei laufenden Hühnern mitgenutzte Biergarten hinter dem Haus laden zum Verweilen ein – bei guter Hausmannskost, versteht sich, und einer grandiosen Aussicht auf die Downs. Nicht zuletzt die vielen hier vorbeikommenden Wanderer wissen das zu schätzen. »Has it all – really«, kommentieren sie, wenn sie eintreten. Ausgeschenkt werden Cheriton Pots Ale, Ballards Best, Fullers London Pride und Ringwood Fortyniner. Kinder sind – im Garten – willkommen.
Öffnungszeiten: Mo.-Sa.: 11-14.30 Uhr, 18-23 Uhr; So.: 12-15 Uhr, 19-22.30 Uhr

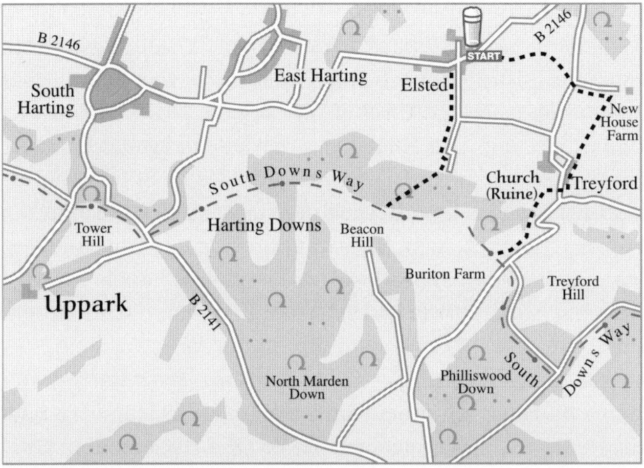

Drovers Walk (9 Kilometer)
Wanderkarte OS Landranger 197
Der nun empfohlene – wie die Engländer sagen – *scenic walk* führt steil hügelan auf den Kamm der South Downs und folgt eine Weile dem South Downs-Fernwanderweg. Die *bridleways* sind gut zu begehen, es gibt aber auch unwegsamere Abschnitte, die nach Regenfällen matschig sind.

Von Elsted kehren wir zurück zur A272, um zum Marktflekken Midhurst zu gelangen. Hier kann man sich in einigen Trödel- und Antiquitätenläden umschauen und ein – freilich nicht billiges – Hotel mit einer gutsortierten Bar aufsuchen:

The Spread Eagle Hotel, South Street, Midhurst
Das Landhotel in einem Komplex verwinkelter Gebäude aus dem 17. Jahrhundert erfüllt alles, was das Herz von Liebhabern urgemütlicher Unterkünfte höher schlagen läßt. Die

Böden des früheren *coaching inns* sind schief, die Balken dick, die Aufenthaltsräume wie auch die Gästezimmer warten mit antiken oder scheinantiken Möbeln auf, ein großer Inglenook-Kamin verbreitet im *candlelit restaurant* heimelige Stimmung. Die Küche ist über jeden Zweifel erhaben, die Weinkarte auch. Ein Schwimmbad und Fitneß-Räume sind vorhanden. Den Besuch der Bar kann ich erschöpften Reisenden empfehlen. Sie ist mit bequemen Sofas und Polsterstühlen ausgestattet und wirkt sehr wohnlich. Zu den Stammgästen gehörte in den 1940er Jahren der Schriftsteller Hilaire Belloc, auf den ich weiter unten zurückkomme.
Wesentlich schlichter ist die Ausstattung eines Pubs in der Umgebung von Midhurst, nahe der A28 bei Henley. Es liegt an einer schlaglochreichen *country lane*, die von dem Dorf hoch in den Wald führt, und gibt sich durch ein verwittertes Schild mit zwei Wappentieren zu erkennen als:

The Duke of Cumberland, Henley
Wer gegen 17.45 Uhr auf den Parkplatz des Pubs fährt, sollte sich nicht wundern, wenn bereits andere Gäste in ihren Karossen auf die pünktliche Öffnung um 18 Uhr warten. The Duke of Cumberland wird (bislang) zwar in gängigen Pubführern nicht erwähnt, muß sich als kulinarisch-geistiger »Geheimtip« um gute Kundschaft aber keine Sorgen machen. Der charakteristischen Landkneipe drohte vor einigen Jahren die Schließung, einem in der Gegend ansässigen Makler und Pub-Liebhaber gelang es jedoch, sie gerade noch rechtzeitig zu erwerben und vor jedweden Veränderungen zu bewahren. Der Gastraum ist klein und niedrig, die Wände sind cremefarbig gestrichen und geschmackvoll sparsam dekoriert. Das Mobiliar besteht aus alten gescheuerten Holztischen und -bänken. Die Küche liefert hervorragende Mahlzeiten, allerdings muß man ein Weilchen warten. Dem

ersten Hunger kann mit Nüssen begegnet werden, die in Schälchen auf der Theke stehen. Die Forellen, die im Vorgarten des Pubs in quellgespeisten Fischteichen heranwachsen, haben natürlich einen Ehrenplatz auf der Speisekarte. Das *ale* lagert in Fässern, die in einem Halbkeller neben dem Schanktisch unter ihren Kühlmänteln aufgereiht liegen, und ist sehr gepflegt. Empfehlenswert ist u.a. Ballard's Best.

Öffnungszeiten: Mo.-Sa.: 11-15.30 Uhr, 18-23; So.: 12-16, 19-22.30 Uhr

Einige Meilen weiter, in einem kleinen Nest namens Lickfold mit gerade einmal rund hundert Einwohnern, geht es manchmal ganz schön hoch her. »Schuld« daran ist – natürlich – eine Kneipe.

Lickfold Inn, Lickfold
(Zwischen Henley und der A283; von der A272 Richtung Lodsworth)
Der Lickfold Inn wurde um 1460 erbaut, und das sieht man auch: Balken aus der Tudor-Zeit, ein rauher Flagstone-Fußboden, ein großer Inglenook-Kamin, georgianische Bänke und uralte Farmgerätschaften prägen das Ambiente. An den Außenwänden hängen unzählige, üppig gefüllte Blumenkörbe. Dennoch stellt sich in ihm ein anderes Kneipengefühl her als in anderen, vergleichbar alten Landgasthöfen. Vor einigen Jahren ist der Lickfold Inn von einem Konsortium gekauft und anschließend renoviert worden. Die Käufer waren – wie es im Dorf heißt – »whizzkids and pop stars« (davon leben in dieser Gegend der Grafschaft eine ganze Menge), und diese finanziell gutgestellten Leute hatten vor allem Interesse daran, sich in einem gut erhaltenen historischen Gebäude eine angemessene Restauration mit gepflegtem Alkoholausschank in abendlicher Reichweite zu schaffen. Daß ihnen das gelungen ist, steht außer Zweifel – die Küche liefert Speisen vom Feinsten (entsprechend *trendy* sind die Preise), und der Weinkeller ist vorzüglich bestückt. Seit seiner Neuerstehung als zeitgemäßer, architektonisch einfühlsam herausgeputzter Pub mit dem Hauch altehrwürdiger Vergangenheit kommen auch die Londoner gern vorbei, geht es zuweilen hoch her. Live-Auftritte namhafter Musiker sorgen für zusätzlichen Schub. An warmen Tagen werden im Garten Barbecues angerichtet. Beeindruckend ist die Auswahl an Bieren. Ein halbes Dutzend *real ales* – überwiegend aus Micro-Brauereien – stehen zur Auswahl: etwa Ballard's Best, Hop Back Summer Lightening und Timothy Taylor Landlord. Kinder und Hunde sind willkommen, Musiker natürlich auch.
Öffnungszeiten: Mo.-Sa.: 11.00-23 Uhr; So.: 12-22.30 Uhr

Zurück zur A272 und weiter nach Petworth – einem kleinen mittelalterlichen Ort, der sich als Mekka für Antiquitäten-Liebhaber versteht (es gibt an die zwanzig Läden), gut erhaltene Fachwerkhäuser in engen Gassen aufzuweisen hat und von einer dicken Mauer durchzogen wird. Am Market Square offeriert die Kneipe **The Star** ordentliche *pub meals*. Nicht zu vergessen Petworth House. Das von 1688 bis 1896 erbaute Herrenhaus verfügt über einen faszinierenden Park und eine bedeutende Kunstsammlung. Vor allem der 3. Earl of Egremont, George Wyndham (1761-1837), trug dazu bei, daß Maler wie Turner und Joshua Reynolds nicht nur Ateliers auf dem Gelände des Herrenhauses unterhalten konnten, sondern zum Dank auch viele ihrer heute berühmten Gemälde hinterließen. An die 400 Gemälde und rund 100 Skulpturen können in Petworth House betrachtet werden.

Öffnungszeiten: April bis Oktober tägl. 13-17.30 Uhr.

The Cricketers, Duncton

(4 Meilen südlich Petworth; via A285 Richtung Chichester)

Der Weg nach Duncton führt durch die sanft-welligen Ausläufer der Downs. The Crickerters (vor 1860: The Swan Inn) ist eine beliebte Ausflugswirtschaft, in der auch die Wanderer vom South Downs Way gern einkehren. Das weiß gekalkte Pub liegt in Reichweite eines der steilsten Abstiege der Downs. Der englische Schriftsteller, Historiker und Politiker Hilaire Belloc (1870-1953) rastete hier während seiner berühmten Erkundungsreise durch Sussex, die er *In the Footsteps of the Four Man* beschreibt. Das ehemalige Farmhaus mit seinem moosbedeckten Dach ist behaglich eingerichtet – auch gibt es viel *bric-à-brac* zu bewundern. Im Winter brennt ein Feuer, in dem Kastanien geröstet werden.

Ausgeschenkt werden Archers Golden, Friary Meux BB und verschiedene Gastbiere. Kinder sind im Restaurant, das einen guten Ruf genießt, willkommen.

Öffnungszeiten: Mo.-Sa.: 11-14.30 Uhr, 18-23 Uhr; So.: 12-15 Uhr, 19-22.30 Uhr

A propos Hilaire Belloc. Er wurde 1870 als Halbfranzose in St. Cloud bei Paris geboren, erhielt 1902 die britische Staatsbürgerschaft und gilt als einer der bedeutendsten Prosaschriftsteller seiner Zeit. Seine insgesamt 156 Werke beschränkten sich allerdings nicht auf die Belletristik; er verfaßte auch fundierte historische und philosophische Essays, Reisebücher und äußerst amüsante Kinderbücher, die in England so populär waren und sind, wie bei uns die Geschichten von Wilhelm Busch. Sein Haus steht nicht weit vom The Chricketers entfernt im King's Land bei Shipley an der A272 (zwischen Billingshurst und der A24). Es kann besichtigt werden und erfreut sich schon deshalb vieler Besucher, weil es zugleich die größte noch erhaltene Bock-Windmühle in Sussex ist. In seinem berühmten, von Hans Magnus Enzensberger kongenial nachgedichteten Kinderbuch: *Klein-Kinder-Bewahr-Anstalt* finden wir die *Geschichte von Sarah Byng, die in einer Dornenhecke gelandet ist, weil sie nicht lesen konnte*. Eine Kostprobe:

[...] Denn eines Tags, als Sarah Byng
Auf freiem Feld spazierenging,
da hielt in ihrem munteren Lauf
sie ein verschloßnes Gatter auf.
Sie ahnte nichts von der Gefahr,
obwohl bequem zu lesen war
in sauberer Schrift auf einem Schild:
Kein Zutritt! Dieser Stier ist wild!

Nur zu! Das Gatter rasch erklommen,
die Hürde mühelos genommen –
und Aug in Auge, vis-à-vis
stand Sarah vor dem wilden Vieh.
Zum Glück, anstatt sie aufzuspießen,
schien dieser Stier es zu genießen,
das Kind ein wenig zu erschrecken.
Er trieb es zu den Brombeerhecken,
nahm es auf seine Hörner bloß
und gab ihm einen kleinen Stoß.
Ich glaube fast, der Bulle lachte,
als Sarah in die Dornen krachte.
Nach diesem schmerzlichen Erlebnis
Kam sie zu folgendem Ergebnis:
›Natürlich, Bullen sind gefährlich,
doch scheint mir, seien wir mal ehrlich,
gefährlicher als das Alphabet [...].‹

Von Petworth ist es ein Katzensprung zum Weiler Byworth und seinem Gasthof:

The Black Horse Inn, Byworth
(Südlich von Petworth; 60 Meter abseits der A283)
Es sieht fast verwunschen aus, das Dörfchen Byworth mit seinem Pub aus dem 14. Jahrhundert, dessen drei Stockwerke hohe Steinfassade allerdings erst um 1820 hinzugefügt wurde. Die Innenräume mit den alten Balken, dem Holzfußboden, einigen offenen Kaminen und alten Fässern laden mit ihren einfachen Stühlen und Tischen zu Geselligkeit und Feierabendplausch ein. Das Restaurant im ersten Stock – mit Fachwerk und offenem Kamin – hat Stil und läßt keine Wünsche offen; der terrassenartige Garten des Inns bietet eine herrliche Aussicht auf die Downs. Vom Faß gibt es die

real ales Arundel Gold, Badger IPA, Fuller's London Pride sowie wechselnde Gastbiere.

Öffnungszeiten: Mo.-Sa.: 11-14.30 Uhr, 18-23 Uhr; So.: 12-15 Uhr, 19-22.30 Uhr

Zurück zur A272; weiter geht es nach Billingshurst, wo das an der Straße gelegene **Cricketers Arms** einen Zwischenstopp lohnt. Wir folgen der A29 Richtung London und biegen hinter Five Oaks Richtung The Haven ab. Jetzt wird es ein wenig einsam – pure Landschaft, strukturiert von Hekken und Wäldchen, säumt die enge Fahrbahn.

Blue Ship, The Haven
(2 Meilen südlich von Rudgwick zwischen der A281 und A29)
Das Blue Ship ist eine unnachahmlich funktionale, wunderbare Landkneipe. Von außen wirkt das Gebäude viktorianisch, aber der Eindruck täuscht. Die Bar – sie ist einen halben Meter breit und dient zugleich als Tür – datiert immerhin auf das 15. Jahrhundert. Eichenbalken an der niedrigen Decke, schlichte gescheuerte Holztische sowie ein von vielen Gästen ausgetretener Steinfliesenboden prägen den zentralen Innenraum, um den herum im Laufe der Jahrzehnte verschiedene Erweiterungsbauten entstanden sind. Ein Bild aus den zwanziger Jahren dokumentiert, wie wenig sich hier bis heute verändert hat. Für gelangweilte Farmarbeiter gibt es einen separaten Spieleraum mit Kamin. Vor und hinter dem Haus ist an warmen Tagen reichlich Platz zum Sonnenanbeten. Zu den im Ship gereichten *pub snacks* – etwa ein *cheesy cottage pie* – gehört natürlich ein *real ale* vom Faß. Wie wäre es mit einem Sussex Bitter?

Öffnungszeiten: Mo.-Sa.: 11-14.30 Uhr, 18-23 Uhr; So.: 12-15 Uhr, 19-22.30 Uhr

Ein Tresen, wie man ihn nicht alle Tage sieht – gerade mal einen knappen halben Meter breit.

Bei Billingshurst sagen wir der A272 *good bye* (ein wenig weiter liegt die Mühle Hilaire Bellocs) und fahren auf der A29 gen Arundel. Das Städtchen ist schon von weitem an seiner martialisch wirkenden Burg mit den trutzigen Rundtürmen zu erkennen. Sie war übrigens nie eine umkämpfte Festung, denn es ist gerade einmal hundert Jahre her, daß die Anlage fertiggestellt wurde. Wer sie besichtigt, wird in der Burg u.a. eine 37 Meter lange Bibliothek mit gut 10000 Bänden finden. Vielleicht geht auch gerade das alljährliche Kulturfest mit Shakespeare-Stücken und Jazz-Konzerten über die Bühne. Arundel wird geprägt durch die steil den Hügel ansteigende Hauptstraße, die mit allem gesäumt ist, was man im Urlaub schätzt: kleine Läden, Teestuben, Cafés und Pubs. Im unteren Teil von Arundel, abseits der touristischen Route, liegt ein *local*, das sich eines guten Rufs erfreut:

Kings Arms, 36 Tarrant Street, Arundel
Das schlichte Pub ist eine gut geführte Feierabendkneipe, deren Geschichte bis ins Jahr 1625 zurückreicht. Drei kleine Räume, einfache Weichholzmöbel, eine funktionale Bar – mehr gäbe es über das Ambiente nicht zu sagen, gäbe es nicht auch eine gute Spielesammlung und zudem eine nützliche Reiseführerbibliothek. Das im Schatten der Kathedrale residierende Kings Arms dient zum Plausch, hier geht man noch einmal die Ereignisse des Tages durch und spendiert seinen Freunden eine Runde. Mobiles Telefonieren ist verpönt. Für eingehende Gespräche muß ein Pfund, für ausgehende 1,50 Pfund Strafe berappt werden – natürlich direkt in die Sammelbüchse einer Hilfsorganisation. Ausgeschenkt werden u.a. das preisgekrönte *ale* Golden Arrow, London Pride, Young's Special und Summer Lightning.
Öffnungszeiten: Mo.-Fr.: 11-15 Uhr, 17.30-23 Uhr; Sa.: 11-23 Uhr; So.: 12-22.30 Uhr

Zwei, drei Meilen nördlich von Arundel liegt auf dem Lande das letzte Ziel dieses Kapitels:

The George & Dragon, Burpham
(Erreichbar von der A27)
Burpham ist ein an einer Nebenstraße gelegenes liebliches Dorf – eine Kirche, eine Kneipe, fünfzehn Häuser. Es ist reich an Geschichte und Folklore, und in dem Führer *Off the Beaten Track in Sussex* heißt es: »Selten ist ein Dorf so malerisch gelegen, selbst in Sussex.« Im Vorgarten des George & Dragon werden die Gäste von einem großen Kreuz auf einem Grabstein begrüßt. Es erinnert an Walter Budd, dessen Vater vor hundert Jahren die Kneipe führte. Walter war der Dorfidiot. 1893 ertränkte er sich nach einem kleinen Unfall. Seine Eltern drückten ihren Groll auf dem

Grabstein aus, aber obwohl der Gedenkspruch harmlos war, befürchtete der Vikar, daß ein schlechtes Licht auf das Dorf fallen könnte, und verweigerte, den Eltern, den Grabstein auf dem Dorffriedhof aufzustellen. Und so bekam – wie das in England auch andernorts immer mal der Fall ist – der Stein seinen Platz vor dem Pub.
Der schlichte Innenbereich zeichnet sich durch helle Kiefernmöbel und geblümte Gardinen aus. Das Restaurant wirkt dagegen richtig fein: Die Tische etwa sind mit weißen Stoffservietten gedeckt. Die Küche hat sich einigen Respekt erworben – das Essen ist variationsreich und lecker, die Biere des *Free Houses* kommen von Harvey's, zusätzlich sind interessante Gastbiere wie das der Spinnaker Brewery-on-Sea im Ausschank.

Öffnungszeiten: Mo.-Sa.: 11-15 Uhr, 18-23 Uhr; So.: 12-15.30 Uhr, 19-22.30 Uhr

Vom George & Dragon aus bietet sich eine gut 6 Kilometer lange Rundwanderung an. Die Wegbeschreibung ist einer Infotafel am Parkplatz hinter dem Pub zu entnehmen. Wanderkarte: OS Landranger 197

THE DRUIDS HEAD

8. Bloomsbury Country

Von Brighton, dem berühmtesten englischen Seebad mit einigem Nachtleben, führt uns diese letzte Tour gen Eastbourne, einem gediegenen Seebad, wo viele Pensionäre leben und abends frühzeitig die Bürgersteige hochgeklappt werden. Brighton hat viele Schriftsteller kommen und gehen gesehen. 1775 zeigte sich hier der deutsche Dichter Georg Christoph Lichtenberg und staunte: »Dieser Ort übertrifft in den Sommermonaten an Frequenz selbst unsere berühmtesten inländischen Badeorte.« Dr. Johnson besuchte Brighton mit dem Ehepaar Thrale und traf sich mit Fanny Burney, die 1779 nach ihrem ersten Romanerfolg (*Cecilia*) und einer Operation am Meer Entspannung suchte und noch im November in es eintauchte: »Wir standen morgens um sechs auf, und sowie der Mond bleich blinzelte, gingen wir zum Strand runter, wo uns schon die zuvor instruierten Badefrauen erwarteten, und tauchten in die Flut. Es war kalt, aber angenehm.«

1808 suchte der junge Lord Byron Entspannung am Kanal, und schwamm täglich eine halbe Stunde im Meer. Charles Dickens kam ab 1837 häufiger, logierte u.a. im Bedford Hotel nahe dem West Pier und verfaßte hier den Roman *Dombey und Sohn* (1848), in dem auch das Hotel Schauplatz ist. William Makepeace Thackeray schrieb in Brighton den Fortsetzungsroman *Jahrmarkt der Eitelkeiten* (1847/48) und sprach liebevoll vom »heiteren und fröhlichen Dr. Brighton«, bei dem er zu Gast sei. Lewis Carroll weilte häufig in der Stadt bei seiner Schwester; Henry James beehrte das Seebad 1880, wo seiner Meinung nach »die Luft von jeher dazu angetan war, unscheinbare Mädchen hübsch und hübsche noch hübscher zu machen«. Auch Theodor Fontane verschlug es an diesen seeluftigen Ort. Er berichtete darüber im Frühjahr 1844: »›Brighton ist die schönste Stadt, die ich jemals kennenlernte, und ich habe Beeskow und Treuenbrietzen gesehn‹ – meinte ein Berliner Witzling unserer Reisegesellschaft […]. Ich unterschreibe jenes Urteil; weder London noch Berlin kann an Schönheit ihm gleichgestellt werden. Im Halbkreis hart am Ufer des Meeres gelegen, mag es als ein Neapel des Nordens zu betrachten sein und dürfte vielleicht an Stockholm oder Kristiania erinnern, die ich freilich nur der Beschreibung nach und nicht aus eigener Anschauung kenne.«

Vor allem die Seefront beeindruckte den deutschen Schriftsteller nachhaltig:

»Nie und nimmer hab ich etwas dem Ähnliches gesehn; Natur und Kunst wetteifern hier, den Menschen staunen zu machen; wohin man blickt, wird einem ein bewunderndes ›Ah!‹ abgerungen. In fast unabsehbarer Länge ziehn sich die beiden Straßen Marine Parade und King's Road am Strand entlang und werden nur da unterbrochen, wo sich die Häuserfront zu Plätzen erweitert, die an Pracht jene Straßen wieder weit hinter sich zurücklassen. Es sind der Brunswick und Regent Square, die vorzugsweise die Aufmerksamkeit des Fremden erregen müssen. Die Squares, mit Blumen und Gartenanlagen in der Mitte, kann ich euch nicht besser beschreiben, wie wenn ich sie ein zehnfach vergrößertes Palais des Prinzen Albrecht nenne, von dem ihr euch nur den Säulengang, der die beiden hervorragenden Flügel verbindet, fortzudenken habt. Ganz in dieser Form, nur größer und höher, sind jene Squares.«

Die Squares sind bis auf den heutigen Tag eine Augenweide geblieben. Im 20. Jahrhundert verhalf insbesondere der Romancier Graham Greene dem Seebad zu Ruhm. Sein – auch verfilmter – Roman *Brighton Rock* (1938; dt.: *Am Abgrund*

des Lebens) spielt in der Stadt (Brighton Rock heißen hier die Zuckerstangen). Im Mittelpunkt steht der siebzehnjährige Bandenanführer Pinkie Brown, der in dem irritierenden Roman den Journalisten Hale und einen weiteren Mann umbringt. Hale wird von Pinkie auf dem Palace Pier aus dem Leben befördert – die 1899 gebaute, mehr als fünfhundert Meter lange Seebrücke begegnet uns auch in Günter Kunerts *Englischem Tagebuch*: »Der Pier, auch ein Bekannter von Film und Fernsehen, streckt sich weit ins Meer hinaus und trägt auf seinem ausgedehnten Rücken einen anderen Palast, der gleichfalls Flucht und Widerstand dient: vor der Wirklichkeit und gegen sie. ›Palace of fun‹, drei krönende Worte, zur Sommerszeit nachts weithin leuchtend, mit bunten Glühbirnen geschrieben. [...] Das ›Herzstück‹ des Spaß-Palastes ist eine Spielautomatenhalle [...]. Gemächlich durchqueren wir den Raum des kärglichsten Glückes, das existiert, und verlassen ihn auf der anderen Seite wieder, von einem kleinen Jungen mit – wie mir vorkommt – versteckter Absicht gemustert. Unter unseren Schuhen tönen die Bretter sehr hohl und hölzern. An der Spitze des Piers eine Kneipe, die keine Alkoholika an Gäste unter achtzehn ausschenkt, wie sie behauptet. Daneben eine Geisterbahn, aber geschlossen; die Gespenster machen Urlaub, bis im Sommer die Touristenhorden wiederkehren, um sich erschrecken zu lassen.«
Günter Kunert sah sich zu Beginn des Jahres 1975 auf dem Pier um und fühlte sich an einen literarischen Text erinnert: »Durch die Bodenbretterspalten sieht man tief drunten die windgetriebene Brandung. Szenerie für eine Kriminalstory, und selbstverständlich auch bereits verwertet: ›Brighton Rock‹ von Graham Greene, eines der ersten Rowohlt-Taschenbücher, das mir aber, als wir über die dumpf antwortenden Bohlen gingen, nicht einfiel. Doch war

es in mir und bei mir, der einstmals starke Affekt, den es ausgelöst hatte, produzierte in diesem Zusammenhang eine Reaktion von Wachsamkeit, Vorsicht, Fluchtbereitschaft. Greenes Geschichte von einem jugendlichen Mörder rief etwas wie einen sechsten Sinn wach, der mich veranlaßte, auf den kleinen Jungen achtzugeben, der uns immer weiter gefolgt ist ...«

Graham Greene schätzte Brighton. Seitdem er hier als Sechsjähriger das erste Mal Seeluft geschnuppert hatte, zog es ihn immer wieder zurück. 1926 mietete er sich ein Zimmer gegenüber dem (neu restaurierten) West Pier und schrieb den lyrisch-psychologischen Roman *Zwiespalt der Seele*, der ihm ersten Ruhm bescherte. Ende der 1960er Jahre brachte er die »Perle der Südküste« in seinem Roman *Die Reisen mit meiner Tante* erneut ins Spiel. Auch seiner Lieblingskneipe **The Cricketers** (Black Lion Street), Brightons ältestem Pub, widmete er einige Zeilen: »Abends saßen wir im ›Kricketspieler‹, einem kleinen Gasthaus, fast direkt einem Antiquariat gegenüber, wo ich eine Thackeray-Gesamtausgabe entdeckte, die einen durchaus vernünftigen Preis hatte. Die Bände würden auf dem Regal unterhalb der von meinem Vater gesammelten Waverley-Romane gut aussehen. Vielleicht konnte ich am nächsten Tag noch einmal hierherkommen und sie kaufen. [...] Ich habe eben erzählt, daß wir unser Dinner im ›Kricketspieler‹ einnahmen; vielleicht wäre es richtiger zu sagen, daß wir uns mit einem kräftigen Imbiß begnügten. An der Bar gab es Körbchen mit warmen Würstchen, die wir aßen und mit Bier vom Faß hinunterspülten. Ich war überrascht, wie viele Gläser Bier meine Tante bewältigte, und sorgte mich wegen ihres Blutdrucks.«

Das viktorianisch gestaltete Pub schenkt die *ales* direkt aus dem Faß aus, etwa Courage Directors, Old Speckled Hen und Wadworth 6X.

In Brighton ist vieles sehenswert – oder auch nicht, je nach Geschmack: etwa der orientalisch wirkende Royal Pavilion, der Palace Pier bzw. der von Restauratoren in Beschlag gelegte berühmte West Pier, die lange Strandpromenade, der lebhafte Stadtteil Kemp Town oder die neuerbaute Marina. Touristen zieht es vor allem in das Viertel der Lanes, wo in engen Gassen zahlreiche Antiquitäten- und andere Läden, aber auch Restaurants und Pubs locken: **The Druid's Head** am Brighton Place zum Beispiel oder auch **Prince Arthur** in Dean Street. Unter den vielen Kneipen der heutigen Universitätsstadt verdienen zwei schon deshalb einige Aufmerksamkeit, weil sie ganz besondere Biere ausschenken:

Evening Star, 55-56 Surrey Street
Das Pub liegt in der Nähe des Bahnhofs, erfreut die Kundschaft häufig mit Live-Musik und besteht im wesentlichen aus einem Tresen mit neun Handpumpen, aus denen in stetem Wechsel köstliche *real ales* ins Glas schießen: Dark Star Skinner's Pale Ale, Skinner's Golden Gate Bitter, Dark Star sowie saisonale Besonderheiten und verschiedene Gastbiere. Was Wunder: Das Evening Star ist die Schankstube der angeschlossenen kleinen Dark Star Brewery. Gute Stimmung und Bedienung sind in diesem Pub so gut wie garantiert.
Öffnungszeiten: Mo.-Sa.: 11-23 Uhr; So.: 12-22.30 Uhr

Nahe der Marine Parade, im beliebten Wohn- und Szeneviertel Kemp Town, residiert das wohl kleinste englische Pub mit angeschlossener Minibrauerei:

Hand in Hand, 33 Upper St. James's Street
Die Kneipe ist klein, kleiner noch als ein durchschnittliches Wohnzimmer. Auf dem Schanktisch erkennt man an einer

Handpumpe die vertraute deutsche Aufschrift: Hacker-Pschorr. An einem Balken über der Theke mahnt ein kleines Messingschild: *Do not drop cigarette ends on the floor as they burn the hands and kill off customers as they leave.* Das Dekor dieser beliebten, ausgesprochen gastlichen Stammkneipe besteht aus alten Zeitungsausschnitten und Fotos, von der Decke hängen jede Menge Schlipse. *Home cooked food* gibt es täglich von 12 bis 15 Uhr. Die angeschlossene Kemptown Brewery wurde 1989 in Betrieb genommen und produziert vier reguläre sowie einige saisonale *ales.* Sie werden ausschließlich auf der Basis biologisch kontrollierter Zutaten hergestellt. Der Hopfen kommt übrigens aus Deutschland. Reguläre Biere des Pubs sind: Brighton Bitter (3,6 %), Kemptown Bitter (4,0 %), Ye Olde Trout (4,5 %) und Staggering In The Dark (5,2 %). Zusätzlich sind – je nach Saison – im Angebot: City Green, Old Grumpy (6,2 %), Tippers Tipple, Trailblazer und Crewsaver. Der Nationalfeiertag St. George's-Day wird im Pub mit dem Ale Dragons Blood gefeiert. Ich rate zu einem ausgiebigen Test der verschiedenen Sorten – Staggering In The Dark empfiehlt sich, wenn das Bett zu Fuß erreicht werden kann. (Der Wirt besorgt einem gern ein Hotelbett in einem ökologisch ausgerichteten *guest house* um die Ecke.)

Öffnungszeiten: Mo.-Fr.: 11-15 Uhr, 17.30-23 Uhr; Sa.: 11-23 Uhr; So.: 12-22.30 Uhr

Einige Meilen nördlich von Brighton – am Fuß der South Downs – liegt an der Kreuzung der B2112/B2116 das beschauliche Dorf Ditchling. Vom gut 300 Meter hohen Ditchling Beacon, auf dem im 16. Jahrhundert Leuchtfeuer installiert waren, hat man einen herrlichen Fernblick über diesen Teil Südostenglands – die Downs und den Weald. Ditchling war zu Beginn des 20. Jahrhunderts Sitz einer *arts-and-*

In der Bar hinter diesem bleiverglasten Fenster in Brighton werden auch heute noch real ales *gezapft.*

crafts-commune, deren führender Kopf Eric Gill (1882-1940) war. Der aus Brighton gebürtige Bildhauer und Kalligraph ist als bedeutender Buchkünstler in die Geschichte eingegangen; er entwarf elf Schriften, von denen einige zu Klassikern des Buchdrucks geworden sind. Gill war u.a. mit D.H. Lawrence und den Woolfs befreundet, die ihn in Ditchling auch häufiger besuchten – sie kamen zu Fuß über die Downs. In der alten Village School sind Gills Entwürfe, Holzschnitte und Buchdrucke ausgestellt. Danach bietet sich der Besuch eines Pubs an. Das typische *village pub* bei der Kirche in der West Street hört auf den Namen **White Horse** und besitzt einen hauseigenen Geist. Hier erfährt man den neuesten Dorfklatsch und erhält ein gutes Harveys Best Bitter. Eine Ecke weiter, an der Kreuzung von B2112 und B2116, steht unübersehbar:

The Bull, Ditchling (Übernachtungsmöglichkeit)
Blumengeschmückt und weiß angestrichen erwartet der alte Inn seine Gäste. Das Gebäude stammt aus dem Jahr 1569. The Bull erhielt bereits 1636 die erste Schanklizenz. Der stilvolle Gastraum wird von massiven Deckenbalken und einem Inglenook-Feuerplatz geprägt. In der Mitte steht ein

einladend großer Mensatisch. Hinter dem Haus gibt es einen attraktiven kleinen Biergarten. In der Regel stellt der Wirt bis zu fünf *real ales* zur Wahl – etwa Harveys Best, Flowers Original und Wadworth 6X.

Öffnungszeiten (beider Pubs): Mo.-Sa.: 11-23 Uhr; So.: 12-22.30 Uhr

Vom Bull findet man ohne Probleme den Weg zum 247 Meter hohen Ditchling Beacon. Der *footpath* beginnt am südlichen Dorfausgang. Gute zwei Stunden sollten für diese kleine Bergwanderung einkalkuliert werden (Wanderkarte: OS Landranger 198).

Von Ditchling schlängelt sich die B2116 an den Hängen der Downs entlang und führt uns nach Lewes, dem Verwaltungssitz von East Sussex. Das gepflegte Städtchen liegt weithin sichtbar auf einem Hügel der South Downs und wird von einer normannischer Burgruine geprägt. Durch den unteren Teil der mit ansehnlichen Fachwerkbauten und georgianischen Häusern aufwartenden Grafschaftshauptstadt fließt die Ouse, die im Jahr 2000 gewaltig über die Ufer stieg und große Schäden anrichtete. Wer zufällig am 5. November in Lewes weilt, wird Zeuge eines turbulenten Umzugs mit brennenden Fässern und viel Feuerwerk. Dann wird hier die *Guy Fawkes Night* gefeiert, und aus ganz England strömen Schaulustige in die High Street, um das Spektakel mitzuerleben.

Der Maler Julian Bell (ein Neffe Virginia Woolfs) hat den Bürgern des *County Town* ein Gemälde überlassen, in dessen himmelblau überwölbtem Mittelpunkt das Porträt eines außergewöhnlichen Mannes glänzt, der von 1768 bis 1774 in Lewes lebte. Es hängt in einem düsteren Gang des Marktturms und zeigt einen fesch gekleideten jungen Mann, der seine Jugend in England verbrachte und seinen Lebensunterhalt zunächst als Korsettmacher, Schiffsjunge, methodistischer Laienprediger, Englischlehrer und Steuereinnehmer verdiente, bevor er 1776 mit seiner Schrift *Gesunder Menschenverstand* den ersten Bestseller der Welt (25 Auflagen in einem Jahr) verfaßte. Gewissermaßen kennengelernt habe ich diesen Mann, der nach seinem 1791/92 publizierten Werk *Die Rechte des Menschen* zur Leitfigur der modernen Demokratie gekürt wurde, an einem verregneten Novembertag, als ich mir im kaminbeheizten Schankraum des **Bull Inn** in der High Street einige *pints* Tom Paine (von Harveys & Son) genehmigte. Thomas Paine (1737-1809) kam 1768 nach Lewes, wo er sich im Bull House zur Miete einquartierte. Er heiratete die Wirtstochter Elisabeth und übernahm die Leitung des Headstrong Club – des Klubs der Dickköpfigen, der einige hundert Meter die High Street runter im **White Hart Inn** zu tagen pflegte. Hier plädierte er für die Einführung der repräsentativen Demokratie und nicht zuletzt für das Prinzip garantierter Einkommen für alle Bürger. 1774 zog es den Publizisten und Politiker nach Philadelphia, wo er sich im amerikanischen Unabhängigkeitskampf engagierte.

Lewes ist eine überschaubare Kleinstadt, die einen Tagesausflug lohnt. Am Ufer der Ouse, gleich neben der Cliffe Bridge, erhebt sich das imposante Gebäude der 1790 gegründeten Harvey's Brewery. In der **John Harvey Tavern** kann man die *real ales* der Reihe nach probieren, im Brewery Shop gibt es eine gute Auswahl an Flaschenbieren und einschlägigen Zusatzartikeln. Einige Schritte weiter, in der von kleinen Geschäften und Antiquitätenläden gesäumten Cliffe High Street, residiert das *Free House* **Gardener's Arms**. Die schlicht eingerichtete Kneipe verfügt über acht Handpumpen; offeriert werden u.a. Harvey's Best, Archers Golden, Otter Ale und Rebellion Zebedee. Fünf Minuten weiter, in der South Street, wartet der liebevoll ausstaffierte **Snow Drop Inn** auf Gäste, die sich gern an Hippie-Zeiten erinnern oder Anhänger vegetarischer Gerichte sind. Unter den ausgeschenkten *real ales* ist das Hop Black Summer Lightning einen Versuch wert. Weitere empfehlenswerte Kneipen in Lewes sind der alte Ausspanngasthof **Black Horse Inn** (Western Road), das **Lewes Arms** (Mount Place) und in der High Street das 1540 gegründete **Brewers Arms.**

Einige Meilen östlich von Lewes liegt Glyndebourne, eine 1934 gegründete Privatoper, die in den Monaten Mai bis August zu den Festspielen Künstler und Musikliebhaber aus aller Welt anzieht. In der langen Pause der Aufführungen halten die Opernfans stilvolle Picknicks auf dem Rasen ab. Südöstlich der Grafschaftshauptstadt erstreckt sich Bloomsbury Country, liegen die Dörfer und Weiler im Dornröschenschlaf, weich gebettet im ondulierten Grün der South Downs-Hügel. Strohgedeckte Cottages trotzen seit Jahrhunderten Wind und Wetter, helles Kieselsteingemäuer kontrastiert spielend mit dunkelrotem Backstein, Gärten voller Malven wehren sich mit dichten Eiben gegen ungebetene Gäste. Pubs heißen hier Rose Cottage oder Ram Inn, und an den Pinnwänden finden sich Vermißtenanzeigen wie diese: *LOST! PEACOCK. 2 years old – no tail feathers! Neck is emerald green Not blue. Seen on A27 heading for Firle Park near Fruit farm. Any sightings please phone 01323-81100. Loves Peanuts!*

In den Orten Firle, Asham, Rodmell und Lewes ist die Erinnerung an Virginia und Leonard Woolf lebendig. In Rodmell unterhielt das Paar von 1919 an ein Wochenendhaus: Monk's House. Von 1939 bis zu Virginias Freitod 1941 lebten sie hier permanent.

Monk's House

Monk's House gehört heute dem *National Trust* und steht nur wenige Stunden in der Woche für Besichtigungen offen (April bis November, Mi. u. Sa.: 14-17.30 Uhr). An den Wänden in Virginias Schreibklause hängen viele Fotos, die im Garten und im Haus aufgenommen wurden: Virginia Woolf mit Vita Sackville-West, Leonard Woolf mit Roger Fry, E. M. Forster neben T. S. Eliot, Vanessa Bell gemeinsam mit Duncan Grant und Maynard Keynes in gemütlicher Pose auf dem Sofa. Von Leonard, dessen Buch *International Government* heute noch als grundlegendes Werk zur Konzeption internationaler Zusammenarbeit geschätzt wird, lernt man viel über die alten Zeiten in dieser Gegend: »Die Bedingungen waren 1912 in Sussex reichlich primitiv, und unser tägliches Leben war vermutlich dem vom Chaucer näher als dem des modernen Menschen mit Wasser aus der Leitung, Strom, Gas, Autos, Bussen, Telefon, Radio«, berichtet er in seinen Erinnerungen *Mein Leben mit Virginia*.

»Wenn wir zum Wochenende nach Asham fuhren, konnten wir manchmal in Lewes eine ›fly‹, laut Lexikon eine ›einspännige Droschke‹, mieten, aber viel öfter mußten wir, ob naß oder trocken, die vier Meilen am Fluß entlang und über die Felder mit unseren Rucksäcken auf dem Buckel zu Fuß gehen. Alles Wasser, das wir im Haus brauchten, mußten wir aus dem Brunnen heraufpumpen. Die sanitäre Einrichtung bestand aus einem Plumpsklosett. Gekocht wurde auf einem Ölofen oder Primuskocher; die Beleuchtung bestand aus Kerzen und Öllampen. Selbst 1919, als wir Monk's House kauften [...], war es dort noch genauso – keine Busse, kein Wasser, kein Gas, kein Strom, und die so genannte ›Örtlichkeit‹, ein Plumpsklosett, war diskret, aber unzureichend in einem Kirschlorbeergebüsch mitten im Garten versteckt.«

Virginia machte von 1939 an das Kriegsgeschehen, die deut-

schen Fliegerangriffe, in ihrem Tagebuch unvergessen: »Sie kamen ganz nah heran. Wir legten uns unter den Baum. Es war ein Geräusch, als ob jemand genau über uns in der Luft sägte. Wir lagen, die Hände hinter dem Kopf, flach auf dem Gesicht. Preß die Zähne nicht aufeinander, sagte Leonard. Sie schienen an einem festen Punkt herumzusägen. Die Bomben ließen die Fenster meines Gartenhäuschens beben. Wird eine hier herunterkommen? fragte ich. Wenn ja, dann gehen wir zusammen kaputt. Ich dachte, glaube ich, an das Nichts, an die Leere; mein Kopf war leer. Etwas Angst, vermute ich. [...] Zu gefährlich, jetzt aufzustehen, sagte Leonard. Dann kam eine weitere Maschine von Newhaven. Dröhnen und Sägen und Brummen ringsumher. In der Marsch wieherte ein Pferd. Sehr schwül. Ist das Donner, fragte ich. Nein, Geschützfeuer, sagte Leonard.«
Rodmell ist ein gepflegtes kleines Dorf mit blühenden Gärten, und ein beschaulicher Rundgang bietet sich mehr als an. (Wer den westlich vom Dorf gelegenen Ausläufer der Downs zum Mill Hill hinaufwandert, gelangt über den *footpath* fast automatisch zum Tor des Vineyards von Breaky Bottom. Womit angedeutet sein soll, daß hier, inmitten der Downs, ein recht guter Wein angebaut wird.) Von Monk's House verläuft ein Feldweg hinunter zur Ouse. Zunächst kommt man durch einen merkwürdig ungepflegten Streifen Weideland, auf dem sich Shetland-Ponies tummeln. Auf dem Deich der künstlich eingedämmten Ouse verbieten zwei Warnschilder das Betreten einer Entwässerungsanlage. Schräg gegenüber, auf der anderen Flußseite, unterhalb von Asham, saßen im Frühjahr 1941 zwei Mädchen und drei Jungs auf der Uferböschung und picknickten. Als sie gerade einige Sandwiches verdrückt und eine Flasche Limonade getrunken hatten, vermeinten sie auf dem Wasser einen Holzbalken treiben zu sehen. Ausgelassen warfen sie mit Stei-

nen danach, besorgten sich dann Stöcke und bugsierten das Treibgut auf den schlickigen Ufersaum. »Es ist eine Frau – eine Frau im Pelzmantel!« riefen die Mädchen. Es war Virginia Woolf, die am 28. März 1941 ihrem Leben in den salzigen Fluten der Ouse ein Ende gesetzt hatte.

The Ram Inn, Firle (Übernachtungsmöglichkeit)
(Ca. 3 Meilen südöstlich von Lewes, ausgeschildert von der A27)
Der Ram Inn war vom 17. bis zum frühen 19. Jahrhundert ein vielfrequentierter *coaching inn*. Seit 1812 liegt der Gasthof zwar abseits der Hauptstraße in dem verkehrsberuhigten Dorfkern von Firle, an Stammgästen mangelt es aber nicht, genießt The Ram doch inzwischen den Ruf eines traditionellen *village pub* mit guter Küche. Zudem zieht das nahe gelegene Herrenhaus Firle Place – seit 1496 Sitz der Familie Gage – Besucher von weit her an. (Es ist vom Pub aus zu Fuß in einer Viertelstunde zu erreichen.) Der Gasthof liegt malerisch am Fuße der Downs, umgeben von Landarbeiterhäusern und landwirtschaftlichen Betrieben. Wanderer schätzen ihn, weil in dem schlichten Gastraum mit den gescheuerten Tischen auch verschmutzte Stiefel toleriert werden. Beim schmackhaften *lunch* kann man die ausliegende Zeitung lesen. Im Winter brennt prasselnd der Kamin, da schmeckt Harveys Best oder eines der drei Gastbiere noch besser.
Öffnungszeiten: Mo.-Sa.: 11.30-23 Uhr; So.: 12-22.30 Uhr

Charleston Walk (7,5 Kilometer)
Wanderkarte: OS Landranger 198/199; OS Explorer 16
Auf den südlich von Firle sich erstreckenden Downs verläuft der vielbewanderte South Downs Way. Die folgende Route nutzt diese mit einer großartigen Fernsicht verbundene Wegführung, die auch von Virginia Woolf häufig be-

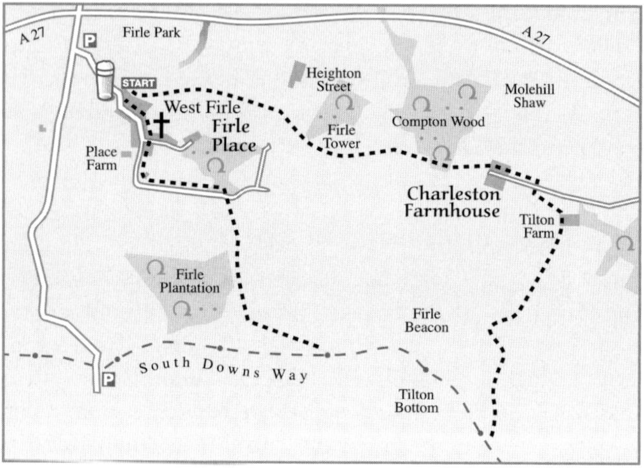

schritten wurde, bis zu einem Abstieg, der zum Charleston Farmhouse führt. Von dort aus geht es im Schatten der Hügelkette über ebene Wege zurück zum Ram Inn. Der Anstieg auf die Downs ist recht steil.

Charleston Farmhouse

Im Charleston Farmhouse ging es entschieden freizügiger zu als im wenige Meilen entfernten Monk's House. War Virginia sexuell fast völlig enthaltsam, so lebte ihre Schwester, die Malerin Vanessa Bell, ihre Sexualität frei aus. Auch ihre Liebhaber, die entweder in (der Kommune) Charleston wohnten oder häufig zu Besuch waren, fanden in jeder Hinsicht Gefallen an der Maxime: *Make love, not war.* Vanessa war verheiratet mit Clive Bell, der als archetypischer Frauenheld galt, und mit dem sie zwei Söhne zeugte. Affären verbanden sie mit den Malern Roger Fry und Duncan Grant. Duncan war der Vater ihrer Tochter und unterhielt homosexuelle Affären mit dem Kritiker Lytton Strachey, der mit der betont männlich gekleideten Feministin Dora Carrington verheiratet war, und schlief wie auch Lytton eine Zeitlang mit dem Ökonomen Maynard Keynes, der wiederum die Tänzerin Lydia Lopokova ehelichte, Lyttons Cousine, Mary Hutchinson, aber auch nicht abgeneigt war. Vita Sackville-West kam häufig zu Besuch und knüpfte zarte Bande mit den Frauen in Charleston an, eine Zeitlang – eher platonisch – auch mit Virginia. Daß die Bloomsburys bei all der Liebelei ihre Kunst und Literatur nicht vernachlässigten, beweist eine reiche Fülle von Gemälden, Kirchenmalereien, Gedichten, Romanen, Kritiken und wissenschaftlichen Publikationen. So verfaßte etwa Maynard Keynes in seiner sturmfreien Bude im Charleston Farmhouse *Die wirtschaftlichen Folgen des Friedensvertrages*. 1925 kaufte sich der vermögende Ökonom ein Haus in der direkten Nachbarschaft, in Tilton; sein dort angesichts der 1929 einsetzenden Weltwirtschaftskrise formulierter und berühmt gewordener Satz lautet: »Langfristig sind wir alle tot.«

Virginia Woolf hatte ihrer Schwester Vanessa den Kauf des Hauses in Charleston nahegelegt: »Ich wünschte, Du würdest Charleston nehmen. Leonard war drüben und meint, daß es ein entzückendes Haus ist, das er Dir wärmstens empfiehlt. Auch der dazugehörige Garten ist reizvoll mit einem kleinen Teich, Obstbäumen und Gemüsebeeten, und obgleich im Augenblick alles ziemlich verwildert wirkt, ließe sich etwas daraus machen. Das Haus ist sehr hübsch, mit weiträumigen Zimmern und einem Raum mit großen Fenstern, der wie geschaffen ist als Atelier. Neben einer Toilette gibt es ein Bad, allerdings nur mit kaltem Wasser. Das Haus müßte gerichtet werden und die Tapeten sind scheußlich. Aber insgesamt scheint es ein bezaubernde Ort zu sein – und vier Meilen von uns entfernt, so daß wir kaum ständig bei Dir auftauchen würden.« Eingerichtet wurde Charleston Farmhaus in schönster Weise: Vanessa und Duncan bemalten und verzierten nahezu das gesamte Mobiliar. Ein Gang durch das Haus vermittelt einen guten Einblick in das Leben dieser Künstlerkolonie.

Öffnungszeit: April bis Oktober von Mi.-So.: 14-18 Uhr

Nördlich von Charleston Farmhouse – jenseits der A 27 – liegt der Weiler Ripe. Hier lebte der manisch depressive, alkoholabhängige Schriftsteller Malcom Lowry (1909-1957) mit seiner Frau Margerie von Anfang 1956 bis zu seinem recht frühem Tod im Juni 1957. Der Verfasser des berühmten Romans *Unter dem Vulkan* (1947) bewohnte das White Cottage, wo er einige – posthum erschienene – Kurzgeschichten schrieb. Daß sich der vielgereiste Mann in dem abgeschiedenen Ort auf dem Land zuweilen etwas deplaciert vorgekommen sein muß, verdeutlicht seine Bemerkung: »In diesem Ort bin ich der einzige Dorftrottel.« Lowry liegt auf dem Kirchfriedhof von Ripe begraben.
Sozusagen einen Steinwurf von Charleston entfernt finden wir abseits der A27 das verträumte alte Dorf Alciston. Hier empfiehlt sich die Einkehr ins

Rose Cottage Inn, Alciston
(Südlich der A27, zwischen Lewes und Polegate)
Die schlichten Holztische in der *main bar* dieser urgemütlichen und freundlichen Kneipe sind abends schnell belegt, denn das *pub food* ist exzellent (das Gemüse kommt aus organischen Anbau) und die Weinkarte vielversprechend. Der separate, mit Teppich ausgelegte und von einem großen Inglenook-Kamin geprägte *dining room* ist auch häufig ausgebucht. Wer in der rustikalen Bar, von deren Decke diverse Eisengerätschaften hängen und deren Regale von ausge-

stopften Tieren bevölkert sind, einen Platz gefunden hat, wird nicht umhin können, sich pudelwohl zu fühlen. Das *Free House* hat gepflegte *real ales* im Angebot: Neben Harveys Best Bitter regelmäßig wechselnde Gastbiere, die probiert sein wollen. An schönen Tagen lädt die sonnenüberflutete Terrasse zum Ausspannen ein.

Öffnungszeiten: Mo.-Sa.: 11.30-15 Uhr, 18.30-23 Uhr; So.: 12-15 Uhr, 19-22.30 Uhr

Graham Greene gibt in seinem Roman *Die Reisen mit meiner Tante* eine Pub-Szene wieder, die hier auf dem Land nicht völlig aus der Luft gegriffen ist, aber auch nicht allzu ernst genommen werden sollte: »Durch die Fenster waren Männer mit übertriebenen Schnurrbärten in Tweedsakkos zu erkennen, hinten mit Reiterschlitz, die sich um ein Mädchen in Reithosen scharten. Diesem Typ Mensch hätte ich keine hohen Kredite gewährt, und ich bezweifle, ob auch nur einer von ihnen, ausgenommen das Mädchen, jemals auf einem Pferd gesessen hatte. Sie tranken alle Bier, und ich hatte den Eindruck, daß sie jeden überschüssigen Penny, den sie gespart haben mochten, eher für den Schneider oder den Friseur als für die Reiterei ausgaben. Auf Grund reicher Erfahrungen mit Klienten ist mir ein schäbiger Whiskeytrinker lieber als ein eleganter Biertrinker.«

Von Alciston führt ein *footpath* sowohl in westliche Richtung zum Charleston Farmhaus, wie auch in östliche zum Weiler Berwick und weiter ins bezaubernde Puppenstubendorf Alfriston (siehe Kartenübersicht weiter unten; Wanderkarte: OS Landranger 199). In Berwick finden wir eine typische Landkneipe:

The Cricketers Arms, Berwick
(An der A27 zwischen Lewes und Polegate)
Das Pub ist ein bevorzugter Einkehrort für Wanderer, vor allem im Sommer, wenn der große Garten mitgenutzt wird. In dem fast fünfhundert Jahre alten, aus Feuerstein gebauten *cottage* gibt es drei kleine, mit schlichten Holzstühlen und -bänken eingerichtete Räume. Burgunderfarbene Samtvorhänge, zwei kleine Feuerstellen, halbhoch getäfelte Holzwände und Kricket-Bilder vervollständigen das Interieur. Eine Schanklizenz hat die Wirtschaft bereits seit gut zweihundert Jahren; ausgeschenkt werden Harveys Best sowie saisonale *real ales* der traditionsreichen Brauerei – direkt aus den im Kühlraum hinter der Theke liegenden Fässern. Kinder und Hunde sind willkommen – Darts-Spieler auch. Im Cricketers wird zudem das alte Spiel *Toad in the Hole* gepflegt. In der Kirche von Berwick sind Wandmalereien von Bloomsbury-Künstlern zu bewundern.
Öffnungszeiten: Mo.-Sa.: 11-15 Uhr, 18-23 Uhr; So.: 12-22.30 Uhr; im Sommer Sa: 11-23 Uhr

Alfriston betört die hier zahlreich anzutreffenden Touristen durch seine prächtigen Fachwerkhäuser und üppigen Gärten. Der Marktplatz wird durch ein Kreuz bestimmt, das zugleich auf die lange Handelsgeschichte dieses Ortes verweist. Die Zunftzeichen an den Häusern verraten, welche Handwerker hier früher ihrer Arbeit nachgingen: Zimmermann, Flickschuster, Kerzenmacher, Sattler usw. Neben der »Cathedral of the South Downs«, der alten Dorfkirche, steht eines der ältesten noch erhaltenen Wohnhäuser Englands, das Clergy House. Es kann besichtigt werden (April bis Oktober, 11-18 Uhr). Alfriston beherbergt mehrere Pubs, die sich allesamt durch ein fast schon biblisches Alter auszeichnen: Der **George Inn** und **The Tudor House** erhielten ihre

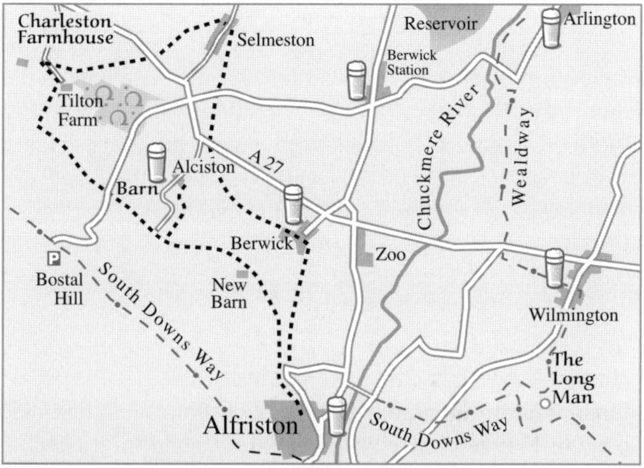

Wanderwege und Pubs am Fuß der South Downs

Schanklizenz im 14. Jahrhundert, der **Star Inn** besteht seit mehr als sechshundert Jahren, der **Market Inn** schenkt immerhin seit 1797 Bier aus.

The Giants Rest, Wilmington
(An der A27 zwischen Lewes und Polegate)
Die Attraktion von Wilmington ist ein Bild von einem Mann – oder einer Frau – und siebzig Meter hoch. Die Forscher nehmen an, daß die Umrisse dieser Figur bereits in der Eisenzeit in den Kreideboden geritzt wurden, wissenschaftlich gesichert ist das aber bislang nicht. Wer dem rätsel- und riesenhaften Long Man of Wilmington zu Fuß einen Besuch abstatten möchte, kann sich am *public car park* neben den Resten einer alten Benediktinerabtei über die Wegführung ins Bild setzen. Unterhalb des Weilers, direkt an der A27, sorgt der Gasthof Giants Rest für leibliches Wohl. Das viktorianische Pub mit seiner langen, hölzernen Bar und den drei

Gasträumen, die sämtlich schlicht und komfortabel eingerichtet sind, hat alle Attribute einer guten Wandererkneipe. Wechselnde Ausstellungen lokaler Künstler schmücken die Wände, auf Kinder wartet eine vielfältige Spielesammlung. Die Küche liefert schmackhafte Gerichte; ausgeschenkt werden *real ales* von Harveys sowie Gastbiere wie etwa Hop Back Summer Lightning und Taylor Landlord.

Öffnungszeiten: Mo.-Sa.: 11-15 Uhr, 18-23 Uhr; So.: 12-15 Uhr, 19-22.30 Uhr

The Tiger Inn, East Dean
(An der A259 westlich von Eastbourne)
Kurz vor Eastbourne, dicht an der Kanalküste und flankiert von den Downs, wartet der beliebte Tiger Inn auf Kundschaft. Es gibt nicht viele Gasthöfe in Sussex, die von einer so idyllischen Lage profitieren. Vor dem – wenn das Wetter mitspielt – sonnenbeschienenen Pub läßt es sich an den Picknickbänken gut trinken – der Blick wandert dabei über den Dorfanger und die umstehenden alten Cottages und Häuser. In den beiden recht dunklen Gasträumen des blumengeschmückten Pubs geht es urgemütlich zu. Sie sind mit ausgesuchtem antiken Mobiliar versehen und mit altem Porzellan und anderen schönen Gegenständen mehr herausgeputzt. Dicke schwarze Balken und einen alten Steinfußboden erwartet man ohnehin in einem Inn wie diesem. Was die beliebte Küche zu bieten hat, verraten einem verschiedene Tafeln. Der Fisch ist garantiert fangfrisch. Auch verdursten muß hier niemand: Harveys Best, Flowers Original, Taylor Landlord und Adnams Best sind *on handpump.*

Öffnungszeiten: Mo.-Fr.: 11-15 Uhr, 18-23 Uhr; Sa.-So. und im Sommer: 11-23 bzw. 22.30 Uhr

Beachy Head-Walk (ca. 5 Kilometer) Wanderkarte: OS Landranger 199

Vom Tiger aus kann man einen landschaftlich reizvollen *pub walk* zum Beachy Head am Ärmelkanal machen. Zuerst geht es zur Klippensenke von Birling Gap. Die Kerbe ist der einzige Zugang zum Meer zwischen Eastbourne und Seaford, diente früher den Schmugglern für ihr einträgliches Geschäft und bietet heute guten Anschauungsunterricht zum Thema Küstenerosion. Rechter Hand beginnt die Berg- und Talbahn der spektakulären Seven Sisters, deren Bewanderung man sich für einen anderen Tag aufsparen sollte. Wir wenden uns nach links und steigen sanft hügelan, kommen am 1831 erbauten, vor einigen Jahren aufwendig landeinwärts versetzten Leuchtturm Belle Tout vorbei und auf die Coastguard Station von Beachy Head zu. Die Klippe von Beachy Head ist knapp 165 Meter hoch. Steil und strahlend weiß ragt die Abbruchkante aus dem Wasser. Tief unten ragt aus dem Meer der Leuchtturm *Allzeit Glück!*. Vor etwas mehr als hundert Jahren wäre uns hier Friedrich Engels begegnet, der in den Jahren 1894 und 1895 in Eastbourne

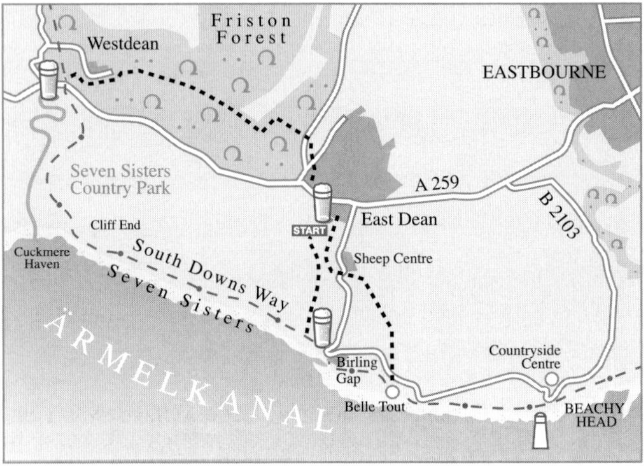

Linderung seines Halsleidens suchte und gern zum Beachy Head wanderte, um die Fernsicht über den Kanal zu genießen. Sein letzter Brief – an Laura Lafargue – trägt die Datumszeile »Eastbourne, 23. Juli 95« und schließt mit der Zeile: »Ich habe nicht die Kraft, lange Briefe zu schreiben, so lebt denn wohl.« Friedrich Engels starb am 5. August 1895 an Speiseröhrenkrebs. In Eduard Bernsteins Erinnerungen heißt es: »Ungefähr fünf bis sechs Seemeilen vor Beachy Head haben im Jahre 1895 die Avelings, [...] Friedrich Leßner und meine Wenigkeit an einem recht stürmischen Herbsttage die Urne mit der Asche unseres Friedrich Engels ins Meer versenkt. Engels, der am 5. August 1895 gestorben war, hatte in einem seinem Testament beigelegten Brief bestimmt, daß seine Leiche eingeäschert und die Asche ins Meer geworfen werde. Und da wir seine Vorliebe für das liebliche Eastbourne kannten, wurde die See vor Beachy Head als der geeignetste Ort befunden, diesen Teil von Engels' letztem Willen zur Ausführung zu bringen.«

9. Last orders, please – in Oxford

Es gibt Leute, deren Lebensrhythmus ohne eine gewisse Konstante aus dem Takt käme. Bei Chief Inspector Morse von der Thames Valley Police etwa, dem Helden der Kriminalromane des 1930 geborenen englischen Schriftstellers Colin Dexter, ist es die Öffnungszeit der Pubs. Denn in der Kneipe kann der »legitime« Nachfolger von Sherlock Holmes nicht nur am besten denken, vor allem löst er nach dem vierten oder fünften *pint* selbst hochkomplizierte Fälle. Eine Vorliebe für eine bestimmte Biersorte hat Morse übrigens nicht; daß der mausgraue Inspector es schätzt, wenn ein anderer – zumeist Sergeant Lewis – die Zeche zahlt, ergibt sich aus der Lektüre des *Rätsels von der dritten Meile* und der vielen anderen Kriminalromane Colin Dexters.
Die berühmte englische Universitätsstadt Oxford mit ihren alten Colleges und penibel gepflegten Rasenflächen ist das Ziel vieler nach Südengland Reisender (samstags gibt es zudem die Möglichkeit, an einer Morse-Walking-Tour teilzunehmen). Wer den Weg dorthin scheut, kann sich zu Hause in die Krimis von Colin Dexter vertiefen und im Geiste Chief Inspector Morse folgen – zum Beispiel die belebte Cornmarket Street hoch, ins vornehme **Randolph Hotel** mit seiner Chapter's Bar oder in eine der vielen Kneipen hinein. Morse trinkt im **Maiden's Arms** ebenso gern ein Bier wie im **Eagle and Child**. Einige typisch englische Pubs in der altehrwürdigen Studentenhochburg, wo auch gepflegte regionale Biere, die *real ales*, ausgeschenkt werden, sollen hier kurz vorgestellt werden.

Turf Tavern, 4 Bath Place. Das über 600 Jahre alte Gasthaus liegt inmitten alter College-Gebäude und verfügt über drei große Biergärten. Ausgeschenkt werden elf Biere vom Faß, darunter Archers Golden, Brakspear Special, Flowers Original und andere mehr.

Old Tom, 101 St Aldates. Eine kleine, enge und sehr beliebte Kneipe aus dem 17. Jahrhundert, deren Name sich auf die Glocken des Christ Church College bezieht. Morrells Bitter, Varsity, Graduate und verschiedene saisonale Ales sind im Ausschank.

Marlborough House, 60 Western Road. Der freundliche Pub ist bei Studenten und »locals« sehr beliebt – wohl nicht zuletzt, weil im oberen Stockwerk ein Billard-Raum auf Spieler wartet. Ausgeschenkt werden Benskins Best Bitter und Greene King IPA.

Lamb & Flag, 12 St Giles. Das historische, auf das 13. Jahrhundert zurückgehende Pub wird vom St. John's College als *Free House* betrieben und offeriert Brakspear Bitter, Hook Norton Old Hooky, Theakston Old Peculier sowie wechselnde *guest beers*.

Einen Besuch wert sind darüber hinaus die Gasthäuser **Hobgoblin**, 108 St Aldates; **Butchers Arms**, 5 Wilberforce Street; **Angel & Greyhound**, 30 St Clements Street und **Rose & Crown**, 14 North Parade Avenue.

Wer abends zur besten Pubzeit rasch an ein Bier kommen möchte, sollte weder drängeln noch flirten, sondern einen nachdenklichen, besser noch besorgten Gesichtsausdruck aufsetzen und durstig aussehen. Einer Befragung von mehr als tausend Barmännern und -frauen zufolge ignoriert das *staff* nämlich Gäste, die nervös auf den Tresen klopfen, laut rufen oder pfeifen, mit den Fingern schnippen oder wichtigtuerisch mit einem Geldschein winken. Auch zu aufdringliches Flirten beschleunigt die Bierzufuhr nicht. Erfolgreich ist vielmehr, wer sich möglichst nahe der Kasse positioniert und sich dabei leicht nach vorne neigt. Aber sachte: Ein Neigungswinkel von mehr als 45 Grad wird vom Personal als bedrohlich empfunden.

Ist es schon eine gute Stunde vor Mitternacht? Eine Glocke ertönt. *Time, gentlemen!* ruft der alte Barkeeper, *Last orders, please!* die Wirtin für die letzte Bestellung im Lokal. Gäste, die bis zu diesem Zeitpunkt gemütlich in tiefen Sesseln saßen, entwickeln nun hektische Betriebsamkeit, um sich noch ein *pint* Bitter zu sichern. Gegen 23.20 Uhr schließen die Pubs, da hilft kein Jammern und Klagen über die Polizeistunde – es sei denn, der Wirt vergißt beim Abschließen, auch wirklich alle Gäste in die Nacht zu entlassen. Aber das ist eine andere Geschichte. Wer weiß, was ab dem Sommer 2004 passiert, wenn die seit dem Ersten Weltkrieg bestehende gesetzliche Einschränkung der Pub-Öffnungszeiten aufgehoben worden ist. Die jüngste Gesetzesänderung in Sachen Bier schreibt schon einmal vor, daß die Pint-Gläser von den Schankwirten mindestens zu 95 Prozent mit Bier ohne Schaum gefüllt werden müssen.

Am vollsten sind die englischen Pubs am Wochenende. In Magnus Mill's hochgelobtem ersten Roman *The Restraints of Beasts* (dt. *Die Herren der Zäune;* 1998) läßt sich das gut nachvollziehen: »Im Laufe des Abends entdeckten wir ein paar nette Pubs, aber leider hatten Tam und Richie nicht die Geduld, in einem länger als für ein Glas zu bleiben. Dafür vergaßen sie diesmal, über das schwache Bier herzuziehen, obwohl es aus der gleichen Brauerei stammte wie das im Queen's Head. Die gesamte Stadt schien auf den Beinen zu sein. Genau wie in jeder anderen englischen Kleinstadt an einem Samstagabend. Heerscharen von Leuten zogen von Pub zu Pub wie Gnus in der Regenzeit. Wir drei zogen hinterher. Nach ein paar Stunden in dieser Stadt kannten wir uns aus. [...] ›Letzte Runde‹ bedeutete auch im Mason's Arms tatsächlich ›letzte Runde‹. Darum fanden wir uns kurz vor halb zwölf auf der Straße wieder.«

Und sonntags?

Hermann Fürst zu Pückler-Muskau notierte 1828 in seinen *Briefen eines Verstorbenen* eine Erfahrung, die heutige Englandreisende so nicht mehr machen werden – oder doch?

»Der Sonntag ist ein wahrer Totentag, an dem Tanz, Musik und Gesang verpönt sind, so daß ganz Fromme selbst die Käfige der Kanarienvögel verhängen, damit ihnen nur ja kein Singlaut entfahre. Niemals liegen mehr Betrunkene auf den Straßen als am Sonntag, und niemals ist der Andrang in gewissen Häusern so groß.«

Eines hat sich jedoch, um abschließend den größten englischen Literaten, William Shakespeare, zu Wort kommen zu lassen, als nach wie vor gültige Forderung im Königreich erwiesen: »A Pub! A Pub! My Kingdom For a Pub!«

Anhang

PUBVERZEICHNIS FÜR LONDON UND SÜDOSTENGLAND

Allzu viele Pubs konnten in diesem Buch nicht berücksichtigt werden, die es eigentlich verdient hätten – sei es, weil sie erstklassig gepflegte Biere ausschenken, sei es, weil sie ein wirklich überzeugendes Ambiente aufweisen, altehrwürdig und urgemütlich sind. Die folgende, nach Grafschaften und Orten gegliederte Auswahl dürfte niemanden im Regen stehen lassen, der gerade ein Pub sucht oder nötig hat. Sie ist natürlich subjektiv. Geschmäcker sind bekanntlich verschieden – aber den meinen treffen sie (zum Teil mit Abstrichen), und den von Doris Heitkamp, die mir eine kenntnisreiche, trinkfeste und kritische Mit-Testerin war, ganz überwiegend auch. Die im Text eingehender behandelten Pubs sind hier ebenfalls verzeichnet und mit * markiert.

HAMPSHIRE

Alresford, *Globe on the Lake*, The Soke, Broad Street
Arford, *Crown*, Arford Road
Bank, *Oak*
Beauworth, *Milbury's*
Bentworth, *Sun*, Sun Hill
Boldre, *Red Lion Inn*
Bramdean, *Fox Inn*
Buriton, *Five Bells**
Bursledon, *Jolly Sailor*
Cadnam, *White Hart*
Cheriton, *Flower Pots Inn*
Chichester, *White Horse*, South Street
– *The Hole in the Wall*, St. Martin's Street
– *The Old Cross**, North Street
Droxford, *White Horse*
East End, *East End Arms*
East Meon, *Ye Olde George Inn**, Church Street
East Tytherley, *Star*
Eversley, *Golden Pot*
Fordingbridge, *Augustus John*, Station Road
Fritham, *Royal Oak*
Froyle, *Hen & Chicken*
Grateley, *Plough Inn*
Greatbridge, *Dukes Head*, Greatbridge Road
Hawkley, *Hawkley Inn*, Pococks Lane

Highclere, *Yew Tree*, Andover Road
Horsebridge, *John of Gaunt*
Langstone, *Royal Oak*, High Street
Linwood, *High Corner Inn*
Longparish, *Plough*
Longstock, *Peat Spade Inn*
Lower Wield, *Yew Tree*
Mapledurwell, *Gamekeepers*
Micheldever, *Dever Arms*
– *Half Moon & Spread Eagle*
North Gorley, *Royal Oak*, Ringwood Road
Owslebury, *Ship Inn*, Whites Hill
Petersfield, *Trooper*
Pilley, *Fleur de Lys*, Pilley Street
Portsmouth, *Still & West*, Bath Square
Priors Dean, *White Horse Inn**
Rockbourne, *Rose & Thistle*
Rotherwick, *Coach and Horses*
Sopley, *Woolpack*
Southsea, *Wine Vaults*, Albert Road
Sparsholt, *Plough*
Steep, *The Harrow**
Tangley, *Fox Inn*
Testcombe, *Mayfly*
Tichborne, *Tichborne Arms*
Upham, *Brushmakers Arms*, Shoe Lane
Upton Grey, *Hoddington Arms*
Well, *Chequers Inn*
Wherwell, *Mayfly, White Lion*
Whitchurch, *Red Horse*
Whitsbury, *Cartwheel*
Winchester, *The Guildhall Tavern*, The Broadway
– *Wykeham Arms**, Kingsgate Street
Woodgreen, *Horse & Groom*

KENT

Benenden, *King William IV*, The Street
Biddenden, *Three Chimneys**
Bough Beech, *Wheatsheaf*
Boughton Alluph, *Flying Horse*, Boughton Lees
Boyden Gate, *Gate Inn*
Broadstairs, *Neptune's Hall**, Harbour Street
Brookland, *Woolpack*
Canterbury, *Bell and Crown**, Palace Street
– *Black Griffin**, St. Peters Street
– *Eight Bells*, London Road
– *Jolly Sailor**, North Gate
– *Thomas Ingoldsby**, Burgate
– *Westgate Inn**, North Lane
Chiddingstone, *Castle Inn**
Chillenden, *The Griffin's Head**
Cliffe, *Black Bull*, Church Street
Cowden Pound, *Queens Arms**
Dargate, *The Dove**, Plum Pudding Lane

Deal, *Alma**, West Street
– *The Kings Head**, Beach Street
East Farleigh, *White Lion*, Dean Street Village
Eynsford, *Malt Shovel*, Station Road
Faversham, *Albion*
Fordcombe, *Chafford Arms*, Spring Hill
Fordwich, *Fordwich Arms*, King Street
Groombridge, *Crown*
Goudhurst, *The Star and Eagle**, High Street
Harrietsham, *Ringlestone Inn*, Ringlestone Road
Hernhill, *The Red Lion**, The Green
Hodsoll Street, *Green Man*, Hodsoll Street
Hollingbourne, *Dirty Habit**
Ickham, *Duke William*
Iden Green, *Woodcock*
Ightham, *George & Dragon*, The Street
Ightham Common, *Harrow Inn*, Common Road
Langton Green, *Hare*, Langton Road
Linton, *Bull*
Littlebourne, *King William IV*, High Street
Luddesdown, *Cock*, Henley Street
Marshside, *Gate Inn*
Markbeech, *Kentish Horse*
Newnham, *George Inn**, The Street
Oare, *Shipwrights Arms**
Pett Bottom, *The Duck**
Pluckley, *Dering Arms**, Station Road
Ringlestone, *Ringlestone*
Sandgate, *Clarendon*
Selling, *Rose & Crown*
Smarden, *Bell Inn**, Bell Lane
– *Chequers Inn*
Smart's Hill, *Bottle House Inn*
– *Spotted Dog Inn**
Snargate, *Red Lion**
Speldhurst, *George & Dragon**
Stalisfield Green, *Plough*
Staplehurst, *Lord Raglan*
St. Margaret's at Cliffe, *Cliffe Inn**, High Street
Stone in Oxney, *Crown*
Stone Street, *Padwell Arms*
Tenterden, *William Caxton**
Toys Hill, *Fox & Hounds**
Trottiscliffe, *Plough*, Taylors Lane
Tunbridge Wells, *Beacon*, Tea Garden Lane
Ulcombe, *Pepper Box*, Fairbourne Heath
Westerham, *General Wolfe*
Whitstable, *The Old Neptune Inn**, Marine Terrace
– *Ship Centurion**, High Street

SURREY

Abinger Common, *Abinger Hatch*
Betchworth, *Dolphin*, The Street
Blackbrook, *Plough*
Bletchingley, *Prince Albert**, Outwood Road
– *William IV**, Little Common Lane
Brockham, *Royal Oak*, Brockham Green
Chiddingfold, *Crown Inn**, The Green, Petworth Road
Chawton, *The Greyfriar Inn**
Cobham, *Cricketers*
Coldharbour, *Plough Inn*
Compton, *Harrow Inn*, The Street
– *Withies*, Withies Lane
Dunsfold, *Sun Inn*
Effingham, *Plough*, Orestan Lane
Elstead, *Woolpack*, The Green
Godalming, *Ram Cider House*, Catteshall Lane
Gomshall, *Compasses*
Hascombe, *White Horse*
Laleham, *Anglers Retreat*, Staines Road
– *Three Horseshoes*, Shepperton Road
Martyr's Green, *Black Swan*, Old Lane
Mickleham, *King William IV**, Byttom Hill
– *The Running Horses**, Old London Road
Newdigate, *Surrey Oaks*, Parkgate Road
Oakwoodhill, *Punch Bowl Inn*
Ockley, *Old Schoolhouse*, Stane Street
Oxted, *George*, High Street
Pirbright, *Royal Oak*, Aldershot Road
Reigate Heath, *Skimmington Castle*
Shamley Green, *Red Lion Inn*
South Godstone, *Fox and Hounds*
Walliswood, *Scarlett Arms*
Warlingham, *White Lion*
Windlesham, *Brickmakers Arms*, Chertsey Road
Worplesdon, *Jolly Farmer*, Burdenshott Road
Wotton, *Wotton Hatch*

EAST SUSSEX

Alciston, *Rose Cottage**
Alfriston, *George Inn**
– *Market Inn**
– *Star Inn**
– *Tudor House**
Arlington, *Old Oak*
Ashburnham, *Ashtree Inn*
Barcombe, *Anchor*
Barnham, *Murrell Arms*, Yapton Road
Berwick, *Cricketers' Arms**

Best Beech, *Best Beech Inn*, Mayfield Lane
Blackboys, *Blackboys Inn*, Lewes Road
Brighton, *Basketmakers Arms*, Gloucester Road
– *Colonnade*, New Road
– *Cricketers**, Black Lion Street
– *Druid's Head**, Brighton Place
– *Evening Star**, Surrey Street
– *Hand in Hand**, Upper St. James's Street
– *Lord Nelson*, Trafalgar Street
– *Prince Arthur**, Dean Street
– *Pump House*, Hannington's Store
Burwash, *The Bell Inn**, High Street
Chiddingly, *Six Bells*
Cowbeech, *Merrie Harriers*
Danehill, *Coach & Horses**, School Lane
Ditchling, *Bull Hotel**, High Street
– *White Horse**, West Street
East Chiltington, *Jolly Sportsman*, Chapel Lane
East Dean, *Tiger Inn**, The Green
Fairwarp, *Foresters Arms*
Firle, *Ram Inn**
Fletching, *Griffin Inn*
Hartfield, *Anchor Inn**, Church Street
Heathfield, *Star Inn**, Church Street
Icklesham, *Queens Head*, Parsonage Lane
Kingston Near Lewes, *Juggs*, The Street
Lewes, *Black Horse**, Western Road
– *Brewers Arms**, Mount Place
– *Gardeners Arms**, *John Harvey Tavern**, Cliffe High Street
– *Lewes Arms**, Mount Place
– *Snowdrop**, South Street,
Mayfield, *Rose & Crown Inn*, Fletching Street
Milton Street, *Sussex Ox*
Offham, *Blacksmith's Arms*, London Road
Old Heathfield, *Star**
Pett, *Two Sawyers*, Pett Road
– *Royal Oak*, Pett Road
Playden, *Peace & Plenty*
Punnetts Town, *Three Cups*
Ringmer, *Cock Inn*, Uckfield Road
Rushlake Green, *Horse and Groom*
Rye, *Mermaid Inn**, Mermaid Street
– *Ypres Castle**, Gun Garden
Salehurst, *Salehurst Halt*
Seaford, *Golden Galleon*
Shortbridge, *Peacock Inn*
Three Legged Cross, *Bull**, Dunster Mill Lane

Warbleton, *War-Bill-in-Tun*
Wilmington, *Giants Rest**
Winchelsea, *The New Inn**, German Street
Withyham, *Dorset Arms**

WEST SUSSEX

Amberley, *Black Horse*
Arundel, *Kings Arms**, Tarrant Street
– *Swan*, High Street
Ashurst, *Fountain*
Billinghurst, *Blue Ship**, The Haven
Burpham, *George and Dragon**
Byworth, *Black Horse**
Charlton, *The Fox Goes Free*
Chidham, *Old House At Home*
Chichester, *Coach & Horses*, St. Pancras
Coolham, *George & Dragon*
Donnington, *Blacksmiths Arms*
Duncton, *Cricketers**
Elsted, *Three Horseshoes**
Elsted March, *Elsted Inn*
Fernhurst, *King's Arms*, Midhurst Road
Halfway Bridge, *Halfway Bridge Inn*
Hammerpot, *Woodmans Arms*
Henley, *The Duke of Cumberland**
Hermitage, *Sussex Brewery*, Main Road
Horsham, *Black Jug*
Houghton, *George & Dragon*
Kirdford, *Half Moon Inn*
Lickfold, *Lickfold Inn**
Lower Beeding, *Crabtree*, Brighton Road
Lurgashall, *Noahs Ark*
Nuthurst, *Black Horse*
Oving, *Gribble Inn*, Gribble Lane
Petworth, *Badgers*, Coultershaw Bridge
Poynings, *Royal Oak Inn*, The Street
Singleton, *Fox & Hounds*
Scaynes Hill, *Sloop*, Sloop Lane
Stedham, *Hamilton Arms*, School Lane
Steyning, *Star Inn*, High Street
Stoughton, *Hare and Hounds*
Tillington, *Horse Guards Inn*, Upperton Road
Trotton, *Keepers Arms*
West Ashling, *Richmond Arms*, Mill Lane
Wineham, *Royal Oak*
Wisborough Green, *Cricketers Arms*, Loxwood Road

LONDON

Central London
EC 1, *Bishops Finger*, 9-10 West Smithfield
EC 1, *Crown Tavern*, 43 Clerkenwell Green
EC 1, *Eagle*, 159 Farringdon Road

EC 1, *Jerusalem Tavern*, 55 Britton Street
EC 1, *Leopard*, 33 Seward Street
EC 1, *Melton Mowbray*, 14 High Holborn
EC 1, *O'Hanlons*, 8 Tysoe Street
EC 1, *Olde Mitre**, 13 Ely Place
EC 1, *Peasant*, 240 St. John Street
EC 1, *Rising Sun*, 38 Cloth Fair
EC 1, *Sekforde Arms*, 34 Sekforde Street
EC 2, *Hamilton Hall**, Liverpool Street Station
EC 2, *Dirty Dick's**, 202 Bishopsgate
EC 3, *Lamb Tavern**, 10-12 Leadenhall Market
EC 3, *Swan*, 78-80 Gracechurch Street
EC 3, *Three Lords*, 27 Minories
EC 4, *Bell*, 29 Bush Lane
EC 4, *Black Friar**, 174 Queen Victoria Street
EC 4, *Centre Page*, 29 Knightrider Street
EC 4, *Harrow*, 22 Whitefriars Street
EC 4, *Old Bank of England**, 194 Fleet Street
EC 4, *Olde Cheshire Cheese**, 145 Fleet Street
EC 4, *Ye Olde Cock Tavern**, 22 Fleet Street
SW 1, *Albert*, 52 Victoria Street
SW 1, *Buckingham Arms*, 62 Petty France
SW 1, *Clarence*, 55 Whitehall
SW 1, *Grenadier*, Wilton Row
SW 1, *Jugged Hare*, 172 Vauxhall Bridge Road
SW 1, *Lord Moon of the Mall*, 16 Whitehall
SW 1, *Morpeth Arms*, 58 Millbank
SW 1, *Nags Head*, 53 Kinnerton Street
SW 1, *Orange Brewery*, 37 Pimlico Road
SW 1, *Red Lion**, 2 Duke of the York Street
SW 1, *Red Lion**, 48 Parliament Street
SW 1, *Royal Oak*, 2 Regency Street
SW 1, *Sanctuary House*, 33 Tothill Street
SW 1, *Star*, Belgrave Mews West
SW 1, *Westminster Arms*, Storey's Gate
SW 1, *Wetherspoon's*, Victoria Island
W 1, *Argyll Arms*, 18 Argyll Street
W 1, *Beehive*, 7 Homer Street
W 1, *Carpenters Arms*, 12 Seymour Place
W 1, *Dog & Duck**, 18 Bateman Street
W 1, *Duke of York**, 47 Rathbone Street

W 1, *Fitzroy Tavern**, 16 Charlotte Street
W 1, *The French House**, 49 Dean Street
W 1, *Fuller's Ale Lodge*, Avery Row
W 1, *Glassblower*, 42 Glasshouse Street
W 1, *Golden Eagle*, 59 Marylebone Lane
W 1, *Grapes*, Shepherd Market
W 1, *Guinea**, 30 Bruton Place
W 1, *Hogshead*, 72, Grafton Way
W 1, *Jack Horner*, 236 Tottenham Court Road
W 1, *King & Queen*, 1 Foley Street
W 1, *Kings Arms**, 23 Poland Street
W 1, *Old Monk*, 24-26 Maddox Street
W 1, *Red Lion*, No 1 Waverton St. Mayfair
W 1, *Turners Arms*, 26 Crawford Street
W 1, *Wargrave Arms*, 40 Brendon Street
W 1, *Windmill*, 6-8 Mill Street
WC 1, *Calthorpe Arms*, 252 Grays Inn Road
WC 1, *Cittie of Yorke**, 22 High Holborn
WC 1, *Kings Arms*, 11a Northington Street
WC 1, *Lamb**, 92-94 Lamb's Conduit Street
WC 1, *Museum Tavern**, Museum Street/Great Russell Street
WC 1, *Old Monk*, 39-41 Grays Inn Road
WC 1, *Overdraught's*, 6 Dane Street
WC 1, *Pakenham Arms*, 1 Pakenham Street
WC 1, *Penderel's Oak*, 283-288 High Holborn
WC 1, *Princess Louise**, 208 High Holborn
WC 1, *Rugby Tavern*, 19 Great James' Street
WC 1, *Salisbury**, 90 St Martin's Lane
WC 1, *Swan*, 7 Comso Place
WC 1, *Three Cups*, 21-22 Sandland Street
WC 2, *Cross Keys*, 31 Endell Street
WC 2, *Edgar Wallace*, 40 Essex Street
WC 2, *George IV*, 28 Portugal Street
WC 2, *Hogs Head*, 23 Wellington Street
WC 2, *Knights Templar*, 95 Chancery Lane
WC 2, *Lamb & Flag**, 33 Rose Street
WC 2, *Lemon Tree*, 4 Bedfordbury
WC 2, *Marquis of Granby*, 51 Chandos Place

WC 2, *Moon Under Water*, 105 Charing Cross Road
WC 2, *Newton Arms*, 31 Newton Street
WC 2, *Prince of Wales*, 150-151 Drury Lane
WC 2, *Seven Stars*, 53 Carey Street
WC 2, *Ship & Shovell*, 1-3 Craven Passage
WC 2, *Sun*, 21 Drury Lane

EAST LONDON

E 1, *Castle*, 44 Commercial Road
E 1, *The Lord Rodney's Head**, 285 Whitechapel Road
E 1, *Prospect of Whitby*, 57 Wapping Wall
E 1, *Town of Ramsgate*, 62 Wapping High Street
E 2, *Approach Tavern*, 47 Approach Road
E 2, *Camdens Head*, 456 Bethnal Green Road
E 3, *Coburn Arms*, 8 Coburn Road
E 4, *Bull & Crown*, The Green Kings Head Hill
E 4, *Kings Ford*, 250-252 Chingford Mount Road
E 4, *Kings Head*, 26 Kings Head Hill
E 5, *Anchor & Hope*, 15 High Hill Ferry
E 5, *Princess of Wales*, 146 Lea Bridge Road
E 6, *Millers Well*, 419-423 Barking Road
E 8, *Prince Athur*, 95 Forest Road
E 10, *Birkbeck Tavern*, 45 Langthorne Road
E 10, *Drum*, 557 Lea Bridge Road
E 10, *North Star*, 24 Browning Road
E 10, *Wiliam IV*, 816 High Road
E 11, *Duke of Edinburgh*, 79 Nightingale Lane
E 14, *The Grapes*, 76 Narrow Street
E 14, *Oporto Tavern*, 43 West India Dock Road
E 15, *Golden Grove*, 146-148 The Grove
E 15 *King Edward*, 47 Broadway
E 17, *Flowerpot*, 128 Wood Street
E 17, *Village*, 31 Orford Road
E 18, *George*, 70 High Road

NORTH LONDON

N 1, *Compton Arms*, 4 Compton Avenue
N 1, *Crown*, 116 Cloudsley Road
N 1, *Duke of Cambridge*, 50 St. Peter's Street

N 1, *Marquess Tavern*, 32 Canonbury Street
N 1, *Waterside*, 82 York Way
N 1, *Wenlock Arms*, 26 Wenlock Road
N 6, *Flask Tavern*, 77 Highgate West Hill
N 6, *Gatehouse*, 1 North Road
N 9, *Beehive*, 24 Little Bury Street
N 16, *Fox Reformed*, 176 Stoke Newington Church Street
N 16, *Rochester Castle*, 145 Stoke Newington High Street
N 18, *Gilpins Bell*, 50-54 Fore Street
N 21, *Dog & Duck*, 74 Hoppers Road
N 21, *Half Moon*, 749 Green Lanes
N 21, *Orange Tree*, 18 Highfield Road
NW 1, *Chapel*, 48 Chapel Street
NW 1, *Crown & Goose*, 100 Arlington Road
NW 1, *Engineer*, 65 Gloucester Avenue
NW 1, *Euston Flyer*, 83-87 Euston Road
NW 1, *Globe*, 45-47 Marylebone Road
NW 1, *Head of Steam*, 1 Eversholt Street
NW 1, *Lansdowne*, 90 Gloucester Avenue
NW 1, *Lord Stanley*, 51 Camden Park
NW 1, *Queens*, 49, Regents Park Road
NW 2, *Beaten Docket*, 50-56 Cricklewood Broadway
NW 3, *Duke of Hamilton*, 23-25 New End
NW 3, *Flask Tavern**, 14 Flask Wall
NW 3, *Freemasons Arms*, 32 Downshire Hill
NW 3, *Holly Bush*, Holly Mount
NW 3, *The Old Bull & Bush**, North End Road
NW 3, *Olde White Bear*, Well Road
NW 3, *Spaniards Inn**, Spaniards Lane
NW 3, *Vine*, 86 Highgate Road
NW 3, *Washington*, 50 Englands Lane
NW 5, *Pineapple*, 51 Leverton Street
NW 8, *Clifton*, 96 Clifton Hill
NW 8, *Crocker's Folly*, 24 Aberdeen Place
NW 8, *Lord's Tavern*, Lord's Cricket Ground
NW 8, *Salt House*, 63 Abbey Road
NW 10, *Coliseum*, 26 Manor Park Road
NW 10, *Grand Junction Arms*, Acton Lane

NW 10, *William IV*, 786 Harrow Road

SOUTH LONDON

SE 1, *Anchor**, 34 Park Street

SE 1, *Anchor Tap**, 23 Horsleydown Lane

SE 1, *Fire Station*, 150 Waterloo Road

SE 1, *George**, 77 Borough High Street

SE 1, *Mad Hatter Hotel*, 3-7 Stamford Street

SE 1, *Market Porter*, 9 Stoney Street

SE 1, *Pommelers Rest*, 196-198 Tower Bridge Road

SE 1, *Royal Oak*, 44 Tabard Street

SE 1, *Shipwrights Arms*, 88 Tooley Street

SE 1, *Wheatsheaf*, 6 Stoney Street

SE 1, *Windmill*, 44 Lambeth High Street

SE 3, *Hare & Billet*, 1a Eliot Cottages

SE 4, *Brockley Jack*, 410 Brockley Road

SE 5, *Fox on the Hill*, 149 Denmark Hill

SE 6, *Catford Ram*, 9 Winslade Way

SE 8, *Dog & Bell*, 116 Prince Street

SE 9, *Howerd Club*, 447 Rochester Way

SE 10, *Ashburnham Arms*, 25 Ashburnham Grove

SE 10, *Cutty Sark*, Ballast Qaye

SE 10, *North Pole*, 131, Greenwich High Road

SE 10, *Observatory*, 56 Royal Hill

SE 10, *Pilot*, 68 River Way

SE 10, *Plum of Feathers*, 19 Park Vista

SE 10, *Trafalgar Tavern**, Park Row

SE 12, *Crown*, 117 Burnt Ash Hill

SE 13, *Hogshead*, 354 Lewisham High Street

SE 13, *Horniman*, Battlebridge Lane

SE 16, *The Angel**, 101 Bermodsey Wall East

SE 16, *Mayflower* Inn, 117 Rotherhithe

SE 17, *Beehive*, 60-62 Carter Street

SE 18, *Prince Albert*, 49 Hare Street

SE 19, *Occasional Half*, 2 Anerly Hill

SE 19, *Railway Bell*, 14 Cawnpore Street

SE 20, *Moon & Stars*, 164-166 High Street

SE 21, *Crown & Greybound*, 73 Dulwich Village

SE 25, *Alliance*, 91 High Street
SE 25, *Clifton Arms*, 21 Clifton Road
SE 25, *Portmanor*, 1 Portland Road
SE 26, *Dulwich Wood House*, 39 Sydenham Hill
SE 27, *Hope Tavern*, 49 Norwood High Street
SW 8, *Masons Arms*, 169 Battersea Park Road
SW 8, *Priory Arms*, 83 Lansdowne Way
SW 8, *Surprise*, 16 Southville
SW 9, *Trinity Arms*, 45 Trinity Gardens
SW 9, *Landor*, 79 Landor Road
SW 10, *Chelsea Ram*, 32 Burnaby Street
SW 10, *Sporting Page*, 6 Camera Place
SW 11, *Castle*, 115 Battersea High Street
SW 11, *Duke of Cambridge*, 228 Battersea Bridge Road
SW 12, *Grove*, 39 Oldridge Road
SW 12, *Moon Under Water*, 194 Balham High Road
SW 13, *Bulls Head*, 373 Lonsdale Road
SW 13, *Coach & Horses*, 27 Barnes High Street
SW 13, *Rose of Denmark*, 28 Cross Street
SW 14, *Hare & Hounds*, 216 Upper Richmond Road
SW 15, *Railway*, 202 Upper Richmond Road
SW 16, *Hogshead*, 68-70 Streatham High Road
SW 16, *Pied Bull*, 498 Streatham High Road
SW 17, *Leather Bottle*, 538 Garratt Lane
SW 17, *Prince of Wales*, 646 Garratt Lane
SW 18, *Alma*, 499 York Road
SW 18, *Cats Back*, 86 Point Pleasant
SW 18, *Grapes*, 39 Fairfield Street
SW 18, *Ship*, 41 Jews Row
SW 18, *Old Sergeant*, 104 Garratt Lane
SW 18, *Queen Adelaide*, 35 Putney Bridge Road
SW 18, *Rose & Crown*, 138 Wandsworth High Street
SW 19, *Crooked Billet*, 15 Crooked Billet
SW 19, *Hand in Hand*, 7 Crooked Billet
SW 19, *Princess of Wales*, 98 Morden Road
SW 19, *Sultan*, 78 Norman Road

WEST LONDON

SW 2, *Crown & Sceptre*, 2 Streatham Hill
SW 3, *Blenheim*, 27 Cale Street
SW 3, *Bunch of Grapes**, 207 Brompton Road
SW 3, *Coopers Arms*, 87 Flood Street
SW 3, *Cross Keys*, 1 Lawrence Street
SW 3, *Front Page*, 35 Old Church St. Chelsea
SW 3, *Phene Arms*, Phene St. Chelsea
SW 3, *Kings Head & Eight Bells**, 50 Cheyne Walk
SW 3, *Queen*'s *Head*, 27 Tyron Street
SW 3, *Surprise*, 6 Christchurch Terrace
SW 4, *Bread & Roses*, 68 Clapham Manor Street
SW 4, *Rose & Crown*, 2 The Polygon
SW 4, *Windmill*, Clapham Common South Side
SW 5, *Blackbird*, 209 Earls Court Road
SW 6, *Atlas*, 16 Seagrave Road
SW 6, *Duke* of Cumberland, 235 New Kings Road
SW 6, *Imperial Arms*, 577 Kings Road
SW 6, *White Horse*, 1 Parsons Green
SW 7, *Anglesea Arms**, 15 Selwood Terrace
SW 7, *Swag and Tails*, 10/11 Fairholt Street
W 2, *Archery Tavern*, 4 Bathurst Street
W 2, *Cow Saloon*, 89 Westbourne Park Road
W 2, *Prince Bonaparte*, 119 Kensington Church Street
W 3, *Duke of York*, 86 Steyne Road
W 3, *Kings Head*, 214 High Street
W 4, *Bell & Crown**, 11-13 Thames Street
W 4, *Bulls Head**, Strand-on-the-Green
W 4, *City Barge**, Strand-on-the-Green
W 4, *Old Pack Horse*, 434 Chiswick High Road
W 5, *Castle*, 36 St. Mary's Road
W 5, *Duffy's*, 124 Pitshanger Lane
W 5, *Plough*, 297 Northfield Avenue
W 5, *Red Lion*, 13 St. Mary's Road
W 6, *Andover Arms*, 57 Aldensley Road
W 6, *Anglesea Arms*, 35 Wingate Street
W 6, *Brook Green Hotel*, 170 Shepherd's Bush Road
W 6, *Dove**, 19 Upper Mall

W6, *Salutation*, 154 King Street

W7, *Dolphin*, 13 Lower Boston Road

W8, *Britannia*, 1 Allen Street

W8, *Churchill Arms*, 119 Kensington Church Street

W8, *Uxbridge Arms*, 13 Uxbridge Street

W8, *Windsor Castle*, 114 Campden Hill Road

W9, *Warrington Hotel*, 93 Warrington Crescent

W9, *Warwick Castle*, 6 Warwick Place

W10, *North Pole*, 13-15 North Pole Road

W10, *Paradise by Way* Kensal Greene

W11, *Cock & Bottle*, 17 Needham road

W11, *Ladbroke Arms*, 54 Ladbroke Road

W13, *Drayton Court*

W14, *Havelock Tavern*

W14, *Seven Stars*, 253 North End Road

LITERATURHINWEISE

AA, *The Pub Guide 2001*, Basingstoke 2000.

Aird, Alisdair (Hg.), *The Good Pub Guide 2001*, London 2000.

Amis, Martin, *Information*, Frankfurt a. M. 1996.

Amis, Martin, *1999*, Reinbek bei Hamburg 1996. Copyright für die deutsche Übersetzung von Eike Schönfeld © 1995 by Rowohlt Verlag GmbH, Reinbek bei Hamburg.

Baedeker, Südengland, München 2000.

Bengel, Michael, *Wandern in Südengland*, Köln 1999.

Beloc, Hilaire: *Klein-Kinder-Bewahr-Anstalt.* Aus dem Englischen nachgedichtet von Hans Magnus Enzensberger, Zürich 1998

Bildatlas, *London*, Hamburg.

Boogaart, Peter, A272. *An Ode to a Road*, London 2000.

Borgmeier, Raimund (Hg.), *Die englische Literatur in Text und Darstellung*, 10 Bände, Suttgart 1996.

Brecht, Bertolt, *Gesammelte Werke*, Frankfurt a. M. 1971.

Brüggemann, Heinz, *»Aber schickt keinen Poeten nach London.«* Großstadt und literarische Wahrnehmung im 18. und 19. Jahrhundert, Reinbek bei Hamburg 1985.

Bruning, Ted, *Historic Pubs of London*, London 2000.

Bryson, Bill, *Reif für die Insel.* Goldmann Verlag, München 1999. © 1995 by Bill Bryson. All rights reserved. © der deutschsprachigen Ausgabe 1997 by Wilhelm Goldmann Verlag, München, einem Unternehmen der Verlagsgruppe Random House GmbH.

Dickens, Charles, *David Copperfield*, Frankfurt a. M., 1980.

Dickens, Charles, *Oliver Twist*, Frankfurt a. M. 1976.

Dornemann, Luise, *Jenny Marx.* Der Lebensweg einer Sozialistin, Berlin 1976.

Doyle, Athur Conan, *Sherlock Holmes. Die Teufelskralle*, Stuttgart 1984.

Fleming, Ian, *James Bond. Moonraker streng geheim*, Bern, München, Wien 1999.

Fontane, Theodor, *Wanderungen durch England und Schottland*, Berlin 1979.

Glaister, Lesley, *Du sollst Deinen Vater ehren*, Zürich 1994.
Glinert, Ed, *A Literary Guide to London*, London 2000.
Grambow, Jürgen, *Uwe Johnson*, Reinbek bei Hamburg 1997.
Greene, Graham, *Das Herz aller Dinge*, Reinbek bei Hamburg 1984.
Greene, Graham, *Ein Sohn Englands*, Reinbek bei Hamburg 1984.
Greene, Graham, *Reisen mit meiner Tante*, Wien, Hamburg 1970.
Grieben Reiseführer, *London*, Stuttgart, Bern, Wien 1993.
Hardiment, Christina, *Literary Trails*. Writers in their Landscapes, London 2000.
Heine, Heinrich, *Sämtliche Schriften*, München 1995.
Hunt, Shally, *The Sea on our Left*, Chichester 1999.
James, Henry, *Die Flügel der Taube*, Köln 1997.
Keats, John, *Auf eine griechische Urne*, Frankfurt 1996.
Kunert, Günter, *Ein englisches Tagebuch*. © Günter Kunert. Erschienen 1980 im Deutschen Taschenbuch Verlag GmbH & Co. KG, München. Abdruck mit freundlicher Genehmigung des Carl Hanser Verlags, München.
Lawrence, D. H., *Erotische Geschichten*, Frankfurt a. M. 1992
Leapman, Michael, *Portrait of Britain*, London 1999.
Lee, Hermione, *Virginia Woolf*. Ein Leben, Frankfurt a. M. 1999.
Lehnert, Martin, *Canterbury-Erzählungen*, Berlin 1979.
Leonhard, Rudolf Walter, *77mal England*. Panorama einer Insel, Hamburg.
Maletzke, Elsemarie, *Very British*. Unterwegs in England, Irland und Schottland, Frankfurt a. M. 1995.
Mansfield, Katherine, *Meistererzählungen*, Zürich 1988.
Martin, Brian P., *Tales from the Country Pub*, Newton Abbot 1999.
Masefield, Muriel, *The Story of Fanny Burney*. Being an Introduction to the Diary & Letters of Madame d'Arblay, Cambridge 1927.
McEwan, Ian, *Liebeswahn*, Zürich 1997.
Mills, Magnus, *Die Herren der Zäune*, Frankfurt a. M. 2000.
Mills, Magnus, *Indien kann warten*, Frankfurt a. M. 2002.
Milne, A. A., *Pu der Bär*, München 2001. Abdruck mit freundlicher Genehmigung des Cecilie Dressler Verlags, Hamburg.

Mitford, Nancy, *Englische Liebschaften*, Nördlingen 1988.
Morris, Jan (Hg.), *Reisen mit Virginia Woolf*, Frankfurt a. M. 1995.
Nicholson, Louise, *London*. National Geographic Traveler, Hamburg 2001
Nonnenmacher, Peter, *Das blau-rote Königreich*. Nachrichten und Geschichten aus Britannien, Darmstadt 1988.
Nonnenmacher, Peter, *Insel sucht Anschluß*. Wohin treibt Großbritannien, Frankfurt a. M. 1997.
Pepys, Samuel, *Das geheime Tagebuch*, Frankfurt a. M. 1981.
Perkins, Benn, *Pub Walks in South Downs*, Newbury 1996.
Perkins, Benn, *Village Walks in East Sussex*, Newbury 1998.
Piper, David, *London*. Ein Führer, München 1969.
Power, Mike, *Pub Walks in Hampshire and the I. O. W.*, Ferndown 1999.
Power, Mike, *Pub Walks in West Sussex*, Ferndown 1991.
Power, Mike, *Pub Walks in East Sussex*, Ferndown 1994.
Protz, Roger (Hg.), *Good Beer Guide 2001*, St. Albans 2000.
Schröder, Dorothea, *Spaziergänge durch das musikalische London*, Zürich, Hamburg 1999.
Sebald, W. G., *Die Ringe des Saturn*, Frankfurt a. M. 1997.
Semsek, Hans-Günter, *Englische Dichter und ihre Häuser*. Frankfurt a. M. 2000.
Semsek, Hans-Günter, *England – Der Süden*, Bielefeld 1997.
Setzer, Hans, *Wahlsystem und Parteienentwicklung in England*. Wege zur Demokratisierung der Institutionen 1832 bis 1848. Frankfurt a. M. 1973.
Skinner, Den, *100 Walks in West Sussex*, Ramsbury 1995.
Swift, Graham, *Letzte Runde*, München, Wien 1997.
Thomas, Dylan, *Unter dem Milchwald, Ganz früh eines Morgens, Ein Blick aufs Meer,* München 1979.
Tomlin, E. W. E., *Die Welt des Charles Dickens*, Hamburg 1969.
Varlow, Sally, *A Reader's Guide to Writers' Britain*, London 2000.
Waldmann, Werner, *Virginia Woolf*, Reinbek bei Hamburg 1992.
Weigtman, Gavin/Humphries, Steve, *The Making of the Modern London 1815-1914*, London 1984.
Wells, H. G., *Tono-Bungay*, München 1996.

Wessel, Harald, *Hausbesuch bei Friedrich Engels*. Eine Reise auf seinem Lebensweg, Berlin 1971.
The Which? Guide to Country Pubs, London 1999.
Wilde, Oscar, *Sämtliche Werke*, Frankfurt a. M. 1982
Woolf, Leonard, *Mein Leben mit Virginia*, Frankfurt 1988.
Woolfry, Celia, *Zu Fuß in London*, München 2001.

BILDNACHWEIS

Alle Fotos von Jutta Golda, außer: S. 118, 123, 146 von Hans Walter Dörr. Umschlagfoto: Zanettini/laif. Wegskizzen von Hajo König.

Literarische Reisebegleiter
im insel taschenbuch
Eine Auswahl

Städte

Amsterdam. Literarische Spaziergänge. Von Christa Dericum. Mit farbigen Fotografien. it 2828. 250 Seiten

Athen. Literarische Spaziergänge. Herausgegeben von Paul Ludwig Völzing. Mit farbigen Fotografien. it 2505. 314 Seiten

Mit Brecht durch Berlin. Ein literarischer Reiseführer. Von Michael Bienert. Mit zahlreichen Fotografien. it 2169. 271 Seiten

Literarischer Führer Berlin. Von Fred Oberhauser und Nicole Henneberg. Mit zahlreichen Abbildungen, Karten und Registern. it 2177. 517 Seiten

Bremen. Literarische Spaziergänge. Von Johann-Günther König. Mit farbigen Fotografien. it 2621. 272 Seiten

Dresden. Ein Reisebuch. Herausgegeben von Katrin Nitzschke unter Mitarbeit von Reinhardt Eigenwill. Mit zahlreichen Abbildungen. it 1365. 294 Seiten

Frankfurt. Acht literarische Spaziergänge von Siegfried Diehl. Mit farbigen Fotografien. it 2197. 190 Seiten

Frankfurts Hohe Häuser. Von Dieter Bartetzko. Mit farbigen Fotografien von Horst und Daniel Zielske. it 2653. 121 Seiten

NF 31/1/4.02

Granada. Ein literarisches Porträt. Herausgegeben von Nina Koidl. Mit farbigen Fotografien. it 2635. 243 Seiten

Hamburg. Ein Städte-Lesebuch. Herausgegeben von Eckhart Kleßmann. Mit zahlreichen Abbildungen. it 1312. 305 Seiten

Heidelberg-Lesebuch. Stadt-Bilder von 1800 bis heute. Herausgegeben von Michael Buselmeier. it 913. 385 Seiten

Der Kölner Dom. Ein literarischer Führer. Herausgegeben von Markus Klein. Mit zahlreichen Abbildungen. it 2226. 149 Seiten

Leipzig. Literarische Spaziergänge. Herausgegeben von Werner Marx. Mit farbigen Fotografien. it 2710. 222 Seiten

Lissabon. Ein Städte-Lesebuch. Herausgegeben von Ellen Heinemann. it 2106. 390 Seiten

London. Literarische Spaziergänge. Herausgegeben von Harald Raykowski. it 2554. 272 Seiten

Madrid. Ein literarisches Porträt. Herausgegeben von Elke Wehr. Mit zahlreichen Abbildungen. it 1981. 272 Seiten

Mainz. Ein literarisches Porträt. Herausgegeben von Jens Frederiksen. Mit Fotografien von Sascha Kopp. it 2163. 195 Seiten

Prag. Ein Lesebuch. Herausgegeben und mit einem Nachwort versehen von Jana Halamičková. Mit Fotografien und Illustrationen. it 994. 386 Seiten

Geschichten aus dem alten Prag. Sippurim. Herausgegeben von Peter Demetz. it 1519. 376 Seiten

NF 31/2/4.02

Rom. Ein literarisches Porträt. Herausgegeben von Michael Worbs. Mit farbigen Fotografien. it 2298. 320 Seiten

Mit Marie Luise Kaschnitz durch Rom. Herausgegeben von Iris Schnebel-Kaschnitz und Michael Marschall von Bieberstein. Mit Fotografien von Mario Clementi. it 2607. 196 Seiten

St. Petersburg. Literarische Spaziergänge. Von Ingrid Schalthöfer. Mit farbigen Fotografien. it 2833. 240 Seiten

Trier. Deutschlands älteste Stadt. Reisebuch. Herausgegeben von Michael Schroeder. Mit Fotografien von Konstantin Schroeder. it 1574. 260 Seiten

Tübingen. Ein literarischer Spaziergang. Herausgegeben von Gert Ueding. Mit zahlreichen Abbildungen. it 1246. 384 Seiten

Venedig. Der literarische Führer. Herausgegeben von Doris und Arnold E. Maurer. Mit zahlreichen Fotografien. it 1413. 188 Seiten

Wien. Ein literarisches Porträt. Herausgegeben von Joseph Peter Strelka. Mit farbigen Fotografien. it 1573. 254 Seiten

Wiener Adressen. Ein kulturhistorischer Wegweiser mit Straßenplänen und Fotos von Dietmar Grieser. it 1203. 217 Seiten

Das Wiener Kaffeehaus. Mit zahlreichen Abbildungen und Hinweisen auf Wiener Kaffeehäuser. Herausgegeben von Kurt-Jürgen Heering. it 1318. 318 Seiten

Alle Wege führen nach Wien. Abenteuer eines Literaturtouristen. Von Dietmar Grieser. it 2543. 255 Seiten

NF 31/3/4.02

Würzburg. Literarische Reisewege. Herausgegeben und mit einem Nachwort versehen von Stefan Janson. Mit farbigen Abbildungen. it 2276. 220 Seiten

Landschaften • Länder • Kontinente

Amerika

Kalifornien. Ein Reiselesebuch. Herausgegeben von Herbert Genzmer. Mit farbigen Fotografien. it 2636. 282 Seiten

Harry Graf Kessler. Notizen über Mexiko. Herausgegeben von Alexander Ritter. Mit zahlreichen Abbildungen. it 2176. 182 Seiten

Martin Walser/André Ficus. Die Amerikareise. Versuch, ein Gefühl zu verstehen. Mit 51 farbigen Bildern von André Ficus. it 1243. 117 Seiten

Deutschland

Hans Christian Andersen. Schattenbilder einer Reise in den Harz, die sächsische Schweiz etc., etc. im Sommer 1831. Herausgegeben von Ulrich Sonnenberg. Mit zahlreichen zeitgenössischen Abbildungen. it 2818. 240 Seiten

Bodensee. Reisebuch. Herausgegeben von Dominik Jost. Mit farbigen Abbildungen. it 1490. 313 Seiten

Der Rhein. Eine Reise mit Geschichten, Gedichten und farbigen Fotografien. Herausgegeben von Helmut J. Schneider unter Mitarbeit von Michael Serrer. Mit Fotografien von Pieter Jos van Limbergen. it 1966. 206 Seiten

NF 31/4/4.02

Die schönsten Schlösser und Burgen Deutschlands. Ein literarischer Reisebegleiter. Herausgegeben von Joachim Schultz. Mit farbigen Fotografien. it 2717. 256 Seiten

Sylt. Literarische Reisewege. Herausgegeben von Winfried Hörning. Mit zahlreichen Fotografien. it 2522. 260 Seiten

Martin Walser/André Ficus. Heimatlob. Ein Bodensee-Buch. it 645. 92 Seiten

England

Mit Fontane durch England und Schottland. Herausgegeben von Otto Drude. Mit farbigen Fotografien von Christel Wollmann-Fiedler. it 2222. 194 Seiten

Karl Philipp Moritz. Reisen eines Deutschen in England im Jahr 1782. Mit einem Nachwort vom Benedikt Erenz. Mit Illustrationen. it 2641. 200 Seiten

Frankreich

Das Elsaß. Ein literarischer Reisebegleiter. Herausgegeben von Emma Guntz und André Weckmann. it 2746. 256 Seiten

Mit Fontane durch Frankreich und Flandern. Herausgegeben von Otto Drude. Mit Fotografien von Christel Wollmann-Fiedler. it 2647. 144 Seiten

Wolfgang Koeppen. Reisen nach Frankreich. Mit farbigen Fotografien von Angelika Dacqmine. it 2218. 170 Seiten

NF 31/5/4.02

Literarischer Führer Frankreich. Herausgegeben von Hans Georg Bauner. Mit zahlreichen Abbildungen und Karten. it 2798. 624 Seiten

Provence/Côte d'Azur. Ein literarischer Reisebegleiter. Herausgegeben von Ralf Nestmeyer. it 2801. 250 Seiten

Mit Rilke durch die Provence. Herausgegeben von Irina Frowen. Mit Fotografien von Constantin Beyer. it 2148. 126 Seiten

Griechenland

Hugo von Hofmannsthal. Augenblicke in Griechenland. Mit farbigen Abbildungen und einem Nachwort von Hansgeorg Schmidt-Bergmann. it 2408. 125 Seiten

Erhart Kästner
- Griechische Inseln. Aufzeichnungen aus dem Jahre 1944. Nachwort von Heinrich Gremmels. it 118. 166 Seiten
- Kreta. Aufzeichnungen aus dem Jahre 1943. Nachwort von Heinrich Gremmels. it 117. 264 Seiten
- Ölberge, Weinberge. Ein Griechenland-Buch. Mit Zeichnungen von Helmut Kaulbach. it 55. 262 Seiten
- Die Stundentrommel vom heiligen Berg Athos. it 56. 325 Seiten

Wolfgang Koeppen. Die Erben von Salamis oder Die ernsten Griechen. Mit Fotografien. it 2401. 80 Seiten

Reisen mit Odysseus. Zu den schönsten Inseln, Küsten und Stätten des Mittelmeers. Von Ernle Bradford. it 2508. 280 Seiten

NF 31/6/4.02

Italien

Briganten am Wege. Deutsche Reisende und das Abenteuer Italien. Von Dieter Richter. it 2809. 190 Seiten

Dietmar Grieser. Große historische Straßen. Von der Via Appia bis zur Avus. Eine kunsthistorische Spurensuche. Mit Fotografien. it 1974. 130 Seiten

Mit Hermann Hesse durch Italien. Ein Reisebegleiter durch Oberitalien. Herausgegeben von Volker Michels.
it 1120. 215 Seiten

Harald Keller. Die Kunstlandschaften Italiens. Mit Abbildungen. it 1576. 1110 Seiten

Literarischer Führer durch Italien. Ein Insel-Reise-Lexikon. Von Doris und Arnold E. Maurer. Mit Abbildungen, Karten und Registern. it 1071. 551 Seiten

Oberitalienische Seen. Ein literarischer Reisebegleiter. Von Rainer W. Kuhnke. it 2608. 288 Seiten

Alberto Savinio. Capri. Eine Reiseerzählung. Übersetzt und mit einem Nachwort versehen von Martina Kempter.
it 2732. 112 Seiten

Johann Gottfried Seume. Spaziergang nach Syrakus im Jahre 1802. Herausgegeben von Jörg Drews. it 2780. 496 Seiten

Sizilien. Literarisches Landschaftsbild. Herausgegeben von Ralf Nestmeyer. Mit Fotografien. it 2637. 220 Seiten

NF 31/7/4.02

Südtirol. Ein literarisches Landschaftsbild. Herausgegeben von Dominik Jost. Mit Abbildungen. it 1317. 358 Seiten

Im Rosengarten. Eine literarische Spurensuche in Südtirol. Von Dietmar Grieser. Mit Abbildungen. it 2509. 245 Seiten

Toskana. Ein literarisches Landschaftsbild. Herausgegeben von Andreas Beyer. Mit Fotografien von Loretto Buti. it 926. 265 Seiten

Edith Wharton. Italien. Reisebilder. Mit einem Nachwort von Hanns-Josef Ortheil. Mit farbigen Abbildungen. it 2731. 224 Seiten

Österreich

Dietmar Grieser. Nachsommertraum im Salzkammergut. Eine literarische Spurensuche. Mit Abbildungen. it 1848. 262 Seiten

Osteuropa

Böhmen. Ein literarisches Porträt. Herausgegeben von Uta Ackermann und Werner Fritsch. Mit farbigen Abbildungen. it 1994. 265 Seiten

Litauen. Ein literarischer Reisebegleiter. Herausgegeben von Claudia Sinnig. Mit farbigen Fotografien. it 2844. 250 Seiten

Johann Gottfried Seume. Mein Sommer 1805. Eine Reise ins Baltikum, nach Rußland, Finnland und Schweden. Herausgegeben von Jörg Drews. Mit zahlreichen Abbildungen. it 2839. 230 Seiten

NF 31/8/4.02

Schweiz

Das Engadin. »Glühend in allen Farben«. Porträt einer Landschaft. Herausgegeben von Susanne Gretter. Mit Fotografien. it 2199. 280 Seiten

Hermann Hesse. Tessin. Betrachtungen, Gedichte und Aquarelle des Autors. Herausgegeben und Nachwort von Volker Michels. it 1494. 314 Seiten

Spanien

Mallorca. Ein literarisches Porträt. Herausgegeben von Sieglinde Oehrlein. Mit Fotografien. it 1931. 197 Seiten

George Sand. Ein Winter auf Mallorca. Übersetzt von Maria Dessauer. it 2102. 220 Seiten

NF 31/9/4.02

»Freude am Garten«
im Insel Verlag
Eine Auswahl

Alpenblumen im Frühling. Nachwort und kolorierte Holzschnitte von Josef Weisz. Erläuterungen von Gerd Müller. IB 1142.

Elizabeth von Arnim. Elizabeth und ihr Garten. Aus dem Englischen von Adelheid Dormagen. Leinen. 140 Seiten. it 2291. 131 Seiten

Bäume. Gedichte und Prosa. Ausgewählt von Gottfried Honnefelder. it 1811. 282 Seiten

Marianne Beuchert. Gärten am Reiseweg. Von Irland bis Portugal. 240 Seiten. Gebunden

Marianne Beuchert. Die Gärten Chinas. it 2195. 280 Seiten

Marianne Beuchert. Symbolik der Pflanzen. Von Akelei bis Zypresse. Leinen. 380 Seiten

José Maria Eça de Queiroz. Die Rose. Mit zehn farbigen Bildern von Marion Nickig. IB 1177. 55 Seiten

Esther Gallwitz. Kleiner Kräutergarten. Kräuter und Blumen bei den Alten Meistern im Städel. it 1818. 257 Seiten

Esther Gallwitz. Ein wunderbarer Garten. Die Pflanzen des Genter Altars. it 1853. 197 Seiten

Esther Gallwitz. Schneewittchens Apfel. Pflanzen in Grimms Märchen. Mit farbigen Aquarellen von Maria-Therese Tietmeyer. it 2530. 180 Seiten

Das Gartenbuch. Herausgegeben von Hans Bender. it 1803. 273 Seiten

Manuel Gasser. Kräutergarten. it 2258. 120 Seiten

Mit Goethe durch den Garten. Ein ABC für Gartenfreunde. Herausgegeben von Claudia Schmölders. Illustrationen von Hans Traxler. it 1211. 137 Seiten

Hinter Mauern ein Paradies. Der mittelalterliche Garten. Herausgegeben von Peter C. Mayer-Tasch/Bernd Mayerhofer. IB 1184. 111 Seiten

Das kleine Baumbuch. Die deutschen Waldbäume. Geleitwort von Friedrich Schnack. Bilder von Willi Harwerth. IB 316. 56 Seiten

Luzie Krolow. Gartenzauber. 32 Blumen- und Kräuterminiaturen. it 1718. 142 Seiten

Lektüre im Garten. Betrachtungen, Geschichten und Gedichte. Auswahl von Franz-Heinrich Hackel. it 2203. 280 Seiten

Katherine Mansfield. Das Gartenfest und andere Erzählungen. Aus dem Englischen von Heide Steiner. it 1724. 232 Seiten

Anna Pavord. Die Tulpe. Eine Kulturgeschichte. Aus dem Englischen von Sven Dörper und Thomas Wollermann. Mit farbigen Abbildungen. 439 Seiten. Gebunden

Hermann Fürst von Pückler-Muskau. Andeutungen über Landschaftsgärtnerei. Herausgegeben von Günter J. Vaupel. it 1024. 377 Seiten

NF 56/2/2.01